Verbtabellen Plus
DEUTSCH

von
Eva Maria Weermann
Ulrike Wolk

PONS GmbH
Stuttgart

PONS

Verbtabellen Plus
DEUTSCH

von
Eva Maria Weermann
Ulrike Wolk

Auflage A1 4 3 2 1 / 2015 2014 2013 2012

© PONS GmbH, Rotebühlstraße 77, 70178 Stuttgart, 2012
PONS Produktinfos und Shop: www.pons.de
PONS Sprachenportal: www.pons.eu
E-Mail: info@pons.de

Redaktion: Regina Reinboth-Kämpf, Arkadiusz Wrobel
Redaktionelle Mitarbeit: Canan Özdamar, Jacqueline Broghammer
Logoentwurf: Erwin Poell, Heidelberg
Logoüberarbeitung: Sabine Redlin, Ludwigsburg
Titelfoto: Vlado Golub, Stuttgart
Einbandgestaltung: Tanja Haller, Petra Schnur, Stuttgart
Layout/Satz: Satzkasten, Stuttgart
Druck und Bindung: GGP Media GmbH, Pößneck

Printed in Germany.
ISBN: 978-3-12-561596-0

Inhalt

So benutzen Sie dieses Buch 4
Lerntipps 6
Grammatikbegriffe in der Übersicht 8

Kurzgrammatik der deutschen Verben **9**
  Wichtige Kategorien, Funktionen, Arten und Formen 9
  Finite und infinite Verbformen 12
    Tempus 12
    Modus 17
    Passiv 21
    Modalverben 22

Konjugationstabellen **24**
  I. Wichtige Konjugationen 24
    Hilfsverben 24
      haben 24
      sein 26
      werden 28
    Regelmäßige Verben 30
      Modellverb *spielen* 30
    Unregelmäßige Verben 32
      Modellverb *singen* 32
    Verben mit trennbarem Präfix 34
      Modellverb *aus•suchen* 34
    Reflexive Verben 36
      Modellverb mit Reflexivpronomen im Akkusativ: *sich sehnen* 36
      Modellverb mit Reflexivpronomen im Dativ: *sich überlegen* 38
    Passiv 40
      Vorgangspassiv: *geliebt werden* 40
      Zustandspassiv: *verliebt sein* 42
  II. Besonderheiten 44
    A. Orthographisch-lautliche Besonderheiten 44
    B. Formale Besonderheiten 46
  III. 101 Verben in alphabetischer Folge 48
    Unregelmäßige Verben und Modalverben 48
    Regelmäßige und unregelmäßige Verben mit Besonderheiten 194

Verben mit Präpositionen **198**

Übungen **202**

Abschlusstest **210**

Lösungen **212**

Alphabetische Verbliste **214**

So benutzen Sie dieses Buch

Sie wollen die Formen eines bestimmten Verbs kennen lernen und dabei auf Besonderheiten und Unregelmäßigkeiten aufmerksam gemacht werden, Sie möchten aber auch eine seltene Verbform schnell nachschlagen können.

Die PONS Verbtabellen Plus Deutsch bieten Ihnen übersichtliche Konjugationstabellen zu 91 regelmäßigen und unregelmäßigen Musterverben sowie Musterkonjugationen für Verben mit trennbarem Präfix, reflexive Verben und das Passiv. Die Konjugationsmuster zeigen Ihnen die wichtigsten Formen – auch die zusammengesetzten – auf einen Blick; auf Besonderheiten wird durch farbige Hervorhebung hingewiesen. Außerdem wird in exemplarischen Übersichten deutlich gemacht, bei welchen Formen sich die Schreibweise und die Aussprache ändern. In verkürzter Form finden Sie zusätzlich weitere 28 Verben mit ihren typischen Unregelmäßigkeiten.

Aufbau der Konjugationstabellen

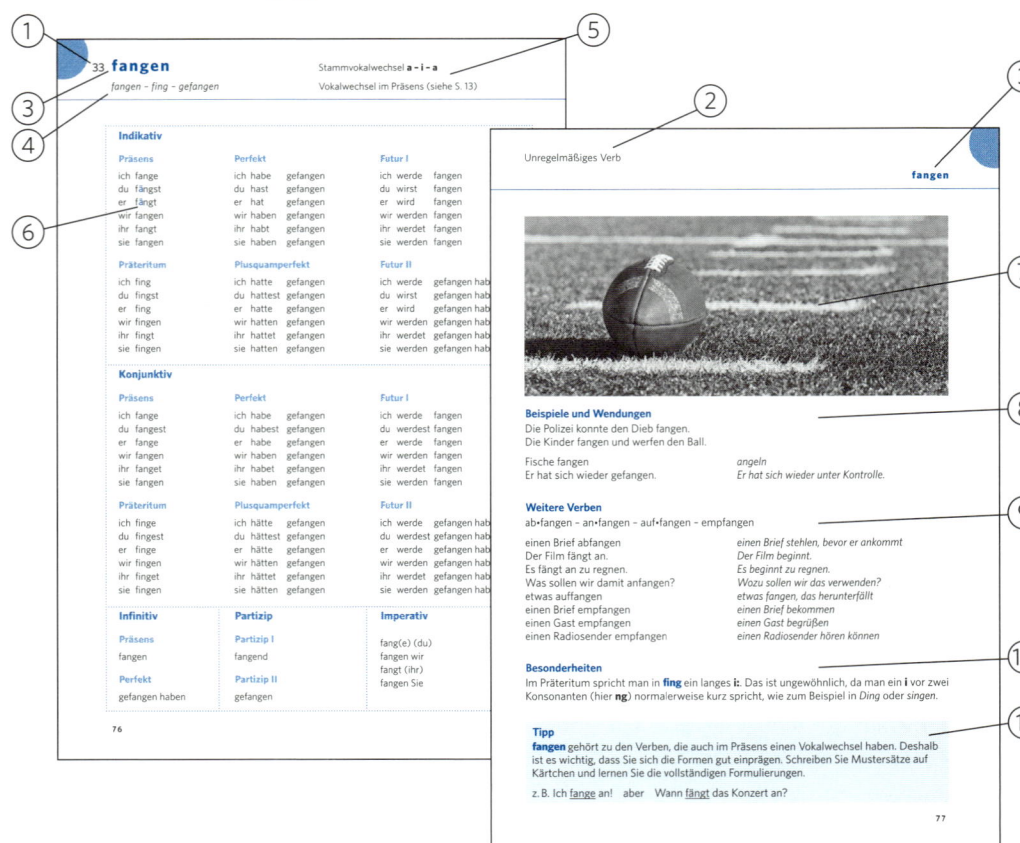

(1) Konjugationsnummer: Mit Hilfe dieser Nummer lassen sich alle Verben, die in der alphabetischen Verbliste am Ende des Buches aufgelistet sind, dem jeweils entsprechenden Konjugationsmuster zuordnen.

(2) Verbgruppe: Sie gibt in der Regel an, zu welcher der beiden deutschen Verbgruppen das Musterverb gehört:

        regelmäßige Konjugation

        unregelmäßige Konjugation

(3) Musterverb: Verb, das exemplarisch für alle ähnlichen Verben (mit gleicher Konjugationsnummer) steht.

(4) Stammformen: Die meisten Konjugationsformen der unregelmäßigen Verben lassen sich aus diesen drei Stammformen ableiten:

        1. Stammform: Infinitiv

        2. Stammform: 1. Person Singular Indikativ Präteritum

        3. Stammform: Partizip II

Auch der Stammvokalwechsel gibt dies in verkürzter Form wieder (z. B. a – i – a für fangen – fing – gefangen).

(5) Kurzcharakteristik: Hier finden Sie Hinweise zu den Besonderheiten / Unregelmäßigkeiten des Konjugationsmusters (vor allem zum Stammvokalwechsel).

(6) Farbige Hervorhebung: Kennzeichen der unregelmäßigen Verben und Besonderheiten der Verben sowie Abweichungen in der Schreibweise und Aussprache sind blau gedruckt.

(7) Bild: Zahlreiche Bilder helfen, die Verben assoziativ im Langzeitgedächtnis zu verankern.

(8) Beispiele und Wendungen: Zu jedem konjugierten Verb auf der linken Seite finden Sie hier rechts nützliche Beispiele und Wendungen.

(9) Weitere Verben: Zu jedem konjugierten Verb auf der linken Seite finden Sie hier eine Auswahl der häufigsten Verben, die wie das Musterverb links konjugiert Verben, z. T. auch mit Wendungen.

(10) Besonderheiten: Hier erhalten Sie Erklärungen zu Besonderheiten bei Konjugation oder Gebrauch dieser Verben.

(11) Tipp: Weiterführende Tipps sollen Ihnen das Lernen der Verben erleichtern.

In der alphabetischen Verbliste am Ende der PONS Verbtabellen Plus Deutsch finden Sie weitere unregelmäßige und regelmäßige Verben mit Verweis auf das Konjugationsmuster, nach dessen Vorbild die Formen des gesuchten Verbs gebildet werden. Daneben informiert Sie diese Liste über die Verwendung von *haben* und *sein*, reflexive Verbformen sowie die Trennbarkeit von Präfixen.

Übrigens: Die Grammatik bietet Ihnen einen systematischen Überblick über die Zeiten und Modi. Ab Seite 198 haben Sie nochmals einen Überblick mit Beispielsätzen, der Ihnen bei der Wahl der richtigen Präpositionen für die häufigsten deutschen Verben hilft. Und ab Seite 202 können Sie die gelernten Verben üben und Ihr Wissen testen.

Viel Erfolg!

Lerntipps: So lernen Sie Verbkonjugationen

Mehrmals abschreiben

Haben Sie mit einer Konjugation Schwierigkeiten, dann schreiben Sie das Verb mehrmals ab, das hilft sich die Formen einzuprägen. Markieren Sie dann die Endungen und Besonderheiten einzelner Verbformen farbig.

Textstellen markieren

Das Markieren von Textstellen oder Wörtern ermöglicht es, verschiedene Aspekte einer Fremdsprache gezielt zu üben. So können Sie zum Beispiel eine Zeitform, die Sie gerade gelernt haben, im Text markieren und in den unterschiedlichen Zusammenhängen lernen.

Ähnliche Verben

Viele unregelmäßige Verben werden ähnlich konjugiert. Lernen Sie diese immer gemeinsam!

Synonyme und Antonyme

Erweitern Sie schnell Ihren Wortschatz, indem Sie Verben immer gleich mit dem Gegenteil (z. B. *nehmen ≠ geben*), oder mit einem Synonym (z. B. *nehmen = ergreifen*) lernen.

Tonfall ändern

Merken Sie sich die Verbformen in Beispielsätzen und sprechen Sie die konjugierten Formen mit dem zum Verb passenden Tonfall. Das Verb *hassen* sprechen Sie dann natürlich völlig anders als z. B. das Verb *lieben*.

Verben + Präposition

Wenn ein Verb eine bestimmte Präposition braucht, dann lernen Sie diese immer mit – am besten in einem Satz.

Beispielsätze

Neue Wendungen und Verben können Sie effektiver lernen, indem Sie versuchen, sie in Beispielsätzen zu gebrauchen. Am Besten ist ein Zusammenhang, der mit Ihrem eigenen Leben zu tun hat, denn das können Sie sich am besten merken. Sie können zum Beispiel Ihre morgendlichen Aktivitäten durchgehen.

Mehrmals pro Woche lernen

Setzen Sie sich beim Sprachenlernen realistische Ziele. Es braucht Zeit, eine Sprache zu lernen – also nehmen Sie sich nicht zu viel vor! Besser Sie lernen mehrmals pro Woche eine halbe Stunde, als nur einmal 5 Stunden.

Mit Bildern lernen

Bilder, die Ihnen irgendwie auffallen, eignen sich hervorragend zum Lernen von Wörtern und Wendungen. Entsprechendes Bildmaterial finden Sie überall: in Zeitungen, Zeitschriften und Kalendern. Schneiden Sie das aus, was Sie fasziniert, kleben Sie es in Ihr Vokabelheft und schreiben Sie dann auf, was Ihnen dazu einfällt: Reaktionen, Überlegungen, Gedankenassoziationen oder auch nur einzelne Wörter.

Vokabelkärtchen

Auch Verbformen können wie Vokabeln mit Vokabelkärtchen gelernt werden. Schreiben Sie sich dazu je eine Verbform auf ein Kärtchen und den Infinitiv mit Beschreibung der Verbform auf die Rückseite. Sie müssen dabei nicht alle Verbformen verwenden – wählen Sie einfach die aus, die am häufigsten sind, und die, die Ihnen am schwersten fallen. Testen Sie nun Ihre Kenntnisse, indem Sie immer die Seite mit dem Infinitiv ansehen und die passende Form dazu bilden.

Vorsingen

Wenn Sie musikalisch sind, hilft es Ihnen vielleicht, wenn Sie kleine Melodien erfinden und sich die Konjugationsmuster oder die Formen mit den Stammvokalwechseln vorsingen. Experimentieren Sie mit Tonhöhe und Rhythmus, oder probieren Sie einen Rap – so prägen Sie sich vor allem häufige Muster gut ein.

Sich aufnehmen

Wenn Sie zu den Menschen gehören, die gut durch Hören lernen können, dann hören Sie sich selbst zu! Nehmen Sie sich beim Sprechen der Verbkonjugationen auf – zum Beispiel mit einem Diktiergerät oder am PC – und hören Sie sich immer wieder an. Sie können bei der Aufnahme auch Pausen machen, in denen Sie das Gehörte dann noch zusätzlich nachsprechen können.

Würfeln

Trainieren Sie die Konjugationen unregelmäßiger Verben, indem Sie würfeln. Sie brauchen dazu zwei sechsseitige Würfel. Einen Würfel müssen Sie ein bisschen präparieren und auf jede Würfelseite ein Stück Papier mit einer anderen Zeitform kleben. Denken Sie sich nun ein unregelmäßiges Verb und würfeln Sie mit beiden Würfeln. Der normale Würfel gibt die Person vor (z. B. 1 - *ich*; 2 - *du*; 3 - *er, sie, es*; 4 - *wir*; 5 - *ihr*; 6 - *sie*), der Zeitenwürfel die entsprechende Zeitform. Bilden Sie die korrekte Form und auf zur nächsten Runde!

Memory

Basteln Sie Memory-Kärtchen! Die Paare können aus *Infinitiv- und Partizipformen oder aus Präsens- und Vergangenheitsformen* etc. bestehen, je nachdem, was Sie besonders üben wollen. Vielleicht finden Sie noch weitere Sprachenlerner zum Mitspielen.

Grammatikbegriffe im Überblick

Lateinische Bezeichnung	Deutsch	In Ihrer Sprache
Akkusativ	Wenfall	
Aktiv	Tatform	
Dativ	Wemfall	
Futur I	unvollendete Zukunft	
Futur II	vollendete Zukunft	
Hilfsverb	Hilfszeitwort	
Imperativ	Befehlsform	
Indikativ	Wirklichkeitsform	
Infinitiv	Grundform des Zeitworts	
intransitives Verb	Tätigkeitswort ohne Akkusativobjekt	
Kompositum	zusammengesetztes Wort	
Konjugation	Beugung des Zeitworts	
Konjunktiv I	Möglichkeitsform in der Gegenwart	
Konjunktiv II	Möglichkeitsform in der Vergangenheit	
Konsonant	Mitlaut	
Modalverb	Zeitwort der Art und Weise	
Objekt	Ergänzung	
Orthographie	Rechtschreibung	
Partizip I	Mittelwort der Gegenwart	
Partizip II	Mittelwort der Vergangenheit	
Passiv	Leideform	
Perfekt	vollendete Gegenwart	
Personalpronomen	persönliches Fürwort	
Plural	Mehrzahl	
Plusquamperfekt	Vorvergangenheit	
Prädikat	Satzaussage	
Präfix	Vorsilbe	
Präsens	Gegenwart	
Präteritum	unvollendete Vergangenheit	
reflexives Verb	rückbezügliches Zeitwort	
Reflexivpronomen	rückbezügliches Fürwort	
Singular	Einzahl	
Subjekt	Satzgegenstand	
Tempus	Zeitform	
transitives Verb	Tätigkeitswort mit Akkusativobjekt	
Verb	Zeitwort	
Vokal	Selbstlaut	

Wissenswertes zur Konjugation der deutschen Verben

I. Wichtige Kategorien / Funktionen / Arten und Formen

Die Veränderung des Verbs wird Konjugation genannt. Im Folgenden sehen Sie eine Übersicht der Kategorien, nach denen sich Verben in der Konjugation verändern. Mehr Informationen zu Tempus und Modus finden Sie in Teil II dieses Grammatikkapitels.

1. Person und Numerus (welche Personen und wie viele)

Die Verben im Deutschen verändern sich mit der Perspektive des Sprechers und mit der Anzahl der Personen / Gegenstände des Subjekts (der handelnden Person im Satz). Die Perspektive des Sprechers bezeichnet man als **Person**, die Anzahl als **Numerus**.

Person \ Numerus	Nur eine Person / Sache: Singular	Mehrere Personen / Sachen: Plural
Perspektive des Sprechers: 1. Person	ich	wir
Person, die direkt angesprochen wird: 2. Person	du	ihr
Sache / Person, über die man spricht: 3. Person	er, sie, es	sie

2. Tempus / die Tempora (die grammatischen Zeiten)

Das Tempus drückt aus, wann etwas passiert: ob es gerade jetzt passiert (Gegenwart), vor einiger Zeit passiert ist (Vergangenheit) oder erst passieren wird (Zukunft).

Gegenwart	**Präsens**	Er spielt gerade Fußball.
Vergangenheit	**Präteritum**	Er spielte gestern Fußball.
	Perfekt	Er hat gestern Fußball gespielt.
	Plusquamperfekt	Er hatte kurz vorher Fußball gespielt.
Zukunft	**Futur I**	Er wird morgen Fußball spielen.
	Futur II	Er wird übermorgen Fußball gespielt haben.

3. Modus / die Modi (die Aussageweise des Sprechers)

Der Modus eines Verbs drückt die Absicht des Sprechers sowie verschiedene Stufen von Wirklichkeit, Möglichkeit und Wahrscheinlichkeit aus:

Indikativ	Er spielt Fußball.
Konjunktiv	Wenn er nicht krank wäre, spielte er Fußball.
Imperativ	Spiel sofort Fußball!

4. Aktiv / Passiv (die Handlungsarten)

Aktiv	jmd. tut etwas	Er spielt Fußball.
Passiv	etwas wird getan	Auf diesem Platz wird Fußball gespielt.

5. Vollverben

Die meisten Verben gehören zu den Vollverben. Das heißt, sie können allein das Prädikat im Satz bilden. Das Prädikat drückt aus, was passiert oder was jemand tut.

z. B. *Ich <u>singe</u>.*   *(Verb ohne Ergänzung)*
   Ich <u>trinke</u> gerade Tee.   *(Verb mit einer Ergänzung)*
   Draußen <u>regnete</u> es.   *(unpersönliches Verb)*
   Wir <u>erinnern uns</u> noch gut.   *(reflexives Verb)*
   Danach <u>schloss</u> sie die Tür <u>ab</u>.   *(Verb mit einem trennbaren Zusatz)*

6. Hilfsverben

Zu den Hilfsverben gehören **sein, haben** und **werden.** Man braucht sie, um die zusammengesetzten Zeitformen zu bilden oder bei der Bildung des Passiv.

z. B. *Sie <u>hat</u> lange gewartet, dann <u>ist</u> sie gegangen.*   *(Perfekt)*
   Er <u>hatte</u> die Verabredung vergessen.   *(Plusquamperfekt)*
   Sie <u>wird</u> ihm das niemals verzeihen.   *(Futur)*
   Das Auto <u>wurde</u> verkauft.   *(Passiv, Präteritum)*

7. Modalverben

Die Modalverben bestimmen die Art und Weise, wie man etwas tut: gern oder nicht, freiwillig oder nicht, usw.

Es gibt sechs Modalverben: **dürfen, können, müssen, sollen, wollen, mögen**.

Modalverben kommen meist mit einem anderen Verb zusammen vor. Das zweite Verb steht dann im Infinitv am Satzende.

z. B. *Sie <u>soll</u> morgen nicht <u>kommen</u>.*
   Ich <u>kann</u> mich nicht daran <u>erinnern</u>.

8. Transitive und intransitive Verben

Es gibt Verben, die eine Ergänzung brauchen. Diese Ergänzungen nennt man Objekte. Man unterscheidet dabei zwei Verbgruppen: die transitiven und die intransitiven Verben.

Transitive Verben stehen mit einem Akkusativ-Objekt und können grundsätzlich das Passiv bilden.

z. B. *Ich backe <u>einen Kuchen</u>.* (Akkusativ)   → *Ein Kuchen wird (von mir) gebacken.*

Intransitive Verben haben entweder kein Objekt, ein Objekt, das einer Präposition folgt, oder ein Objekt im Dativ oder im Genitiv. Eine Liste von Verben mit Präpositionen finden Sie am Ende dieses Buches.

z. B. *Es regnet.*   (kein Objekt) → ohne Passiv
   Wir gedenken <u>der Toten</u>.   (Genitiv-Objekt)
   Ich danke <u>ihm</u>.   (Dativ-Objekt)
   Er spricht <u>über sie</u>.   (Objekt mit Präposition)

9. Reflexive Verben

Viele Verben werden in Verbindung mit einem Reflexivpronomen (sich) benutzt. Das Reflexivpronomen bezieht sich auf das Subjekt des Satzes und kann im Akkusativ oder im Dativ stehen.

z. B. *Ich freue <u>mich</u>. Du freust <u>dich</u>. Er freut <u>sich</u>.*   (Akkusativ)
   Wir freuen <u>uns</u>. Ihr freut <u>euch</u>. Sie freuen <u>sich</u>.
   Ich nehme <u>mir</u> etwas. Du nimmst <u>dir</u> etwas. Er nimmt <u>sich</u> etwas.   (Dativ)
   Wir nehmen <u>uns</u> etwas. Ihr nehmt <u>euch</u> etwas. Sie nehmen <u>sich</u> etwas.

Weitere Informationen sowie eine Liste wichtiger reflexiver Verben finden Sie in den Verbtabellen unter Nr. 7 (→ **sich sehnen**) und Nr. 8 (→ **sich überlegen**).

10. Persönliche und unpersönliche Verben

Persönliche Verben können in allen drei Personen im Singular und Plural stehen.
z. B. ich esse, du isst, er isst, wir essen, ihr esst, sie essen
Unpersönliche Verben stehen in Verbindung mit dem Pronomen **es** und drücken eine Handlung aus, deren Subjekt nicht definierbar ist oder nicht näher genannt wird. Diese Verben können nur mit *es* und nie mit einem anderen Subjekt stehen.
z. B. *Es regnet. Es schneit. Es geht um ...*

Manche Verben können als persönliche oder unpersönliche Verben benutzt werden, haben dann aber unterschiedliche Bedeutungen.
z. B. *Er gibt mir immer gute Ratschläge.* ←→ *Es gibt viele Wege.*

11. Regelmäßige und unregelmäßige Verben

Bei den regelmäßigen Verben verändert sich der Stamm des Verbs nicht. Im Präteritum erhält der Verbstamm die Endung **-te** und das Partizip II die Vorsilbe **ge-** und die Endung **-t**. Sie werden auch *schwache Verben* genannt.
z. B. holen → er holt, er hol**te**, sie haben **ge**hol**t** → Nr. 4
Bei unregelmäßigen Verben verändert sich der Stammvokal im Präteritum und teilweise auch im Partizip II. Im Präteritum sind die Verben meist endungslos. Das Partizip II hat die Endung **-en**. Sie werden auch **starke Verben** genannt.
z. B. sehen → er s**ie**ht, er s**a**h, sie haben **ge**seh**en** → Nr. 72
Es gibt auch unregelmäßige Verben, die besondere Formen bilden. Bei diesen ändert sich mehr als der Stammvokal.
z. B. gehen → er geht, er ging, sie sind gegangen → Nr. 37
Weitere Verben dieser Gruppe sind:
stehen → Nr. 78, **haben** → Nr. 1, **treffen** → Nr. 83, **nehmen** → Nr. 61**, tun** → Nr. 85, **sein** → Nr. 2, **werden** → Nr. 3, **sitzen** → Nr. 75, **ziehen** → Nr. 91.

12. Bildung der Zeitformen

Verben setzen sich stets aus einem Verbstamm und den Personalendungen zusammen. Den Verbstamm erhält man, indem man die Personalendungen oder die Infinitivendung **-en** streicht, z. B. sagen → sag**en** → Verbstamm: **sag**
Die Bildung der Zeitformen für die regelmäßigen Verben sehen Sie am Musterverb **spielen** (→ Nr. 4). Für die Mehrzahl der unregelmäßigen Verben können Sie sich das Musterverb **singen** (→ Nr. 5) einprägen. Achten Sie aber stets auf den jeweils richtigen Stammvokalwechsel, z. B. **i - a - u** in s**i**nge – s**a**ng – ges**u**ngen.

13. Verben mit Zusätzen (trennbare und untrennbare Präfixe)

Verben können mit Zusätzen (Präfixen) kombiniert werden. Dadurch bekommen die Verben eine neue Bedeutung.
z. B. laufen: **ab**laufen, **hin**laufen, **weg**laufen, **über**laufen, **zu**laufen
Viele Verbzusätze (Präfixe) sind trennbar, das heißt, sie werden in den konjugierten Formen abgetrennt und stehen dann am Ende des Satzes. Bei trennbaren Verben liegt die Betonung meist auf dem Präfix.

z. B.   **weglaufen**   → Dein Hund **läuft** immer wieder **weg**.

Trennbare Verben werden in diesem Buch mit einem • markiert, z. B.: mit•kommen.

Die wichtigsten trennbaren Präfixe sind: **ab-**, **an-**, **auf-**, **aus-**, **ein-**, **her-**, **hin-**, **los-**, **mit-**, **heraus-**, **herein-**, **vor-**, **weg-**, **weiter-**, **zu-**, **zurück-**.

Untrennbare Präfixe sind meist unbetont. Hier die wichtigsten: **be-**, **ent-**, **er-**, **ge-**, **wider-**, **ver-** und **zer-**. Das Präfix **miss-** ist untrennbar, wird aber betont ausgesprochen.

II. Finite und Infinite Verbformen

1. Tempus

Handlungen und Geschehen können in verschiedenen Zeiten stattfinden:

in der **Gegenwart**	– es passiert im Moment
in der **Vergangenheit**	– das Geschehen ist vorbei
in der **Zukunft**	– das Geschehen kommt noch

Im Deutschen wird das zeitliche Geschehen in sechs Tempora ausgedrückt.

Vergangenheit			Gegenwart	Zukunft	
Plusquamperfekt	Präteritum	Perfekt	Präsens	Futur I	Futur II
ich hatte gelesen	*ich las*	*ich habe gelesen*	*ich lese*	*ich werde lesen*	*ich werde gelesen haben*

Das Präsens und das Präteritum nennt man **einfache Zeiten**, Futur, Perfekt, Plusquamperfekt und Futur II heißen auch – aufgrund ihrer Bildung mit den Hilfsverben *haben*, *sein*, *werden* und dem Partizip II bzw. dem Infinitiv – **zusammengesetzte Zeiten**.

Die Tempora haben verschiedene Aufgaben bei der zeitlichen Darstellung von Handlungen oder Geschehen.

Präsens

Verwendung des Präsens

Das Präsens bezeichnet primär ein Geschehen in der Gegenwart. Es gibt jedoch einige Möglichkeiten, die Gegenwart zu modifizieren.

Es geschieht im Moment.	– *Er wäscht das Auto.*
Es geschieht immer so.	– *Ich stehe jeden Morgen um 6 Uhr auf.*
Etwas gilt immer.	– *Die Woche hat sieben Tage.*
Etwas Vergangenes soll wieder gegenwärtig werden.	– *Wir waren 1980 in Paris. Ich sehe uns noch auf dem Eiffelturm stehen.*
Etwas dauert bis jetzt an.	– *Ich lebe hier schon seit drei Monaten.*
Etwas geschieht in der Zukunft.	– *Morgen ziehe ich in die neue Wohnung.*

Bildung des Präsens (Indikativ)

Verbstamm + Personalendungen
regelmäßige und unregelmäßige Verben:

spielen	→ ich spiel-**e**, du spiel-**st**, er spiel-**t**, wir spiel-**en**, ihr spiel-**t**, sie spiel-**en**
fliegen	→ ich flieg-**e**, du flieg-**st**, er flieg-**t**, wir flieg-**en**, ihr flieg-**t**, sie flieg-**en**

Lautliche Besonderheiten im Präsens

e-Einschub: Endet der Verbstamm auf **-d** oder **-t**, wird in der 2. und 3. Person Singular sowie in der 2. Person Plural zwischen Stamm und Personalendung ein **-e-** eingefügt:

reden	→ du red-**e**-st, er red-**e**-t, ihr red-**e**-t	(unregelmäßige Verben)
reiten	→ du reit-**e**-st, er reit-**e**-t, ihr reit-**e**-t	(unregelmäßige Verben)

Ausnahme: Formen der unregelmäßigen Verben, die den Stammvokal in der 2. und 3. Person Singular wechseln, nehmen den **e-**Einschub nur in der 2. Person Plural:

halten	→ du hältst, er hält, ihr halt-**e**-t
laden	→ du lädst, er lädt, ihr lad-**e**-t

Regelmäßige Verben schieben ein **-e-** auch dann ein, wenn der Stamm auf **-m** oder **-n** endet und diesen Buchstaben ein weiterer Konsonant (außer *l, r, m* oder *n*) vorausgeht:

rechnen	→ du rechn-**e**-st, er rechn-**e**-t, ihr rechn-**e**-t
atmen	→ du atm-**e**-st, er atm-**e**-t, ihr atm-**e**-t

s-Ausfall: Endet der Verbstamm auf **-s**, **-ss**, **-ß**, **-x** oder **-z**, entfällt das **-s-** in der Endung der 2. Person Singular:

reisen	→ du reis-t	*(s)*	küssen	→ du küss-t	*(ss)*
grüßen	→ du grüß-t	*(ß)*	faxen	→ du fax-t	*(x)*
sitzen	→ du sitz-t	*(z)*			

e-Ausfall: Verben auf **-eln** verlieren in der 1. Person Singular das **-e-** des Stamms. Bei Verben auf **-ern** kann das umgangssprachlich auch vorkommen. Zusätzlich entfällt in der 1. und 3. Person Plural das **-e-** in der Personalendung:

klingeln	→ ich kling-l-e, wir klingel-n, sie klingel-n
erinnern	→ ich erinn-(e)r-e, wir erinner-n, sie erinner-n

Stammvokalwechsel: Einige unregelmäßige Verben wechseln in der 2. und 3. Person Singular den Vokal des Verbstamms durch Ablaut, d.h. **a → ä, o → ö, au → äu**, oder durch Übergang von **e → i / ie** oder **ä → ie** sowie **ö → i**:

tragen	→ du tr**ä**gst, er tr**ä**gt	stoßen	→ du st**ö**ßt, er st**ö**ßt
laufen	→ du l**äu**fst, er l**äu**ft	helfen	→ du h**i**lfst, er h**i**lft
lesen	→ du l**ie**st, er l**ie**st		

Präteritum

Verwendung des Präteritums

Das Präteritum liegt zeitlich vor dem Perfekt. Es beschreibt ein abgeschlossenes vergangenes Geschehen. Man verwendet es besonders in der Schriftsprache, in Romanen, Erzählungen, Zeitungsberichten, und Märchen:

z.B. *Wie ein Sprecher der spanischen Regierung gestern bekannt gab, kam es bei Demonstrationen ...*	(Zeitungsbericht)
Ich wollte links abbiegen, daher setzte ich den Blinker und fuhr ...	(Bericht für eine Versicherung)
Sie blieb noch eine Weile stehen, dann sah sie auf die Uhr und ging langsam zur Tür ...	(Roman / Erzählung)

Bildung des Präteritums (Indikativ)

Verbstamm + t + Personalendungen

regelmäßige Verben:

> ich spiel-**t**-e, du spiel-**t**-est, er spiel-**t**-e, wir spiel-**t**-en, ihr spiel-**t**-et, sie spiel-**t**-en

Bei den unregelmäßigen Verben ist die 1. und 3. Person Singular endungslos, zusätzlich wird in allen Formen der Stammvokal gewechselt:

> fliegen   →   ich fl**o**g, du fl**o**g-st, er fl**o**g, wir fl**o**g-en, ihr fl**o**g-t, sie fl**o**g-en

Einige unregelmäßige Verben haben außerdem besondere Formen:

> sitzen   →   ich s**aß**, du s**aß**-t, er s**aß**, wir s**aß**-en, ihr s**aß**-t, sie s**aß**-en
>
> sein   →   ich **war**, du **war**-st, er **war**, wir **war**-en, ihr **war**-t, sie **war**-en

Lautliche Besonderheiten im Präteritum

e-Einschub: Regelmäßige Verben, deren Stamm auf **-d** oder **-t** endet, fügen zwischen Stamm und **-t-** immer ein **-e-** ein:

> re**d**en   ich red-**e**-te, du red-**e**-test, er red-**e**-te
>
>   wir red-**e**-ten, ihr red-**e**-tet, sie red-**e**-ten
>
> arbei**t**en   ich arbeit-**e**-te, du arbeit-**e**-test, er arbeit-**e**-te
>
>   wir arbeit-**e**-ten, ihr arbeit-**e**-tet, sie arbeit-**e**-ten

Ebenso regelmäßige Verben mit Stamm auf **-m** oder **-n**, denen ein anderer Konsonant (außer **-l-** oder **-r-** bzw. **-m-** oder **-n-**) vorausgeht:

> rech**n**en   ich rechn-**e**-te, du rechn-**e**-test, er rechn-**e**-te
>
>   wir rechn-**e**-ten, ihr rechn-**e**-tet, sie rechn-**e**-ten
>
> at**m**en   ich atm-**e**-te, du atm-**e**-test, er atm-**e**-te
>
>   wir atm-**e**-ten, ihr atm-**e**-tet, sie atm-**e**-ten

Unregelmäßige Verben, deren Stamm auf **-d** oder **-t** endet, fügen in der 2. Person Plural ein solches **-e-** ein:

> finden   →   ihr fand-**e**-t   halten   →   ihr hielt-**e**-t

Ebenso schieben unregelmäßige Verben, deren Stamm auf **-s**, **-ss**, **-z** oder **-ß** endet (und die einen Vokalwechsel von einem kurzen zu einem langen Vokal haben) manchmal in der 2. Person Singular und Plural ein solches **-e-** ein:

> weisen   →   du wies-**e**-st, ihr wies-(**e**)-t   lassen   →   du ließ-**e**-st, ihr ließ-(**e**)-t

Konsonantendoppelung: Unregelmäßige Verben, deren Stamm auf **-t**, **-f** oder **-ß** endet und die im Präteritum von einem langen zu einem kurzen Vokal wechseln, verdoppeln diesen Konsonanten in allen Personen:

> strei**t**en   →   ich stri**tt**, du stri**tt**st, ...   rei**ß**en   →   ich ri**ss**, du ri**ss**est, ...

Wegfall des Doppelkonsonanten: Umgekehrt entfällt beim Wechsel von einem kurzen zu einem langen Vokal vor **-tt**, **-ff**, **-mm**, **-ll** und **-ss** der zweite Konsonant:

> bi**tt**en   →   ich ba**t**, du ba**t**(e)st, ...   tre**ff**en   →   ich tra**f**, du tra**f**st, ...
>
> ko**mm**en   →   ich ka**m**, du ka**m**st, ...   fa**ll**en   →   ich fie**l**, du fie**l**st, ...
>
> la**ss**en   →   ich lie**ß**, du lie**ß**est, ...

Perfekt

Verwendung des Perfekts

Das Perfekt wird ebenso wie das Präteritum für die Beschreibung von Ereignissen und Zuständen in der Vergangenheit verwendet. Im Gegensatz zum Präteritum, das meist im schriftlichen Deutsch gebraucht wird, verwendet man mündlich und umgangssprachlich eher das Perfekt.

z. B. *Was hast du gestern gemacht?*
Nicht viel. Ich habe nur ferngesehen.

Perfekt benutzt man auch für eine Handlung, die **noch nicht abgeschlossen** ist.

z. B. *Ich habe das Buch noch nicht zu Ende gelesen.*

Bildung des Perfekts (Indikativ)

Präsens von haben oder sein + Partizip II

z. B. *Ich   habe   gewartet.*
Er   ist   gelaufen.

Das **Partizip II** der regelmäßigen Verben entsteht durch Voranstellen des Präfix **ge-** und Anhängen der Endung **-t** an den Verbstamm.

z. B. kochen   → **ge** + koch + **t**

Die Mehrzahl der Verben bildet das Perfekt mit **haben**. Für folgende Verben benutzt man aber das Hilfsverb **sein**:

- Verben der **Bewegung**, z. B. **gehen, laufen, fahren, fliegen**
  Oma ist mit dem Bus in die Stadt gefahren.
- Verben, die die **Veränderung eines Zustandes** beschreiben, z. B. **werden, wachsen, schmelzen**
  Ich bin heute morgen zu spät aufgewacht.

Lautliche Besonderheiten im Perfekt

Verben, die einen **e**-Einschub haben, hängen **-et** an:

reden   → **ge**-red-**et**   warten   → **ge**-wart-**et**

Die unregelmäßigen Verben hängen die Endung **-(e)n** an und ändern teilweise den Stammvokal:

tragen   → **ge**-trag-**en**   fliegen   → **ge**-flog-**en**

Unregelmäßige Verben, die eine Konsonantendopplung im Präteritum aufweisen, behalten diese auch im Partizip II bei:

streiten   → gestritten   reißen   → gerissen

Verben mit einem trennbaren Präfix schieben **-ge-** zwischen Präfix und Stamm:

absagen   → ab-**ge**-sag-**t**   aussteigen   → aus-**ge**-stieg-**en**

Verben mit untrennbarem Präfix und Verben auf **-ieren** bilden das Partizip II ohne **ge-**:

berichten   → be-richt-**en**   studieren   → studier-**t**

Plusquamperfekt

Verwendung des Plusquamperfekts

Das Plusquamperfekt braucht man, wenn ein Ereignis noch weiter in der Vergangenheit zurückliegt als ein anderes. Das andere Ereignis steht hier meistens im Präteritum.

z. B. *Als Tim kam, <u>war</u> Tom schon <u>gegangen</u>.*   (Erst ging Tom, dann kam Tim.)
Als ich ankam, <u>war</u> der Bus schon <u>abgefahren</u>.   (Ich kam an, der Bus fuhr zu einem früheren Zeitpunkt ab.)

Bildung des Plusquamperfekts (Indikativ)

Präteritum von haben oder sein + Partizip II

z. B. *Ich   hatte   + gewartet.*
       Er   war + gelaufen.

Hinweise zur Bildung des Partizip II und der Verwendung von **haben** oder **sein** finden Sie im Kapitel zum Perfekt.

Futur

Verwendung des Futur

Das Futur bezeichnet ein Geschehen in der Zukunft. Meist verwendet man im Deutschen das Präsens zusammen mit einer Zeitangabe (*morgen, später, nächste Woche*), um eine zukünftige Handlung oder ein zukünftiges Ereignis auszudrücken.

z. B. *Ich gehe <u>morgen</u> in die Stadt.*
       Sie bauen <u>nächstes Jahr</u> ein Haus.

Das grammatische Futur (Futur I) benutzt man vor allem dann, wenn man ein Versprechen oder eine Vorhersage oder Vermutung ausdrücken will.

z. B. *Ich werde dich bestimmt jeden Tag anrufen.*
       Morgen wird es wahrscheinlich regnen.

Bildung des Futur I (Indikativ)

Präsens von werden + Infinitiv

    spielen   → ich werde spielen, du wirst spielen, er wird spielen, …

Futur II

Verwendung des Futur II

Das Futur II bezieht sich auf das Futur I. Es bezeichnet ein in der Zukunft abgeschlossenes Geschehen. Es kommt relativ selten vor. Man benutzt es zum Beispiel, um einen Plan auszudrücken, oder um zu sagen, bis wann man eine Tätigkeit oder ein Vorhaben abgeschlossen haben will.

z. B. *Bis Donnerstag <u>werde</u> ich das Buch <u>gelesen</u> <u>haben</u>.*
       (→ Noch habe ich das Buch nicht gelesen, aber mein Plan ist, bis Donnerstag damit fertig zu sein.)
       2030 <u>wird</u> er in Rente <u>gegangen</u> <u>sein</u>.
       (→ Im Jahr 2030 liegt der Zeitpunkt, zu dem er in Rente geht, bereits hinter ihm.)

Manchmal benutzt man das Futur II auch, um eine Vermutung darüber auszudrücken, was jemand getan oder erledigt hat.

z. B. *Eva <u>wird</u> es ihm <u>erzählt</u> <u>haben</u>.*
       (→ Ich weiß nicht, woher er es weiß, vermute aber, dass Eva es ihm erzählt hat.)

Bildung des Futur II (Indikativ)

Präsens von werden + Partizip II + haben oder sein

    spielen   → ich werde gespielt haben, du wirst gespielt haben, er wird gespielt
                 haben, …
    fliegen   → ich werde geflogen sein, du wirst geflogen sein, er wird geflogen sein, …

Hinweise zur Bildung des Partizip II und der Verwendung von **haben** oder **sein** finden Sie im Kapitel zum Perfekt.

2. Modus: Indikativ, Konjunktiv und Imperativ

Ein Sprecher sagt etwas und verbindet damit eine Absicht. Der Modus, in dem er es sagt, gibt einen Hinweis auf diese Absicht.
Er kann es ganz neutral sagen:

> → *Er gibt mir das Messer.*   (Indikativ)

Er gibt etwas wieder, was er gehört hat:

> → *Der Mann sagte, er gebe mir das Messer.*   (Konjunktiv I)

Es kann sein, dass er sich nur etwas denkt:

> → *Es wäre gut, wenn ich jetzt ein Messer hätte.*   (Konjunktiv II)

Oder er will eine Anweisung aussprechen:

> → *Gib mir das Messer!*   (Imperativ)

Die Modi Indikativ, Konjunktiv I und Konjunktiv II sind dafür da, verschiedene Stufen von Möglichkeit und Wahrscheinlichkeit auszudrücken. Der Imperativ ist die Befehlsform und drückt am deutlichsten eine Absicht aus.

Indikativ

Verwendung des Indikativs

Der Indikativ ist der Modus, der am häufigsten gebraucht wird. Er wird auch Wirklichkeitsform genannt. Mit dem Indikativ sagt man, was ist, was geschehen ist oder was noch geschehen wird. Er wird auch benutzt, um Meinungen, Überzeugungen, Tatsachen und allgemeine Feststellungen auszudrücken. Entscheidend ist nicht, ob etwas tatsächlich wahr ist, sondern ob der Sprecher es als wahr darstellt.

z. B.   *Deutschland hat 16 Bundesländer.*   (Tatsache)
       Die Erde ist eine Scheibe.   (Behauptung)
       Wir sind letztes Jahr in die Türkei gefahren.   (Erzählen eines Ereignisses)
       Wir essen heute abend zuhause.   (Ausdruck eines Vorhabens)
       Er wird das schaffen.   (Vorhersage, Vermutung)

Bildung des Indikativs

Der Indikativ wird in den einzelnen Zeitstufen so gebildet, wie im vorigen Kapitel (Tempus) beschrieben.

Konjunktiv I

Verwendung des Konjunktiv I

Der Konjunktiv I ist typisch für die indirekte Rede und wird hauptsächlich in der Schriftsprache benutzt. Er drückt aus, dass sich der Sprecher von einer Aussage distanziert, dass er sich also nicht sicher ist, ob etwas wahr ist oder er es für falsch hält.

z. B. Der Sprecher **berichtet** von etwas:

> → *Er behauptet, er <u>gehe</u> regelmäßig zum Arzt.*

Der Sprecher ist sich **nicht sicher,** ob das Gesagte auch stimmt:

> → *Sie hat mir gesagt, sie <u>sei</u> krank.*

Der Sprecher **glaubt nicht**, was man ihm sagt oder teilt eine Meinung nicht:

> → *Sie findet, sie <u>sei</u> zu dick.*

Bildung des Konjunktiv I

Präsens:

Kennzeichen des Konjunktiv I ist ein -e- in allen Formen. Alle Verben bilden den Konjunktiv I mit dem gleichen Verbstamm wie das Präsens. Daran werden die Personalendungen gehängt.

spielen → ich spiel-e, du spiel-est, er spiel-e, wir spiel-en, ihr spiel-et, sie spiel-en

waschen → ich wasch-e, du wasch-est, er wasch-e, wir wasch-en, ihr wasch-et, sie wasch-en

Der Konjunktiv I wird häufig, besonders in der Umgangssprache, durch den Konjunktiv II (Präteritum) bzw. den Konjunktiv mit **würde** + Infinitiv ersetzt.

z. B. *Er sagt, er gehe oft zum Arzt.*

      → *Er sagt, er ginge oft zum Arzt.*   (Konjunktiv II)

      → *Er sagt, er würde oft zum Arzt gehen.*   (würde-Form)

Wenn man eine Meinung teilt, oder die Aussage eines anderen Sprechers nicht anzweifelt, benutzt man oft auch den Indikativ in der indirekten Rede, häufig auch in einem Nebensatz mit *dass*.

z.B: *Er sagt, dass er oft zum Arzt geht.*

Perfekt:

Um einen Konjunktiv in der Vergangenheit auszudrücken, benötigt man das Perfekt.

z. B. *Er sagte, er <u>habe</u> ihr <u>geglaubt</u>.*

    Sie glaubte, wir <u>seien</u> bereits am Vortag <u>angekommen</u>.

Konjunktiv I von haben oder sein + Partizip II

z. B. *Er*   *habe*   *geglaubt ...*

    Wir   *seien*   *angekommen ...*

Ausnahme: Die 1. Person Singular und Plural und die 3. Person Plural von *haben* werden mit dem Konjunktiv II gebildet, um Verwechslungen mit dem Perfekt Indikativ (ich habe, wir haben, sie haben) auszuschließen.

z. B. *Er sagte, ich <u>hätte</u> ihn belogen.*

Futur I:

z. B. *Die Kollegin sagte, sie <u>werde</u> morgen pünktlich <u>sein</u>.*

Konjunktiv I von werden + Infinitiv

z. B. *Er*   *werde*   *geben...*

    Sie   *werde*   *ankommen ...*

Ausnahme: Die 1. Person Singular und alle Personen im Plural werden mit der Ersatzform *würden* gebildet, um Verwechslungen mit dem Indikativ (ich werde, wir werden, ihr werdet, sie werden) auszuschließen:

z. B. *Ich sagte ihm, wir <u>würden</u> morgen um 11 Uhr ankommen.*

Futur II:

Konjunktiv I von werden + Partizip II + haben oder sein im Infinitiv

z. B. *ich*   *werde*   + *gespielt*   + *haben*

    du   *werdest* + *geflogen* + *sein*

    er   *werde*   + *gegangen* + *sein*

Konjunktiv II

Verwendung des Konjunktiv II

Den Konjunktiv II benutzt man hauptsächlich, um etwas auszudrücken, das nicht möglich ist oder war. So können zum Beispiel **Bedingungen** für etwas ausgedrückt werden, das aber nicht real ist.

z. B. *Wenn ich viel Geld <u>hätte</u>, würde ich nicht mehr arbeiten.*
Wenn Susi schon 18 <u>wäre</u>, würde sie bestimmt den Führerschein machen.

Daneben benutzt man *haben, können, würden* und *sein* im Konjunktiv II auch, um einen **höflichen Wunsch** oder eine höfliche Bitte zu äußern:

z. B. *Ich <u>hätte gern</u> ein Kilo Trauben.*
<u>Könnten Sie</u> mir bitte Zucker bringen?
<u>Würden Sie</u> mir bitte sagen, wie spät es ist?

Mit **können, dürfen, müssen** und **sollen** im Konjunktiv II kann aber auch eine **Vermutung** formuliert werden. Vermutungen mit *können* und *dürfen* sind vorsichtiger, Vermutungen mit *müssen* und *sollen* relativ bestimmt.

z. B. *Es <u>könnte</u> sein, dass er sich nicht darüber freut.*   (Es ist möglich ...)
Sie <u>dürfte</u> ziemlich überrascht sein.   (Es ist wahrscheinlich ...)
Das <u>müsste</u> reichen.   (Es ist fast sicher ...)
Das <u>sollte</u> jetzt reichen.

Man kann den Konjunktiv II auch benutzen, um jemandem **einen Rat zu geben**.

z. B. *An deiner Stelle <u>gäbe</u> ich der Katze anderes Futter.*

Der Konjunktiv II wird auch mit „als ob ..." verwendet, um auszudrücken, dass jemand vorgibt, etwas zu tun oder zu sein:

z. B. *Sie tat so, als ob sie nichts <u>wüsste</u>.*

Man verwendet den Konjunktiv II in der **indirekten Rede**, wenn die Formen von Indikativ und Konjunktiv I gleich sind.

z. B. *Der Lehrer sagte, die Kinder <u>müssten</u> besser aufpassen.*

Bildung des Konjunktiv II

Präteritum:
Regelmäßige Verben:
genau wie Präteritum Indikativ

spielen   → ich spiel-t-e, du spiel-t-est, er spiel-t-e, wir spiel-t-en, ihr spiel-t-et, sie spiel-t-en

Unregelmäßige Verben:
Verbstamm des Präteritums Indikativ + Endungen des Konjunktivs I

z. B. gehen: ich ging   + e   → *ich ginge*

Vorsicht! Es gibt viele *Ausnahmen*: Manche unregelmäßigen Verben ändern auch den Vokal des Präteritumstamms:

z. B. waschen: ich wüsch   + e   → *ich wüsche*

Der Konjunktiv II wird häufig durch **würde + Infinitiv** ersetzt.

Plusquamperfekt:
Konjunktiv II von haben oder sein + Partizip II
z. B. *ich*   *hätte*   *+ gekauft*
      ich   *wäre + gegangen*

Futur I und II:
Die Formen des Futurs I und II im Konjunktiv II (*ich würde kaufen, ich würde gekauft haben* usw.) werden selten benutzt, deshalb werden sie hier nicht aufgeführt.

Konjunktiv mit *würde + Infinitiv*

Viele Konjunktivformen unterscheiden sich nicht von den Indikativformen. Deshalb wird der Konjunktiv häufig – vor allem in der Umgangssprache – mit *würde* (der Konjunktiv-II-Form von *werden*)
und dem Infinitiv gebildet. Die würde-Form kann als Ersatz für fast alle Konjunktivformen genommen
werden, steht aber vor allem für den Konjunktiv II.

Verwendung des Konjunktiv mit würde + Infinitiv

Genau wie den Konjunktiv II benutzt man auch den Konjunktiv mit *würde* hauptsächlich, um etwas
auszudrücken, das nicht möglich ist oder war.
z. B. *Wenn ich im Lotto gewinnen würde, würde ich mir ein Haus kaufen.*
Außerdem verwendet man den Konjunktiv mit *würde* in Verbindung mit dem Wort *gern* auch für
höfliche Wünsche.
z. B. *Ich würde gern nach Italien fahren.*

Bildung des Konjunktiv mit würde + Infinitiv

Konjunktiv II von werden + Infinitiv
z. B. *ich*   *würde*   *+ spielen*
      → *Ich* <u>*würde*</u> *morgen Fußball* <u>*spielen*</u>, *wenn ich gesund wäre.*

Imperativ

Verwendung des Imperativs

Der Imperativ dient dazu, eine oder mehrere Personen dazu zu bringen, etwas zu tun.
z. B. *Gib mir doch bitte die Butter!*   (Bitte)
      Probier doch mal die blaue Bluse an!   (Ratschlag)
      Kommen Sie doch morgen zum Abendessen!   (Einladung)
      Mach sofort die Tür zu!   (Befehl)

Bildung des Imperativs

In der 2. Person Singular (du-Form)
Verbstamm + (e)
z. B. mach + (e)   → *mach(e)!*   ruf + (e)   → *ruf(e)!*
Das **e** kann auch wegfallen. Es muss aber bei den Verben auf -**eln** und -**ern** und bei Stammendungen
auf -**d**, -**t** oder -**ig** stehen:
z. B. red + e   → *rede!*   kling(e)l   + e   → *kling(e)le!*

Unregelmäßige Verben mit Vokalwechsel von **e → i** im Präsens wechseln den Vokal auch im Singular des Imperativs. Diese Verben haben kein **e** als Endung des Imperativs.

z. B.   geben   → *gib!*   lesen   → *lies!*

In der 2. Person Plural (ihr-Form):

Verbstamm + -(e)t

z. B.   mach + t   → *macht!*   ruf + t   → *ruft!*

Unregelmäßige Verben mit Vokalwechsel von **e → i** im Präsens wechseln hier den Vokal nicht.

z. B.   geb + t   → *gebt!*   les + t   → *lest!*

In der 1. Person Plural + Höflichkeitsform:

Verbstamm + -en + Personalpronomen

   geh   + en + wir / Sie   → *gehen wir! / gehen Sie!*

3. Passiv

Das Passiv findet man vor allem in Sach- und Fachtexten. Man beschreibt mit dem Passiv, was mit einer Person oder Sache gemacht wird.

Beim **Aktiv** steht die handelnde Person im Mittelpunkt, beim **Passiv** der Vorgang selbst. Da die Person nicht so wichtig ist, muss sie auch nicht genannt werden. Soll eine handelnde Person genannt werden, steht sie in Verbindung mit der Präposition **von**.

z. B.   *Die Blumen werden <u>von</u> mir gegossen.*

Anstelle eines Subjekts kann auch **es** an erster Stelle im Satz stehen.

<u>*Es*</u> *muss heute noch aufgeräumt werden.*

Es gibt zwei Formen des Passiv:

das Vorgangspassiv	das Zustandspassiv
Die Waschmaschine <u>wird repariert</u>.	*Die Waschmaschine <u>ist repariert</u>.*
Der Ablauf der Handlung ist wichtig.	Der Zustand nach der Handlung ist wichtig.
Bildung:	Bildung:
mit einer Personalform von *werden*	mit einer Personalform von *sein*

Bildung des Passivs

Die meisten transitiven Verben (mit einem Akkusativobjekt) können das Passiv bilden.

z. B.   *Der Monteur <u>repariert</u> die Waschmaschine.*

        → *Die Waschmaschine <u>wird</u> vom Monteur <u>repariert</u>.*

Das Präsens

Das **Vorgangspassiv**: *werden* + Partizip II

z. B.   *Der Ofen <u>wird</u> am Abend <u>angeheizt</u>.*

Das **Zustandspassiv**: *sein* + Partizip II

z. B.   *Am Abend <u>ist</u> der Ofen <u>angeheizt</u>.*

Das Präteritum

Das **Vorgangspassiv**: *wurde* + Partizip II

z. B.   *Die Krankenschwester <u>wurde gerufen</u>.*

Das **Zustandspassiv**: *war* + Partizip II

z. B.   *Der Operationssaal <u>war</u> schon <u>vorbereitet</u>.*

Das Perfekt

Das **Vorgangspassiv**: *sein* + Partizip II + *worden*

Das Partizip Perfekt von **werden** ist im Passiv **worden** (**nicht**: *geworden*)

z. B. *Der Fußballer ist für die Nationalmannschaft ausgesucht worden.*

Das **Zustandspassiv**: *sein* + Partizip II + *gewesen*

z. B. *Der Fußballer ist ausgesucht gewesen.*

Das Plusquamperfekt

Das **Vorgangspassiv**: *war* + Partizip II + *worden*

z. B. *Wir waren von dem Besuch überrascht worden.*

Das **Zustandspassiv**: *war* + Partizip II + *gewesen* (Es wird aber kaum benutzt.)

z. B. *Der Supermarkt war geöffnet gewesen.*

Das Futur I

Das **Vorgangspassiv**: *werden* + Partizip II + *werden*

z. B. *Die Weihnachtskarten werden rechtzeitig geschrieben werden.*

Das **Zustandspassiv**: *werden* + Partizip II + *sein*

z. B. *Die Kartoffeln werden geschält sein.*

Das Futur II

Das **Vorgangspassiv**: *werden* +Partizip II + *worden sein*

z. B. *Die Kartoffeln werden geschält worden sein.*

Das **Zustandspassiv**: *werden* + Partizip II + *gewesen sein*

z. B. *Die Kartoffeln werden geschält gewesen sein.*

Das Passiv des Konjunktiv I

Präsens: Konjunktiv I von *werden* + Partizip II

z. B. *Die Verkäuferin sagte, der Computer werde gebracht.*

Perfekt: Konjunktiv I von *sein* + Partizip II + *worden*

z. B. *Die Verkäuferin sagte, der Computer sei gebracht worden.*

Futur I: Konjunktiv I von *werden* + Partizip II + *werden*

z. B. *Der Computer werde gebracht werden, sobald das Büro eingerichtet ist.*

Futur II: Konjunktiv I von *werden* + Partizip II + *worden sein*

z. B. *Der Computer werde gebracht worden sein.*

Das Passiv des Konjunktiv II

Präteritum: *würde* + Partizip II

z. B. *Der Computer würde gebracht, wenn genug Personal da wäre.*

Plusquamperfekt: *wäre* + Partizip II + *worden*

z. B. *Der Computer wäre gebracht worden, wenn sie Zeit gehabt hätten.*

4. Die Modalverben

Die Modalverben bestimmen die Art und Weise, wie man etwas tut: gern oder nicht, freiwillig oder nicht usw. Es gibt sechs Modalverben: **dürfen, können, müssen, sollen, wollen, mögen**.

Modalverben kommen meist mit einem anderen Verb zusammen vor. Das zweite Verb steht dann im Infinitv am Satzende.

z. B. *Sie soll morgen nicht kommen.*
Bei den Modalverben wird das Partizip II in den zusammengesetzten Zeiten durch den Infinitiv ersetzt, wenn sie mit einem anderen Verb zusammen vorkommen.
z. B. *Sie hätte morgen kommen sollen.*(nicht: gesollt).

Die Bedeutung der Modalverben

Modalverb	Bedeutung	Beispiel
dürfen	Erlaubnis	*Ich darf Eis essen.*
können	Möglichkeit	*Sie können das Auto abholen.*
	Fähigkeit	*Sie kann das Rätsel lösen.*
	höfliche Bitte	*Können Sie bitte helfen?*
	Erlaubnis	*Sie können mein Auto nehmen.*
mögen	ewas gern haben	*Ich mag Himbeereis.*
	Möglichkeit	*Du magst Recht haben.*
müssen	Notwendigkeit, Befehl oder	*Ich muss morgen wegfahren.*
	Aufforderung	*Du musst besser aufpassen!*
sollen	Aufforderung / Befehl	*Ich soll die Schuhe putzen.*
	Zweck/Gerücht	*Sie soll gestohlen haben.*
wollen	Wille oder Absicht	*Sie will das Abitur machen.*

Möchte ist im eigentlichen Sinne kein Modalverb, wird aber als solches benutzt. Es hat keinen eigenen Infinitiv und ist verwandt mit **mögen**.
Die Bedeutung von *möchte~*

Ich möchte einmal nach Paris (fahren).	jemand hat einen Wunsch
Ich möchte einen Tee (trinken).	beim Bestellen und Einkaufen (höflich)
Ich möchte 150 Gramm Käse (kaufen).	

Modalverben können auch ohne Infinitiv stehen.
z. B. *Ich möchte einen Tee.* (gemeint ist: trinken)
Kommst du mit? Nein, ich kann nicht. (gemeint ist: mitkommen)
Wollen kann unfreundlich wirken. Es klingt besser, wenn man sagt:
z. B. *Ich möchte noch ein Bier.*

Die Negation der Modalverben

Max	darf/soll	am Wochenende	nicht	schwimmen.	Verbot
Paul	kann	morgen	nicht	zu dir kommen.	nicht möglich
Lea	kann	noch	nicht	Auto fahren.	nicht fähig
Vater	möchte	diese Woche	nicht	helfen.	keine Lust
Mutter	muss	dafür am Sonntag	nicht	kochen.	nicht notwendig
Spinat	musst	du	nicht	essen.	kein Zwang
Doris	soll	im Urlaub	nicht	so viel rauchen.	nicht in Ordnung

1 **haben**

haben – hatte – gehabt

Indikativ

Präsens
ich habe
du hast
er hat
wir haben
ihr habt
sie haben

Perfekt
ich habe gehabt
du hast gehabt
er hat gehabt
wir haben gehabt
ihr habt gehabt
sie haben gehabt

Futur I
ich werde haben
du wirst haben
er wird haben
wir werden haben
ihr werdet haben
sie werden haben

Präteritum
ich hatte
du hattest
er hatte
wir hatten
ihr hattet
sie hatten

Plusquamperfekt
ich hatte gehabt
du hattest gehabt
er hatte gehabt
wir hatten gehabt
ihr hattet gehabt
sie hatten gehabt

Futur II
ich werde gehabt haben
du wirst gehabt haben
er wird gehabt haben
wir werden gehabt haben
ihr werdet gehabt haben
sie werden gehabt haben

Konjunktiv

Präsens
ich habe
du habest
er habe
wir haben
ihr habet
sie haben

Perfekt
ich habe gehabt
du habest gehabt
er habe gehabt
wir haben gehabt
ihr habet gehabt
sie haben gehabt

Futur I
ich werde haben
du werdest haben
er werde haben
wir werden haben
ihr werdet haben
sie werden haben

Präteritum
ich hätte
du hättest
er hätte
wir hätten
ihr hättet
sie hätten

Plusquamperfekt
ich hätte gehabt
du hättest gehabt
er hätte gehabt
wir hätten gehabt
ihr hättet gehabt
sie hätten gehabt

Futur II
ich werde gehabt haben
du werdest gehabt haben
er werde gehabt haben
wir werden gehabt haben
ihr werdet gehabt haben
sie werden gehabt haben

Infinitiv

Präsens
haben

Perfekt
gehabt haben

Partizip

Partizip I
habend

Partizip II
gehabt

Imperativ

hab(e) (du)
haben wir
habt (ihr)
haben Sie

Beispiele und Wendungen

Anna hat viele Schuhe.
Tim und Tina Müller haben zwei Kinder und eine Katze.

Angst haben	*sich fürchten*
Spaß haben	*sich amüsieren*
Hunger haben	*hungrig sein*
Durst haben	*durstig sein*
eine Idee haben	*denken, etw. ausdenken*
Grippe / Schnupfen haben	*an Grippe / Schnupfen leiden*
etwas dagegen haben	*etwas nicht wollen*
etwas davon haben	*von etwas profitieren*
Er hat es gut.	*Er ist in einer guten Lage.*
Ich habe viel zu tun.	*Ich habe viel Arbeit.*
Ich habe es satt.	*Ich will das nicht länger.*
Ich hab's!	*Ich weiß es jetzt!*

Besonderheiten

Haben wird häufig als Hilfsverb zur Bildung der zusammengesetzten Zeiten (Perfekt, Plusquamperfekt, Futur II) verwendet.

z. B. Hast du dieses Buch schon gelesen?
Bevor ich etwas sagen konnte, hatte Marie die Tür schon geschlossen.
Vielleicht werde ich diese Arbeit morgen bereits erledigt haben.

Tipp

Die Wendung **ich hätte gern** bedeutet dasselbe wie *ich möchte* oder *ich will*, ist aber höflicher.

z. B. Ich hätte gern zwei Kilo Bananen.

2 **sein**

sein – war – gewesen

Indikativ

Präsens

ich	bin
du	bist
er	ist
wir	sind
ihr	seid
sie	sind

Perfekt

ich	bin	gewesen
du	bist	gewesen
er	ist	gewesen
wir	sind	gewesen
ihr	seid	gewesen
sie	sind	gewesen

Futur I

ich	werde	sein
du	wirst	sein
er	wird	sein
wir	werden	sein
ihr	werdet	sein
sie	werden	sein

Präteritum

ich	war
du	warst
er	war
wir	waren
ihr	wart
sie	waren

Plusquamperfekt

ich	war	gewesen
du	warst	gewesen
er	war	gewesen
wir	waren	gewesen
ihr	wart	gewesen
sie	waren	gewesen

Futur II

ich	werde	gewesen sein
du	wirst	gewesen sein
er	wird	gewesen sein
wir	werden	gewesen sein
ihr	werdet	gewesen sein
sie	werden	gewesen sein

Konjunktiv

Präsens

ich	sei
du	sei(e)st
er	sei
wir	seien
ihr	sei(e)t
sie	seien

Perfekt

ich	sei	gewesen
du	sei(e)st	gewesen
er	sei	gewesen
wir	seien	gewesen
ihr	sei(e)t	gewesen
sie	seien	gewesen

Futur I

ich	werde	sein
du	werdest	sein
er	werde	sein
wir	werden	sein
ihr	werdet	sein
sie	werden	sein

Präteritum

ich	wäre
du	wär(e)st
er	wäre
wir	wären
ihr	wär(e)t
sie	wären

Plusquamperfekt

ich	wäre	gewesen
du	wär(e)st	gewesen
er	wäre	gewesen
wir	wären	gewesen
ihr	wär(e)t	gewesen
sie	wären	gewesen

Futur II

ich	werde	gewesen sein
du	werdest	gewesen sein
er	werde	gewesen sein
wir	werden	gewesen sein
ihr	werdet	gewesen sein
sie	werden	gewesen sein

Infinitiv

Präsens

sein

Perfekt

gewesen sein

Partizip

Partizip I

seiend

Partizip II

gewesen

Imperativ

sei (du)
seien wir
seid (ihr)
seien Sie

Beispiele und Wendungen

Dina ist hübsch.
Abends war das Geschäft geschlossen.
Früher sind wir manchmal in den Wald gegangen.

jmdm. ist (es) kalt	*jmd. friert*
jmdm. ist (es) schlecht	*jmd. fühlt sich schlecht*
etwas ist zu tun	*etwas muss gemacht werden*
es sei denn ...	*außer, wenn ...*
wie dem auch sei ...	*egal wie es ist ...*
Es ist heiß.	*Das Wetter / die Temperatur ist heiß.*
Es ist Punkt zwölf.	*Die Uhrzeit ist zwölf Uhr.*
Er ist Lehrer.	*Sein Beruf ist Lehrer.*
Das Konzert ist um acht.	*Das Konzert beginnt um acht Uhr.*
Es ist viel zu tun.	*Wir müssen viel machen.*

Besonderheiten

Sein wird nicht nur als Vollverb, sondern auch als Hilfsverb gebraucht. Als
Hilfsverb verwendet man *sein* bei manchen Verben (v.a. Verben der Bewegung oder
Zustandsänderung) zur Bildung der zusammengesetzten Zeiten. Außerdem benutzt man
es zur Bildung des Zustandspassivs.

z.B.	Dieser Pullover <u>ist</u> rot.	(Vollverb)
	Wir <u>sind</u> nach Italien <u>gefahren</u>.	(Perfekt)
	Dieses Bild <u>ist</u> bereits <u>verkauft</u>.	(Zustandspassiv)

Vorsicht, das Verb **sein** kann man im Infinitiv leicht mit dem Possessiv-pronomen **sein**
verwechseln!

z.B.	Herr Müller wäscht <u>sein</u> Auto.	(Possessivpronomen)
	Das Auto muss immer sauber <u>sein</u>.	(Verb im Infinitiv)

werden – wurde – worden/geworden

Indikativ

Präsens

ich werde
du wirst
er wird
wir werden
ihr werdet
sie werden

Perfekt

ich bin   (ge)worden
du bist   (ge)worden
er ist   (ge)worden
wir sind   (ge)worden
ihr seid   (ge)worden
sie sind   (ge)worden

Futur I

ich werde   werden
du wirst   werden
er wird   werden
wir werden   werden
ihr werdet   werden
sie werden   werden

Präteritum

ich wurde
du wurdest
er wurde
wir wurden
ihr wurdet
sie wurden

Plusquamperfekt

ich war   (ge)worden
du warst   (ge)worden
er war   (ge)worden
wir waren   (ge)worden
ihr wart   (ge)worden
sie waren   (ge)worden

Futur II

ich werde   (ge)worden sein
du wirst   (ge)worden sein
er wird   (ge)worden sein
wir werden   (ge)worden sein
ihr werdet   (ge)worden sein
sie werden   (ge)worden sein

Konjunktiv

Präsens

ich werde
du werdest
er werde
wir werden
ihr werdet
sie werden

Perfekt

ich sei   (ge)worden
du sei(e)st (ge)worden
er sei   (ge)worden
wir seien   (ge)worden
ihr sei(e)t (ge)worden
sie seien   (ge)worden

Futur I

ich werde   werden
du werdest   werden
er werde   werden
wir werden   werden
ihr werdet   werden
sie werden   werden

Präteritum

ich würde
du würdest
er würde
wir würden
ihr würdet
sie würden

Plusquamperfekt

ich wäre   (ge)worden
du wär(e)st (ge)worden
er wäre   (ge)worden
wir wären   (ge)worden
ihr wär(e)t (ge)worden
sie wären   (ge)worden

Futur II

ich werde   (ge)worden sein
du werdest   (ge)worden sein
er werde   (ge)worden sein
wir werden   (ge)worden sein
ihr werdet   (ge)worden sein
sie werden   (ge)worden sein

Infinitiv

Präsens

werden

Perfekt

worden sein

Partizip

Partizip I

werdend

Partizip II

worden / geworden

Imperativ

werd(e) (du)
werden wir
werdet (ihr)
werden Sie

Beispiele und Wendungen

Das Auto wird oft gewaschen.
Wenn du zu viel Schokolade isst, wirst du dick.
Was willst du werden, wenn du groß bist? Astronaut oder Taxifahrer?

Es wird Frühling.	*Der Frühling kommt.*
Es wird spät.	*Etwas dauert länger.*
Er wird 40.	*Er hat bald 40. Geburtstag.*
Mir wird kalt.	*Ich beginne zu frieren.*
Die Raupe wird zum Schmetterling.	*Die Raupe entwickelt sich zum Schmetterling.*
Was möchtest du einmal werden?	*Welchen Beruf willst du einmal haben?*
Das wird schon wieder.	*Alles wird okay sein.*
Daraus wird nichts.	*Das wird nicht passieren / gemacht.*
Der Kuchen ist etwas geworden.	*Der Kuchen ist gut gelungen.*

Besonderheiten

werden wird nicht nur als Vollverb, sondern auch als Hilfsverb verwendet. Als Hilfsverb braucht man *werden*, um Geschehen in der Zukunft zu beschreiben (Futur I und II) sowie zur Bildung des Vorgangspassivs.

z. B. Langsam <u>wird</u> es dunkel.   (Vollverb)
       Ich <u>werde</u> dich gleich morgen früh <u>anrufen</u>.   (Futur I)
       Das Büro <u>wird</u> jeden Tag <u>geputzt</u>.   (Vorgangspassiv)

Beim Hilfsverb lautet das Partizip **worden**.

z. B. Das Büro ist gerade geputzt worden.

Beim Vollverb lautet das Partizip **geworden.**

z. B. Tanja ist gestern 30 geworden.

4 **spielen**

spielen – spielte – gespielt

Indikativ

Präsens	Perfekt	Futur I
ich spiele	ich habe gespielt	ich werde spielen
du spielst	du hast gespielt	du wirst spielen
er spielt	er hat gespielt	er wird spielen
wir spielen	wir haben gespielt	wir werden spielen
ihr spielt	ihr habt gespielt	ihr werdet spielen
sie spielen	sie haben gespielt	sie werden spielen

Präteritum	Plusquamperfekt	Futur II
ich spielte	ich hatte gespielt	ich werde gespielt haben
du spieltest	du hattest gespielt	du wirst gespielt haben
er spielte	er hatte gespielt	er wird gespielt haben
wir spielten	wir hatten gespielt	wir werden gespielt haben
ihr spieltet	ihr hattet gespielt	ihr werdet gespielt haben
sie spielten	sie hatten gespielt	sie werden gespielt haben

Konjunktiv

Präsens	Perfekt	Futur I
ich spiele	ich habe gespielt	ich werde spielen
du spielest	du habest gespielt	du werdest spielen
er spiele	er habe gespielt	er werde spielen
wir spielen	wir haben gespielt	wir werden spielen
ihr spielet	ihr habet gespielt	ihr werdet spielen
sie spielen	sie haben gespielt	sie werden spielen

Präteritum	Plusquamperfekt	Futur II
ich spielte	ich hätte gespielt	ich werde gespielt haben
du spieltest	du hättest gespielt	du werdest gespielt haben
er spielte	er hätte gespielt	er werde gespielt haben
wir spielten	wir hätten gespielt	wir werden gespielt haben
ihr spieltet	ihr hättet gespielt	ihr werdet gespielt haben
sie spielten	sie hätten gespielt	sie werden gespielt haben

Infinitiv	Partizip	Imperativ
Präsens	**Partizip I**	spiel**(e)** (du)
spiel**en**	spiel**end**	spiel**en** wir
Perfekt	**Partizip II**	spiel**t** (ihr)
gespielt haben	**ge**spiel**t**	spiel**en** Sie

Beispiele und Wendungen

David Beckham spielt Fußball.
In diesem Film spielt Mel Gibson den Hamlet.
Mein Bruder spielt gerne Schach, ich spiele lieber Karten.
Maria ist sehr musikalisch. Sie spielt Geige, Klavier und Gitarre.

keine Rolle spielen	*nicht wichtig sein*
eine große Rolle spielen	*wichtig sein*
Der Film spielt in Mexiko.	*Die Handlung des Films ist in Mexiko.*

Weitere Verben

bauen – brauchen – kämpfen – hören – hoffen – machen – rauchen

einen Moment brauchen	*etwas Zeit benötigen*
das Essen machen	*das Essen kochen oder zubereiten*
sich Sorgen machen	*Angst haben, dass etwas passiert*
Das macht keinen Sinn.	*Das ist nicht logisch.*
Das macht 10 Euro.	*Das kostet 10 Euro.*

Besonderheiten

Spielen ist ein Beispiel für ein regelmäßiges Verb – die meisten Verben im Deutschen gehören zu dieser Gruppe. Alle regelmäßigen Verben haben die gleichen einfachen Formen für das Präteritum und für das Partizip.

Tipp

Prägen Sie sich dieses Verb gut ein. Wenn Sie die Formen beherrschen, können Sie jedes beliebige regelmäßige Verb konjugieren, ohne dafür eigene Formen lernen zu müssen.

singen – sang – gesungen

Indikativ

Präsens

ich singe
du singst
er singt
wir singen
ihr singt
sie singen

Perfekt

ich habe   gesungen
du hast   gesungen
er hat   gesungen
wir haben   gesungen
ihr habt   gesungen
sie haben   gesungen

Futur I

ich werde   singen
du wirst   singen
er wird   singen
wir werden   singen
ihr werdet   singen
sie werden   singen

Präteritum

ich sang
du sang(e)st
er sang
wir sangen
ihr sang(e)t
sie sangen

Plusquamperfekt

ich hatte   gesungen
du hattest   gesungen
er hatte   gesungen
wir hatten   gesungen
ihr hattet   gesungen
sie hatten   gesungen

Futur II

ich werde   gesungen haben
du wirst   gesungen haben
er wird   gesungen haben
wir werden   gesungen haben
ihr werdet   gesungen haben
sie werden   gesungen haben

Konjunktiv

Präsens

ich singe
du singest
er singe
wir singen
ihr singet
sie singen

Perfekt

ich habe   gesungen
du habest   gesungen
er habe   gesungen
wir haben   gesungen
ihr habet   gesungen
sie haben   gesungen

Futur I

ich werde   singen
du werdest singen
er werde   singen
wir werden   singen
ihr werdet   singen
sie werden   singen

Präteritum

ich sänge
du sängest
er sänge
wir sängen
ihr sänget
sie sängen

Plusquamperfekt

ich hätte   gesungen
du hättest   gesungen
er hätte   gesungen
wir hätten   gesungen
ihr hättet   gesungen
sie hätten   gesungen

Futur II

ich werde   gesungen haben
du werdest gesungen haben
er werde   gesungen haben
wir werden   gesungen haben
ihr werdet   gesungen haben
sie werden   gesungen haben

Infinitiv

Präsens

sing**en**

Perfekt

gesungen haben

Partizip

Partizip I

sing**end**

Partizip II

gesung**en**

Imperativ

sing**(e)** (du)
sing**en** wir
sing**t** (ihr)
sing**en** Sie

Beispiele und Wendungen

Die Vögel singen im Garten.
Edeltraud kann sehr schön singen.
Am Ende der Feier sang der Chor noch ein paar schöne Lieder.

im Chor singen	*in einer Gruppe singen*
in den Schlaf singen	*durch Gesang zum Einschlafen bringen*
(beim Verhör) singen	*aussagen, jmdn. belasten* (umg.)

Weitere Verben

besingen – mit•singen – nach•singen – vor•singen

etwas besingen	*etwas loben, positiv darstellen*
Alle singen mit.	*Alle singen gemeinsam.*
Die Schüler singen das Lied nach.	*Die Schüler wiederholen das Lied.*
jmdm. ein Lied vorsingen	*so singen, dass jmd. das Lied lernt*

Tipp

Wenn Sie musikalisch sind, hilft es Ihnen vielleicht, wenn Sie kleine Melodien erfinden und sich die Konjugationsmuster oder die Formen mit den Stammvokalwechseln vorsingen. Experimentieren Sie mit Tonhöhe und Rhythmus, oder probieren Sie einen Rap – so prägen Sie sich vor allem häufige Muster gut ein.

Mehrere Verben bestehen aus dem Wort **singen** und einer Vorsilbe (z. B. **vor**singen, **mit**singen). Lernen Sie diese gleich zusammen. Genauso können Sie es auch bei vielen anderen Verben machen und damit gut und schnell Ihren Wortschatz erweitern (z. B. bieten – **an**bieten, **ver**bieten usw.).

33

aus•suchen   Verb mit trennbarem Präfix

aussuchen – suchte aus – ausgesucht

Indikativ

Präsens

ich	suche	**aus**
du	suchst	**aus**
er	sucht	**aus**
wir	suchen	**aus**
ihr	sucht	**aus**
sie	suchen	**aus**

Perfekt

ich	habe	**aus**gesucht
du	hast	**aus**gesucht
er	hat	**aus**gesucht
wir	haben	**aus**gesucht
ihr	habt	**aus**gesucht
sie	haben	**aus**gesucht

Futur I

ich	werde	**aus**suchen
du	wirst	**aus**suchen
er	wird	**aus**suchen
wir	werden	**aus**suchen
ihr	werdet	**aus**suchen
sie	werden	**aus**suchen

Präteritum

ich	suchte	**aus**
du	suchtest	**aus**
er	suchte	**aus**
wir	suchten	**aus**
ihr	suchtet	**aus**
sie	suchten	**aus**

Plusquamperfekt

ich	hatte	**aus**gesucht
du	hattest	**aus**gesucht
er	hatte	**aus**gesucht
wir	hatten	**aus**gesucht
ihr	hattet	**aus**gesucht
sie	hatten	**aus**gesucht

Futur II

ich	werde	**aus**gesucht haben
du	wirst	**aus**gesucht haben
er	wird	**aus**gesucht haben
wir	werden	**aus**gesucht haben
ihr	werdet	**aus**gesucht haben
sie	werden	**aus**gesucht haben

Konjunktiv

Präsens

ich	suche	**aus**
du	suchest	**aus**
er	suche	**aus**
wir	suchen	**aus**
ihr	suchet	**aus**
sie	suchen	**aus**

Perfekt

ich	habe	**aus**gesucht
du	habest	**aus**gesucht
er	habe	**aus**gesucht
wir	haben	**aus**gesucht
ihr	habet	**aus**gesucht
sie	haben	**aus**gesucht

Futur I

ich	werde	**aus**suchen
du	werdest	**aus**suchen
er	werde	**aus**suchen
wir	werden	**aus**suchen
ihr	werdet	**aus**suchen
sie	werden	**aus**suchen

Präteritum

ich	suchte	**aus**
du	suchtest	**aus**
er	suchte	**aus**
wir	suchten	**aus**
ihr	suchtet	**aus**
sie	suchten	**aus**

Plusquamperfekt

ich	hätte	**aus**gesucht
du	hättest	**aus**gesucht
er	hätte	**aus**gesucht
wir	hätten	**aus**gesucht
ihr	hättet	**aus**gesucht
sie	hätten	**aus**gesucht

Futur II

ich	werde	**aus**gesucht haben
du	werdest	**aus**gesucht haben
er	werde	**aus**gesucht haben
wir	werden	**aus**gesucht haben
ihr	werdet	**aus**gesucht haben
sie	werden	**aus**gesucht haben

Infinitiv

Präsens

aussuchen

Perfekt

ausgesucht haben

Partizip

Partizip I

aussuchend

Partizip II

ausgesucht

Imperativ

such(e)	(du)	**aus**
suchen	wir	**aus**
sucht	(ihr)	**aus**
suchen	Sie	**aus**

Beispiele und Wendungen

Maria sucht sich ein neues Kleid aus.
Nehmen Sie, was Sie wollen: Sie können sich etwas aussuchen!

Such dir etwas aus!   *Wähle etwas aus!*

Weitere Verben

ab•holen – an•schauen – mit•spielen – nach•machen – zu•hören

Ich hole dich heute Abend ab.   *Ich komme zu dir, dann gehen wir los.*
Wir schauen einen Film an.   *Wir sehen einen Film.*
Da spiele ich nicht mit!   *Da mache ich nicht mit!*
Kannst du das nachmachen?   *Kannst du das imitieren?*
Hör bitte gut zu!   *Achte genau auf das, was ich sage!*

Besonderheiten

aus•suchen ist ein Beispiel für ein regelmäßiges Verb mit einem trennbaren Präfix. Das Präfix steht meist vom Verb getrennt am Ende des Satzes.

z. B. Die Kinder suchten die schönste Katze <u>aus</u>.

Beim Partizip II geht das Präfix **aus** an den Beginn des Wortes. Es steht also vor dem Präfix **ge-**, das zum Partizip gehört: **aus•ge•sucht**

z. B. Welches Buch hast du ausgesucht?

Tipp

Viele Präfixe sind trennbar. Die wichtigsten sind: ab-, an-, auf-, aus-, bei-, ein-, mit-, nach-, vor-, und zu-.

Reflexives Verb mit Reflexivpronomen im

Akkusativ

Indikativ

Präsens

ich sehne **mich**
du sehnst **dich**
er sehnt **sich**
wir sehnen **uns**
ihr sehnt **euch**
sie sehnen **sich**

Perfekt

ich habe **mich** gesehnt
du hast **dich** gesehnt
er hat **sich** gesehnt
wir haben **uns** gesehnt
ihr habt **euch** gesehnt
sie haben **sich** gesehnt

Futur I

ich werde **mich** sehnen
du wirst **dich** sehnen
er wird **sich** sehnen
wir werden **uns** sehnen
ihr werdet **euch** sehnen
sie werden **sich** sehnen

Präteritum

ich sehnte **mich**
du sehntest **dich**
er sehnte **sich**
wir sehnten **uns**
ihr sehntet **euch**
sie sehnten **sich**

Plusquamperfekt

ich hatte **mich** gesehnt
du hattest **dich** gesehnt
er hatte **sich** gesehnt
wir hatten **uns** gesehnt
ihr hattet **euch** gesehnt
sie hatten **sich** gesehnt

Futur II

ich werde **mich** gesehnt haben
du wirst **dich** gesehnt haben
er wird **sich** gesehnt haben
wir werden **uns** gesehnt haben
ihr werdet **euch** gesehnt haben
sie werden **sich** gesehnt haben

Konjunktiv

Präsens

ich sehne **mich**
du sehnest **dich**
er sehne **sich**
wir sehnen **uns**
ihr sehnet **euch**
sie sehnen **sich**

Perfekt

ich habe **mich** gesehnt
du habest **dich** gesehnt
er habe **sich** gesehnt
wir haben **uns** gesehnt
ihr habet **euch** gesehnt
sie haben **sich** gesehnt

Futur I

ich werde **mich** sehnen
du werdest **dich** sehnen
er werde **sich** sehnen
wir werden **uns** sehnen
ihr werdet **euch** sehnen
sie werden **sich** sehnen

Präteritum

ich sehnte **mich**
du sehntest **dich**
er sehnte **sich**
wir sehnten **uns**
ihr sehntet **euch**
sie sehnten **sich**

Plusquamperfekt

ich hätte **mich** gesehnt
du hättest **dich** gesehnt
er hätte **sich** gesehnt
wir hätten **uns** gesehnt
ihr hättet **euch** gesehnt
sie hätten **sich** gesehnt

Futur II

ich werde **mich** gesehnt haben
du werdest **dich** gesehnt haben
er werde **sich** gesehnt haben
wir werden **uns** gesehnt haben
ihr werdet **euch** gesehnt haben
sie werden **sich** gesehnt haben

Infinitiv

Präsens

sich sehnen

Perfekt

sich gesehnt haben

Partizip

Partizip I

sich sehnend

Partizip II

sich gesehnt

Imperativ

sehn(e) **dich**
sehnen **wir** uns
sehnt **euch**
sehnen Sie **sich**

Beispiele und Wendungen

Romeo sehnt sich nach Julia.
Der Pinguin im Zoo sehnt sich nach der Antarktis.

sich nach etwas sehnen	*sich etwas stark wünschen*
Ich sehne mich nach Urlaub.	*Ich wünsche mir dringend Urlaub.*
Er sehnt sich nach Ruhe.	*Er wünscht sich, dass es still ist.*
Sie hat sich nach ihrer Heimat gesehnt.	*Sie hatte Heimweh.*

Weitere Verben

sich erinnern – sich freuen – sich irren – sich verspäten – sich wundern

Ich erinnere mich genau.	*Ich weiß noch genau, wie das war.*
sich über etwas freuen	*wegen etwas glücklich sein*
Du irrst dich!	*Du hast nicht recht!*
Wenn ich mich nicht irre, …	*Wenn ich das richtig sehe, …*
sich zu einem Termin verspäten	*zu einem Termin zu spät kommen*
Das würde mich wundern.	*Ich glaube nicht, dass das stimmt.*

Tipp

sich sehnen braucht das Reflexivpronomen im Akkusativ. Wenn Sie nur den Infinitiv lernen, können Sie es leicht mit einem Verb mit dem Reflexivpronomen im Dativ (siehe *sich überlegen*) verwechseln. Lernen Sie daher am besten immer gleich einen Beispielsatz.

z. B. sich sehnen   – Ich sehne <u>mich</u> nach dir!

Es gibt neben den sog. echten reflexiven Verben auch viele sog. unechte, bei denen anstelle des Reflexivpronomens auch etwas anderes stehen kann.

z. B. Ich bade <u>mich</u>.   – Ich bade <u>meinen Hund</u>.

Indikativ

Präsens
ich überlege **mir**
du überlegst **dir**
er überlegt **sich**
wir überlegen **uns**
ihr überlegt **euch**
sie überlegen **sich**

Perfekt
ich habe **mir** überlegt
du hast **dir** überlegt
er hat **sich** überlegt
wir haben **uns** überlegt
ihr habt **euch** überlegt
sie haben **sich** überlegt

Futur I
ich werde **mir** überlegen
du wirst **dir** überlegen
er wird **sich** überlegen
wir werden **uns** überlegen
ihr werdet **euch** überlegen
sie werden **sich** überlegen

Präteritum
ich überlegte **mir**
du überlegtest **dir**
er überlegte **sich**
wir überlegten **uns**
ihr überlegtet **euch**
sie überlegten **sich**

Plusquamperfekt
ich hatte **mir** überlegt
du hattest **dir** überlegt
er hatte **sich** überlegt
wir hatten **uns** überlegt
ihr hattet **euch** überlegt
sie hatten **sich** überlegt

Futur II
ich werde **mir** überlegt haben
du wirst **dir** überlegt haben
er wird **sich** überlegt haben
wir werden **uns** überlegt haben
ihr werdet **euch** überlegt haben
sie werden **sich** überlegt haben

Konjunktiv

Präsens
ich überlege **mir**
du überlegest **dir**
er überlege **sich**
wir überlegen **uns**
ihr überleget **euch**
sie überlegen **sich**

Perfekt
ich habe **mir** überlegt
du habest **dir** überlegt
er habe **sich** überlegt
wir haben **uns** überlegt
ihr habet **euch** überlegt
sie haben **sich** überlegt

Futur I
ich werde **mir** überlegen
du werdest **dir** überlegen
er werde **sich** überlegen
wir werden **uns** überlegen
ihr werdet **euch** überlegen
sie werden **sich** überlegen

Präteritum
ich überlegte **mir**
du überlegtest **dir**
er überlegte **sich**
wir überlegten **uns**
ihr überlegtet **euch**
sie überlegten **sich**

Plusquamperfekt
ich hätte **mir** überlegt
du hättest **dir** überlegt
er hätte **sich** überlegt
wir hätten **uns** überlegt
ihr hättet **euch** überlegt
sie hätten **sich** überlegt

Futur II
ich werde **mir** überlegt haben
du werdest **dir** überlegt haben
er werde **sich** überlegt haben
wir werden **uns** überlegt haben
ihr werdet **euch** überlegt haben
sie werden **sich** überlegt haben

Infinitiv

Präsens
sich überlegen

Perfekt
sich überlegt haben

Partizip

Partizip I
sich überlegend

Partizip II
sich überlegt

Imperativ
überleg(e) **dir**
überlegen wir **uns**
überlegt **euch**
überlegen Sie **sich**

Beispiele und Wendungen

Ich habe mir alles genau überlegt.
Wir sollten uns bald überlegen, wohin wir in den Urlaub fahren wollen.

sich etwas überlegen	*über etwas nachdenken*
Das muss ich mir noch überlegen.	*Ich will noch darüber nachdenken.*
Hast du dir schon etwas überlegt?	*Hast du schon eine Idee?*

Weitere Verben

sich (etwas) an•schauen – sich (etwas) nehmen – sich (etwas) vor•nehmen

Ich schaue mir einen Film an.	*Ich sehe einen Film.*
sich für etwas Zeit nehmen	*etwas langsam und in Ruhe tun*
Er nimmt sich morgen frei.	*Er wird morgen Urlaub machen.*
Was hast du dir vorgenommen?	*Was hast du geplant?*

Tipp

sich überlegen braucht das Reflexivpronomen im Dativ. Wenn Sie nur den Infinitiv lernen, können Sie es leicht mit einem Verb mit dem Reflexivpronomen im Akkusativ (siehe *sich sehnen*) verwechseln. Lernen Sie daher am besten immer gleich einen Beispielsatz.

z. B. sich anschauen   – Ich schaue <u>mich</u> im Spiegel an.
                         – Ich schaue <u>mir</u> einen Film an.

Bei den sog. echten reflexiven Verben muss immer das Reflexivpronomen für die jeweilige Person stehen. Es lässt sich nicht ersetzen.
Neben den echten reflexiven Verben gibt es aber auch viele sog. unechte, bei denen anstelle dieses Pronomens auch etwas anderes stehen kann.

z. B. Ich koche <u>mir</u> Tee.   – Ich koche <u>dir</u> Tee.

Indikativ

Präsens

ich **werde** geliebt
du **wirst** geliebt
er **wird** geliebt
wir **werden** geliebt
ihr **werdet** geliebt
sie **werden** geliebt

Perfekt

ich **bin** geliebt **worden**
du **bist** geliebt **worden**
er **ist** geliebt **worden**
wir **sind** geliebt **worden**
ihr **seid** geliebt **worden**
sie **sind** geliebt **worden**

Futur I

ich **werde** geliebt **werden**
du **wirst** geliebt **werden**
er **wird** geliebt **werden**
wir **werden** geliebt **werden**
ihr **werdet** geliebt **werden**
sie **werden** geliebt **werden**

Präteritum

ich **wurde** geliebt
du **wurdest** geliebt
er **wurde** geliebt
wir **wurden** geliebt
ihr **wurdet** geliebt
sie **wurden** geliebt

Plusquamperfekt

ich **war** geliebt **worden**
du **warst** geliebt **worden**
er **war** geliebt **worden**
wir **waren** geliebt **worden**
ihr **wart** geliebt **worden**
sie **waren** geliebt **worden**

Futur II

ich **werde** geliebt **worden sein**
du **wirst** geliebt **worden sein**
er **wird** geliebt **worden sein**
wir **werden** geliebt **worden sein**
ihr **werdet** geliebt **worden sein**
sie **werden** geliebt **worden sein**

Konjunktiv

Präsens

ich **werde** geliebt
du **werdest** geliebt
er **werde** geliebt
wir **werden** geliebt
ihr **werdet** geliebt
sie **werden** geliebt

Perfekt

ich **sei** geliebt **worden**
du **sei(e)st** geliebt **worden**
er **sei** geliebt **worden**
wir **seien** geliebt **worden**
ihr **sei(e)t** geliebt **worden**
sie **seien** geliebt **worden**

Futur I

ich **werde** geliebt **werden**
du **werdest** geliebt **werden**
er **werde** geliebt **werden**
wir **werden** geliebt **werden**
ihr **werdet** geliebt **werden**
sie **werden** geliebt **werden**

Präteritum

ich **würde** geliebt
du **würdest** geliebt
er **würde** geliebt
wir **würden** geliebt
ihr **würdet** geliebt
sie **würden** geliebt

Plusquamperfekt

ich **wäre** geliebt **worden**
du **wär(e)st** geliebt **worden**
er **wäre** geliebt **worden**
wir **wären** geliebt **worden**
ihr **wär(e)t** geliebt **worden**
sie **wären** geliebt **worden**

Futur II

ich **werde** geliebt **worden sein**
du **werdest** geliebt **worden sein**
er **werde** geliebt **worden sein**
wir **werden** geliebt **worden sein**
ihr **werdet** geliebt **worden sein**
sie **werden** geliebt **worden sein**

Infinitiv

Präsens

geliebt **werden**

Perfekt

geliebt **worden sein**

Partizip

Partizip I

geliebt **werdend**

Partizip II

geliebt **worden**

Imperativ

—
—
—
—

Beispiele und Wendungen

Prinzessin Diana wurde von vielen Menschen sehr geliebt.

Wie wird das gemacht?	*Wie funktioniert das?*
Der Fisch wird gebacken.	*Zur Zubereitung bäckt man den Fisch*
Wird erledigt!	*Ich mache das!*
Plastik wird aus Erdöl gewonnen.	*Man macht Plastik aus Erdöl.*
Fenster werden aus Glas gemacht.	*Man stellt Fenster aus Glas her.*
1492 wurde Amerika entdeckt.	*1492 entdeckte Columbus Amerika.*
Wann wurde das Penicillin erfunden?	*Wann erfand jemand das Penicillin?*
Das wird gern genommen.	*Das ist sehr beliebt.*
Das wird mit Sahne gegessen.	*Die meisten Leute essen das mit Sahne.*
An Ostern werden Eier versteckt.	*Es ist üblich, an Ostern Eier zu verstecken.*
Es wird erzählt, dass ...	*Die Leute sagen, dass ...*
Darüber wurde lange gesprochen.	*Das war lange ein wichtiges Thema.*
Der Verstorbene wird beerdigt.	*man begräbt jmdn., der gestorben ist*
Die Ergebnisse werden veröffentlicht.	*Man macht die Ergebnisse öffentlich.*
Hier wird nicht geraucht!	*Rauchen ist hier verboten!*
Die Lottozahlen werden gezogen.	*Lottozahlen werden durch eine Maschine ausgesucht.*
Die Olympiasieger werden geehrt.	*Die Olympiasieger erhalten Ehrungen.*
Das Diplom wird hier anerkannt.	*Das Diplom bekommt hier Gültigkeit.*

Besonderheiten

geliebt werden ist ein Beispiel für das Vorgangspassiv. Das Vorgangspassiv wird immer mit **werden** und dem **Partizip II** gebildet.
Die meisten transitiven Verben, das heißt Verben, die eine Ergänzung im Akkusativ brauchen, können das Vorgangspassiv bilden.

Indikativ

Präsens

ich	**bin**	verliebt
du	**bist**	verliebt
er	**ist**	verliebt
wir	**sind**	verliebt
ihr	**seid**	verliebt
sie	**sind**	verliebt

Perfekt

ich	**bin**	verliebt **gewesen**
du	**bist**	verliebt **gewesen**
er	**ist**	verliebt **gewesen**
wir	**sind**	verliebt **gewesen**
ihr	**seid**	verliebt **gewesen**
sie	**sind**	verliebt **gewesen**

Futur I

ich	**werde**	verliebt sein
du	**wirst**	verliebt sein
er	**wird**	verliebt sein
wir	**werden**	verliebt sein
ihr	**werdet**	verliebt sein
sie	**werden**	verliebt sein

Präteritum

ich	**war**	verliebt
du	**warst**	verliebt
er	**war**	verliebt
wir	**waren**	verliebt
ihr	**wart**	verliebt
sie	**waren**	verliebt

Plusquamperfekt

ich	**war**	verliebt **gewesen**
du	**warst**	verliebt **gewesen**
er	**war**	verliebt **gewesen**
wir	**waren**	verliebt **gewesen**
ihr	**wart**	verliebt **gewesen**
sie	**waren**	verliebt **gewesen**

Futur II

ich	**werde**	verliebt **gewesen sein**
du	**wirst**	verliebt **gewesen sein**
er	**wird**	verliebt **gewesen sein**
wir	**werden**	verliebt **gewesen sein**
ihr	**werdet**	verliebt **gewesen sein**
sie	**werden**	verliebt **gewesen sein**

Konjunktiv

Präsens

ich	**sei**	verliebt
du	**sei(e)st**	verliebt
er	**sei**	verliebt
wir	**seien**	verliebt
ihr	**sei(e)t**	verliebt
sie	**seien**	verliebt

Perfekt

ich	**sei**	verliebt **gewesen**
du	**sei(e)st**	verliebt **gewesen**
er	**sei**	verliebt **gewesen**
wir	**seien**	verliebt **gewesen**
ihr	**sei(e)t**	verliebt **gewesen**
sie	**seien**	verliebt **gewesen**

Futur I

ich	**werde**	verliebt sein
du	**werdest**	verliebt sein
er	**werde**	verliebt sein
wir	**werden**	verliebt sein
ihr	**werdet**	verliebt sein
sie	**seien**	verliebt sein

Präteritum

ich	**wäre**	verliebt
du	**wär(e)st**	verliebt
er	**wäre**	verliebt
wir	**wären**	verliebt
ihr	**wär(e)t**	verliebt
sie	**wären**	verliebt

Plusquamperfekt

ich	**wäre**	verliebt **gewesen**
du	**wär(e)st**	verliebt **gewesen**
er	**wäre**	verliebt **gewesen**
wir	**wären**	verliebt **gewesen**
ihr	**wär(e)t**	verliebt **gewesen**
sie	**wären**	verliebt **gewesen**

Futur II

ich	**werde**	verliebt **gewesen sein**
du	**werdest**	verliebt **gewesen sein**
er	**werde**	verliebt **gewesen sein**
wir	**werden**	verliebt **gewesen sein**
ihr	**werdet**	verliebt **gewesen sein**
sie	**werden**	verliebt **gewesen sein**

Infinitiv

Präsens

verliebt **sein**

Perfekt

verliebt **gewesen sein**

Partizip

Partizip I

verliebt **seiend**

Partizip II

verliebt **gewesen**

Imperativ

sei	(du)	verliebt
seien	wir	verliebt
seid	(ihr)	verliebt
seien	Sie	verliebt

Beispiele und Wendungen

Das Bild war zwei Tage zuvor verkauft worden.
Nach vierzig Jahren Ehe ist er immer noch in seine Frau verliebt.

in jmdn. verliebt sein	*jmdn. lieben*
verboten sein	*etwas darf nicht getan werden*
verletzt sein	*jmd. hat eine Verletzung*
gelogen sein	*unwahr sein*
Die Tür ist geschlossen.	*Die Tür ist zu.*
Die Aufgabe ist erledigt.	*Die Aufgabe wurde zu Ende gemacht.*
Das Problem ist gelöst.	*Jemand hat eine Lösung gefunden.*
Der Koffer ist gepackt.	*Die Sachen sind im Koffer.*
Der Brief ist adressiert.	*Die Adresse steht auf dem Brief.*
Er ist verheiratet.	*Er hat eine Ehefrau.*

Besonderheiten

Das Zustandspassiv wird immer mit einer Form von **sein** und dem **Partizip II** gebildet. Beim Zustandspassiv beschreibt das (statische) Ergebnis einer Handlung, nicht die Handlung selbst.

z. B. Das Haus <u>wird</u> gebaut.　　　　→ Die Aktion des Bauens ist wichtig.
　　　 (Vorgangspassiv)　　　　　　　　→ Das Haus ist noch nicht fertig.

　　　 Das Haus <u>ist</u> gebaut.　　　　　→ Das Ergebnis des Bauens ist wichtig.
　　　 (Zustandspassiv)　　　　　　　　→ Das Haus ist fertig.

Da es im Zustandspassiv auf das Ergebnis einer Handlung ankommt, nicht aber auf die Handlung selbst, gibt es fast nie eine handelnde Person. Stattdessen werden häufig andere Informationen (wo? woraus? worauf?) gegeben.

z. B. Das Haus ist *von Otto* gebaut.
　　　 Das Haus ist *aus Holz und Stein* gebaut.
　　　 Das Haus ist *im modernen Stil* gebaut.

Orthographisch-lautliche Besonderheiten

Bei der Konjugation der verschiedenen Verbgruppen treten immer wieder bestimmte orthographisch-lautliche Besonderheiten auf.

 e-Einschub bei Verben auf *-den* und *-ten*

Regelmäßige Verben

reden

Indikativ Präsens	Indikativ Präteritum
ich rede	ich redete
du redest	du redetest
er redet	er redete
wir reden	wir redeten
ihr redet	ihr redetet
sie reden	sie redeten

Partizip II: geredet

arbeiten

Indikativ Präsens	Indikativ Präteritum
ich arbeite	ich arbeitete
du arbeitest	du arbeitetest
er arbeitet	er arbeitete
wir arbeiten	wir arbeiteten
ihr arbeitet	ihr arbeitet
sie arbeiten	sie arbeiteten

Partizip II: gearbeitet

Unregelmäßige Verben

reiten (ohne Vokaländerung im Präsens)

Indikativ Präsens	Indikativ Präteritum
ich reite	ich ritt
du reitest	du rittst
er reitet	er ritt
wir reiten	wir ritten
ihr reitet	ihr rittet
sie reiten	sie ritten

Partizip II: geritten

laden (mit Vokaländerung im Präsens)

Indikativ Präsens	Indikativ Präteritum
ich lade	ich lud
du lädst	du ludst
er lädt	er lud
wir laden	wir luden
ihr ladet	ihr ludet
sie laden	sie luden

Partizip II: geladen

 e-Einschub bei Verben auf *-men* und *-nen*,
deren Stamm auf einen Konsonanten (außer **l**, **r**, **m**, **n**) + **m** oder **n** endet

rechnen

Indikativ Präsens	Indikativ Präteritum
ich rechne	ich rechnete
du rechnest	du rechnetest
er rechnet	er rechnete
wir rechnen	wir rechneten
ihr rechnet	ihr rechnetet
sie rechnen	sie rechneten

Partizip II: gerechnet

atmen

Indikativ Präsens	Indikativ Präteritum
ich atme	ich atmete
du atmest	du atmetest
er atmet	er atmete
wir atmen	wir atmeten
ihr atmet	ihr atmetet
sie atmen	sie atmeten

Partizip II: geatmet

13 **e-Einschub bei unregelmäßigen Verben auf -sen, -ssen, -zen und -ßen**

Indikativ Präteritum

preisen	lassen	schmelzen	fließen
ich pries	ich ließ	ich schmolz	ich floss
du priesest	du ließest	du schmolzest	du flossest
er pries	er ließ	er schmolz	er floss
wir priesen	wir ließen	wir schmolzen	wir flossen
ihr pries(e)t*	ihr ließ(e)t*	ihr schmolz(e)t*	ihr floss(e)t*
sie priesen	sie ließen	sie schmolzen	sie flossen

14 **s-Ausfall bei Verben auf -sen, -xen, -zen, -ssen und -ßen**

Indikativ Präsens

reisen	faxen	geizen	küssen	grüßen
ich reise	ich faxe	ich geize	ich küsse	ich grüße
du reist	du faxt	du geizt	du küsst	du grüßt
er reist	er faxt	er geizt	er küsst	er grüßt
wir reisen	wir faxen	wir geizen	wir küssen	wir grüßen
ihr reist	ihr faxt	ihr geizt	ihr küsst	ihr grüßt
sie reisen	sie faxen	sie geizen	sie küssen	sie grüßen

15 **e-Ausfall bei Verben auf -eln und -ern**

klingeln

Indikativ Präsens	Konjunktiv I
ich klingle	ich klingle
du klingelst	du klinglest
er klingelt	er klingle
wir klingeln	wir klinglen
ihr klingelt	ihr klinglet
sie klingeln	sie klinglen

Imperativ: klingle

erinnern**

Indikativ Präsens	Konjunktiv I
ich erinn(e)re	ich erinnere
du erinnerst	du erinnerest
er erinnert	er erinnere
wir erinnern	wir erinneren
ihr erinnert	ihr erinneret
sie erinnern	sie erinneren

Imperativ: erinn(e)re

*   **e**-Einschub nur in gehobener Sprache
** Der **e**-Ausfall bei Verben auf -ern ist umgangssprachlich.

Konsonantendopplung bei unregelmäßigen Verben auf -ten, -fen und -ßen, deren Stammvokal sich von einem langen zu einem kurzen Vokal ändert

Infinitiv		Indikativ Präteritum	Partizip II
reiten	ei → i	ritt	geritten
greifen	ei → i	griff	gegriffen
beißen	ei → i	biss	gebissen

 Ausfall des Doppelkonsonanten bei unregelmäßigen Verben auf -tten, -ffen, -mmen, -llen und -ssen, deren Stammvokal sich von einem kurzen zu einem langen Vokal ändert

Infinitiv		Indikativ Präteritum		Partizip II
treffen	e → a	traf	a → o	getroffen
kommen	o → a	kam	a → o	gekommen
fallen	a → ie	fiel	ie → a	gefallen
bitten	i → a	bat	a → e	gebeten
messen	e → a	maß	a → e	gemessen

Formale Besonderheiten

18 **Verben auf -ieren**
bilden das Partizip II ohne Präfix **ge-** und mit **-t** am Ende. In allen anderen Formen richten sie sich nach der regelmäßigen Konjugation (→ Nr. 4)

probieren
Indikativ Perfekt

ich habe probiert	wir haben probiert
du hast probiert	ihr habt probiert
er hat probiert	sie haben probiert

Beispiele und Wendungen

Du **redest** oft mit Franziska.
Klaus **lädt** seine Freunde zur Party **ein**.
Ihr **reitet** auf euren Pferden durch den Wald.

über etwas **reden**	*etwas diskutieren*
Du hast gut **reden**!	*Du hast es besser!*
als Lehrer **arbeiten**	*von Beruf Lehrer sein*
an sich **arbeiten**	*versuchen, sich zu verbessern*
auf einem Esel **reiten**	*sich auf einem Esel tragen lassen*
eine Batterie **laden**	*eine Batterie mit Strom „füllen"*
Grüß dich!	*Hallo!*
Kisten in ein Auto **laden**	*Kisten in ein Auto stellen*
eine Datei **laden**	*eine Datei auf den Computer bringen*
jmdn. **einladen**	*jmdn. zu sich bitten*
jmdn. zu seinen Freunden **rechnen**	*jmdn. als Freund sehen*
mit etwas **rechnen**	*etwas erwarten*
Der Patient **atmet** normal.	*Der Patient holt gleichmäßig Luft.*
etwas sein **lassen**	*etwas nicht tun*
Lass das!	*Höre auf damit!*
Der Verkehr **fließt**.	*Kein Stau, die Autos bewegen sich.*
Er **reist** gerne.	*Er fährt gerne weg.*
ein Dokument **faxen**	*ein Dokument per Faxgerät senden*
mit etwas **geizen**	*mit etwas übertrieben sparsam sein*
von jmdm. **grüßen**	*Grüße von jmdm. weitergeben*
bei jmdm. **klingeln**	*zu jmdn. gehen und an der Tür läuten*
jmdn. an etwas **erinnern**	*dafür sorgen, dass jmd. etwas nicht vergisst*
die Suppe **probieren**	*von der Suppe kosten*
probieren, etwas zu tun	*sich bemühen, etwas zu tun*

beginnen – begann – begonnen

Indikativ

Präsens	Perfekt	Futur I
ich beginne	ich habe begonnen	ich werde beginnen
du beginnst	du hast begonnen	du wirst beginnen
er beginnt	er hat begonnen	er wird beginnen
wir beginnen	wir haben begonnen	wir werden beginnen
ihr beginnt	ihr habt begonnen	ihr werdet beginnen
sie beginnen	sie haben begonnen	sie werden beginnen

Präteritum	Plusquamperfekt	Futur II
ich begann	ich hatte begonnen	ich werde begonnen haben
du begannst	du hattest begonnen	du wirst begonnen haben
er begann	er hatte begonnen	er wird begonnen haben
wir begannen	wir hatten begonnen	wir werden begonnen haben
ihr begannt	ihr hattet begonnen	ihr werdet begonnen haben
sie begannen	sie hatten begonnen	sie werden begonnen haben

Konjunktiv

Präsens	Perfekt	Futur I
ich beginne	ich habe begonnen	ich werde beginnen
du beginnest	du habest begonnen	du werdest beginnen
er beginne	er habe begonnen	er werde beginnen
wir beginnen	wir haben begonnen	wir werden beginnen
ihr beginnet	ihr habet begonnen	ihr werdet beginnen
sie beginnen	sie haben begonnen	sie werden beginnen

Präteritum	Plusquamperfekt	Futur II
ich begänne / begönne*	ich hätte begonnen	ich werde begonnen haben
du begännest / begönnest*	du hättest begonnen	du werdest begonnen haben
er begänne / begönne*	er hätte begonnen	er werde begonnen haben
wir begännen / begönnen*	wir hätten begonnen	wir werden begonnen haben
ihr begännet / begönnet*	ihr hättet begonnen	ihr werdet begonnen haben
sie begännen / begönnen*	sie hätten begonnen	sie werden begonnen haben

Infinitiv

Präsens

beginnen

Perfekt

begonnen haben

Partizip

Partizip I

beginnend

Partizip II

begonnen

Imperativ

beginn(e) (du)
beginnen wir
beginnt (ihr)
beginnen Sie

* selten

Beispiele und Wendungen

Der Deutschkurs beginnt um neun Uhr.
Er begann einen Streit mit seinen Nachbarn.
Die Opernsängerin hatte soeben begonnen, ein Lied zu singen.

etwas beginnt	*etwas startet / fängt an*
ein Gespräch beginnen	*anfangen, mit jmdm. zu sprechen*
jmd. beginnt zu schreiben	*jmd. fängt an zu schreiben*
Lasst uns damit beginnen!	*Lasst uns damit anfangen!*

Weitere Verben

gewinnen – sinnen – spinnen

ein Spiel gewinnen	*bei einem Spiel besser sein und siegen*
einen Kampf gewinnen	*den Gegner besiegen*
Einfluss gewinnen	*für etwas wichtiger werden*
an Bedeutung gewinnen	*wichtiger werden*
Benzin gewinnt man aus Erdöl.	*Benzin wird aus Erdöl hergestellt.*
auf Rache sinnen	*über Rache nachdenken*
Wolle spinnen	*Fäden aus Wolle herstellen*
jmd. spinnt	*jmd. ist seltsam / erzählt Unsinn*
Spinnst du?	*Bist du verrückt?*

Besonderheiten

Verben, die im Infinitiv die Präfixe **ge-** oder **be-** haben (z. B. *gewinnen*), bilden das Partizip II ohne ein zusätzliches **ge-**.

z. B. ich beginne	→	ich habe begegonnen
du gewinnst	→	du hast gegewonnen

beißen – biss – gebissen

Stammvokalwechsel **ei – i – i**
s-Ausfall (siehe S. 45) / Konsonantendopplung
(siehe S. 46) / **e**-Einschub (siehe S. 44)

Indikativ

Präsens

ich beiße
du beißt
er beißt
wir beißen
ihr beißt
sie beißen

Perfekt

ich habe gebissen
du hast gebissen
er hat gebissen
wir haben gebissen
ihr habt gebissen
sie haben gebissen

Futur I

ich werde beißen
du wirst beißen
er wird beißen
wir werden beißen
ihr werdet beiße n
sie werden beißen

Präteritum

ich biss
du bissest
er biss
wir bissen
ihr biss(e)t
sie bissen

Plusquamperfekt

ich hatte gebissen
du hattest gebissen
er hatte gebissen
wir hatten gebissen
ihr hattet gebissen
sie hatten gebissen

Futur II

ich werde gebissen haben
du wirst gebissen haben
er wird gebissen haben
wir werden gebissen haben
ihr werdet gebissen haben
sie werden gebissen haben

Konjunktiv

Präsens

ich beiße
du beißest
er beiße
wir beißen
ihr beißet
sie beißen

Perfekt

ich habe gebissen
du habest gebissen
er habe gebissen
wir haben gebissen
ihr habet gebissen
sie haben gebissen

Futur I

ich werde beißen
du werdest beißen
er werde beißen
wir werden beißen
ihr werdet beißen
sie werden beißen

Präteritum

ich bisse
du bissest
er bisse
wir bissen
ihr bisset
sie bissen

Plusquamperfekt

ich hätte gebissen
du hättest gebissen
er hätte gebissen
wir hätten gebissen
ihr hättet gebissen
sie hätten gebissen

Futur II

ich werde gebissen haben
du werdest gebissen haben
er werde gebissen haben
wir werden gebissen haben
ihr werdet gebissen haben
sie werden gebissen haben

Infinitiv

Präsens

beißen

Perfekt

gebissen haben

Partizip

Partizip I

beißend

Partizip II

gebissen

Imperativ

beiß(e) (du)
beißen wir
beißt (ihr)
beißen Sie

Beispiele und Wendungen

Keine Angst, der Hund beißt nicht.
Emmas Hund hat gestern den Briefträger gebissen.

jmdn. beißen	*jmdn. mit den Zähnen verletzen*
in ein Brot beißen	*beginnen, ein Brot zu essen*
Rauch beißt in den Augen	*Rauch verursacht ein brennendes Gefühl in den Augen*

Weitere Verben

mit•reißen – reißen – schmeißen – weg•schmeißen – zerreißen

Diese Musik reißt mit.	*Diese Musik begeistert die Leute.*
etwas reißt leicht	*etwas geht leicht kaputt*
jmd. reißt etwas an sich	*jmd. nimmt sich etwas mit Gewalt*
hin- und hergerissen sein	*sich nicht entscheiden können*
die Schule schmeißen	*die Schule aufgeben*
mit Geld um sich schmeißen	*viel Geld ohne Überlegen ausgeben*
Das kann man wegschmeißen.	*Das kann man wegwerfen.*
etwas zerreißen	*etwas durch Ziehen in Stücke teilen*

Besonderheiten

Hier kommt es zum Wechsel zwischen **ß** und **ss**. Der Grund dafür ist, dass **ß** nach langen Vokalen und doppelten Vokalen (z. B. **ei**) steht, **ss** dagegen nach kurzen Vokalen (hier: **i**). Wenn Sie unsicher sind, merken Sie sich einfach, dass Sie immer genau **3** Zeichen schreiben: → **e-i-ß / i-s-s**.

Tipp

reißen kann man leicht mit dem regelmäßigen Verb (→ Nr. 4) **reisen** verwechseln. Das **ß** in *reißen* klingt stimmlos (wie in *Flu̲s̲s̲*), das **s** in *reisen* ist dagegen stimmhaft (wie in *s̲ie*).

21 **bieten**

bieten – bot – geboten

Stammvokalwechsel **ie – o – o**

e-Einschub (siehe S. 44)

Indikativ

Präsens

ich biete
du bietest
er bietet
wir bieten
ihr bietet
sie bieten

Perfekt

ich habe geboten
du hast geboten
er hat geboten
wir haben geboten
ihr habt geboten
sie haben geboten

Futur I

ich werde bieten
du wirst bieten
er wird bieten
wir werden bieten
ihr werdet bieten
sie werden bieten

Präteritum

ich bot
du bot(e)st
er bot
wir boten
ihr botet
sie boten

Plusquamperfekt

ich hatte geboten
du hattest geboten
er hatte geboten
wir hatten geboten
ihr hattet geboten
sie hatten geboten

Futur II

ich werde geboten haben
du wirst geboten haben
er wird geboten haben
wir werden geboten haben
ihr werdet geboten haben
sie werden geboten haben

Konjunktiv

Präsens

ich biete
du bietest
er biete
wir bieten
ihr bietet
sie bieten

Perfekt

ich habe geboten
du habest geboten
er habe geboten
wir haben geboten
ihr habet geboten
sie haben geboten

Futur I

ich werde bieten
du werdest bieten
er werde bieten
wir werden bieten
ihr werdet bieten
sie werden bieten

Präteritum

ich böte
du bötest
er böte
wir böten
ihr bötet
sie böten

Plusquamperfekt

ich hätte geboten
du hättest geboten
er hätte geboten
wir hätten geboten
ihr hättet geboten
sie hätten geboten

Futur II

ich werde geboten haben
du werdest geboten haben
er werde geboten haben
wir werden geboten haben
ihr werdet geboten haben
sie werden geboten haben

Infinitiv

Präsens

bieten

Perfekt

geboten haben

Partizip

Partizip I

bietend

Partizip II

geboten

Imperativ

biet(e) (du)
bieten wir
bietet (ihr)
bieten Sie

Beispiele und Wendungen

Ich biete 500 Euro für dieses Gemälde.
Unser Hotel bietet hervorragenden Service und eine angenehme Atmosphäre.

etwas bieten	etwas *anbieten, zur Verfügung stellen*
50 Euro bieten	*zahlen wollen (bei einer Auktion)*
wenn sich die Gelegenheit bietet	*wenn es möglich ist*
Das lasse ich mir nicht bieten.	*Das akzeptiere ich nicht.*

Weitere Verben

an·bieten – dar·bieten – gebieten – überbieten – verbieten

Was kann ich dir anbieten?	*Was kann ich dir geben?*
ein Schauspiel darbieten	*ein Theaterstück spielen*
Hier ist Vorsicht geboten.	*Hier muss man vorsichtig sein.*
Sie hat mich hier überboten.	*Sie hat hier mehr Geld geboten als ich.*
jmdm. etwas verbieten	*jmdm. etwas nicht erlauben*
Rauchen verboten.	*Hier darf man nicht rauchen.*

Tipp

Die Verben **bieten** und **bitten** kann man leicht verwechseln.
Achten Sie auf die Schreibung und die Aussprache: **ie** spricht man immer lang, vor doppelten Konsonanten (z. B. **tt**, **nn**, **ll**) spricht man **i** immer kurz.
Dieser Unterschied ist nicht nur für die Aussprache wichtig, denn die Wörter mit langem **ie** und kurzem **i** werden auch unterschiedlich konjugiert.

z. B. Ich biete 50 Euro.	– Ich bot 50 Euro.	– Ich habe 50 Euro geboten.
Ich bitte dich.	– Ich bat dich.	– Ich habe dich gebeten.

22 **bitten**

bitten – bat – gebeten

Stammvokalwechsel **i – a – e**
e-Einschub (siehe S. 44) / Ausfall des Doppelkonsonanten (siehe S. 46)

Indikativ

Präsens

ich	bitte
du	bittest
er	bittet
wir	bitten
ihr	bittet
sie	bitten

Perfekt

ich	habe	gebeten
du	hast	gebeten
er	hat	gebeten
wir	haben	gebeten
ihr	habt	gebeten
sie	haben	gebeten

Futur I

ich	werde	bitten
du	wirst	bitten
er	wird	bitten
wir	werden	bitten
ihr	werdet	bitten
sie	werden	bitten

Präteritum

ich	bat
du	bat(e)st
er	bat
wir	baten
ihr	batet
sie	baten

Plusquamperfekt

ich	hatte	gebeten
du	hattest	gebeten
er	hatte	gebeten
wir	hatten	gebeten
ihr	hattet	gebeten
sie	hatten	gebeten

Futur II

ich	werde	gebeten haben
du	wirst	gebeten haben
er	wird	gebeten haben
wir	werden	gebeten haben
ihr	werdet	gebeten haben
sie	werden	gebeten haben

Konjunktiv

Präsens

ich	bitte
du	bittest
er	bitte
wir	bitten
ihr	bittet
sie	bitten

Perfekt

ich	habe	gebeten
du	habest	gebeten
er	habe	gebeten
wir	haben	gebeten
ihr	habet	gebeten
sie	haben	gebeten

Futur I

ich	werde	bitten
du	werdest	bitten
er	werde	bitten
wir	werden	bitten
ihr	werdet	bitten
sie	werden	bitten

Präteritum

ich	bäte
du	bätest
er	bäte
wir	bäten
ihr	bätet
sie	bäten

Plusquamperfekt

ich	hätte	gebeten
du	hättest	gebeten
er	hätte	gebeten
wir	hätten	gebeten
ihr	hättet	gebeten
sie	hätten	gebeten

Futur II

ich	werde	gebeten haben
du	werdest	gebeten haben
er	werde	gebeten haben
wir	werden	gebeten haben
ihr	werdet	gebeten haben
sie	werden	gebeten haben

Infinitiv

Präsens

bitten

Perfekt

gebeten haben

Partizip

Partizip I

bittend

Partizip II

gebeten

Imperativ

bitte (du)
bitten wir
bittet (ihr)
bitten Sie

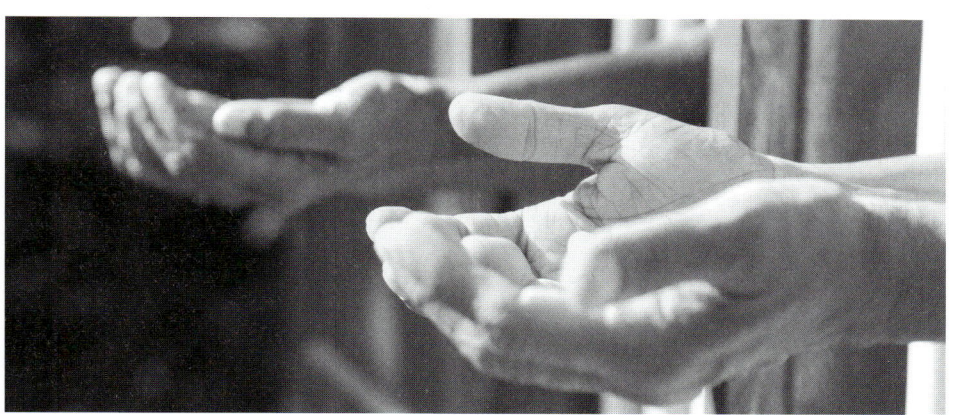

Beispiele und Wendungen

Ich bitte um Aufmerksamkeit.
In ihrem Brief hat sie um Hilfe gebeten.

um etwas bitten	*von anderen etwas höflich verlangen*
um Ruhe bitten	*sagen, dass man sich Ruhe wünscht*
um Entschuldigung bitten	*sagen, dass einem etwas Leid tut*
um Hilfe bitten	*ausdrücken, dass man Hilfe möchte*
zum Tanz bitten	*zum Tanz auffordern*
zum Essen bitten	*zum Essen einladen*
Der Chef hat ihn in sein Büro gebeten.	*Er wurde ins Büro des Chefs gerufen.*

Besonderheiten

Im Präteritum wechselt der Vokal im Verbstamm zu einem langen **a:**. Da nach langen
Vokalen niemals Doppelkonsonanten stehen, entfällt in dieser Zeitstufe das zweite **t**.

z. B. ich bitte	(kurzes **i** – Doppel-**t**)
ich bat	(langes **a:** – nur ein **t**)

Tipp

bitten kann man leicht mit **bieten** verwechseln (siehe → bieten, Nr. 21).

Beachten Sie den Unterschied zwischen **ich bitte** und **bitte**: Das Wort *bitte* kommt
ursprünglich von dem Verb **bitten**. Es wird aber – im Gegensatz zum Verb – nicht mehr
konjugiert, sondern bleibt immer unverändert.

z. B. Ich <u>bitte</u> Sie, hier nicht zu rauchen. → Verb, wird verändert
   <u>Bitte</u> rauchen Sie hier nicht! → Interjektion, unveränderlich

Die Interjektion *bitte* kommt in Imperativsätzen vor und dient vor allem dazu, eine
Aufforderung höflicher zu machen.

blasen – blies – geblasen

Stammvokalwechsel **a – ie – a**
Vokalwechsel im Präsens (siehe S. 13) / **s**-Ausfall
(siehe S. 45) / **e**-Einschub (siehe S. 44)

Indikativ

Präsens

ich blase
du bläst
er bläst
wir blasen
ihr blast
sie blasen

Perfekt

ich habe geblasen
du hast geblasen
er hat geblasen
wir haben geblasen
ihr habt geblasen
sie haben geblasen

Futur I

ich werde blasen
du wirst blasen
er wird blasen
wir werden blasen
ihr werdet blasen
sie werden blasen

Präteritum

ich blies
du bliesest
er blies
wir bliesen
ihr blies(e)t
sie bliesen

Plusquamperfekt

ich hatte geblasen
du hattest geblasen
er hatte geblasen
wir hatten geblasen
ihr hattet geblasen
sie hatten geblasen

Futur II

ich werde geblasen haben
du wirst geblasen haben
er wird geblasen haben
wir werden geblasen haben
ihr werdet geblasen haben
sie werden geblasen haben

Konjunktiv

Präsens

ich blase
du blasest
er blase
wir blasen
ihr blaset
sie blasen

Perfekt

ich habe geblasen
du habest geblasen
er habe geblasen
wir haben geblasen
ihr habet geblasen
sie haben geblasen

Futur I

ich werde blasen
du werdest blasen
er werde blasen
wir werden blasen
ihr werdet blasen
sie werden blasen

Präteritum

ich bliese
du bliesest
er bliese
wir bliesen
ihr blieset
sie bliesen

Plusquamperfekt

ich hätte geblasen
du hättest geblasen
er hätte geblasen
wir hätten geblasen
ihr hättet geblasen
sie hätten geblasen

Futur II

ich werde geblasen haben
du werdest geblasen haben
er werde geblasen haben
wir werden geblasen haben
ihr werdet geblasen haben
sie werden geblasen haben

Infinitiv

Präsens

blasen

Perfekt

geblasen haben

Partizip

Partizip I

blasend

Partizip II

geblasen

Imperativ

blas(e) (du)
blasen wir
blast (ihr)
blasen Sie

Beispiele und Wendungen

Der Wind bläst durch die Straßen.
Er zog an seiner Zigarette und blies dann den Rauch in die Luft.

die Trompete blasen	*auf der Trompete spielen*
in etwas hinein blasen	*(Atem-)Luft in etwas hinein pressen*
Draußen bläst es ziemlich stark.	*Draußen ist es ziemlich windig.*
Der Wind bläst stark aus Westen.	*Der Wind kommt stark aus Westen.*

Weitere Verben

ab•blasen – auf•blasen – aus•blasen – um•blasen – weg•blasen

einen Termin abblasen	*einen Termin absagen*
Die Hochzeit wurde abgeblasen.	*Die Hochzeit findet nicht statt.*
einen Luftballon aufblasen	*einen Luftballon mit Luft füllen*
ein Schlauchboot aufblasen	*ein Schlauchboot mit Luft füllen*
Er bläst sich immer so auf.	*Er macht sich immer so wichtig.*
eine Kerze ausblasen	*eine Kerze mit Atemluft löschen*
Der Sturm hat den Baum umgeblasen.	*Der Sturm hat den Baum umgeworfen.*
Der Wind hat die Blätter weggeblasen.	*Der Wind hat die Blätter fortgetragen.*
wie weggeblasen sein	*spurlos verschwunden sein*

Tipp

Dies ist ein Verb, das mit verschiedenen Präfixen unterschiedliche Bedeutungen hat.
Die Präfixe sind alle trennbar. Lernen Sie deswegen am Besten neben dem Infinitiv
immer auch einen kurzen Satz, bei dem das Präfix am Ende steht.

z. B. ausblasen	– Er bläst die Kerze <u>aus</u>.
abblasen	– Sie blasen die Party <u>ab</u>.

bleiben – blieb – geblieben

Indikativ

Präsens

ich bleibe
du bleibst
er bleibt
wir bleiben
ihr bleibt
sie bleiben

Perfekt

ich bin   geblieben
du bist   geblieben
er ist   geblieben
wir sind   geblieben
ihr seid   geblieben
sie sind   geblieben

Futur I

ich werde   bleiben
du wirst   bleiben
er wird   bleiben
wir werden   bleiben
ihr werdet   bleiben
sie werden   bleiben

Präteritum

ich blieb
du bliebst
er blieb
wir blieben
ihr bliebt
sie blieben

Plusquamperfekt

ich war   geblieben
du warst   geblieben
er war   geblieben
wir waren   geblieben
ihr wart   geblieben
sie waren   geblieben

Futur II

ich werde   geblieben sein
du wirst   geblieben sein
er wird   geblieben sein
wir werden   geblieben sein
ihr werdet   geblieben sein
sie werden   geblieben sein

Konjunktiv

Präsens

ich bleibe
du bleibest
er bleibe
wir bleiben
ihr bleibet
sie bleiben

Perfekt

ich sei   geblieben
du sei(e)st geblieben
er sei   geblieben
wir seien   geblieben
ihr sei(e)t geblieben
sie seien   geblieben

Futur I

ich werde   bleiben
du werdest   bleiben
er werde   bleiben
wir werden   bleiben
ihr werdet   bleiben
sie werden   bleiben

Präteritum

ich bliebe
du bliebest
er bliebe
wir blieben
ihr bliebet
sie blieben

Plusquamperfekt

ich wäre   geblieben
du wär(e)st   geblieben
er wäre   geblieben
wir wären   geblieben
ihr wär(e)t   geblieben
sie wären   geblieben

Futur II

ich werde   geblieben sein
du werdest   geblieben sein
er werde   geblieben sein
wir werden   geblieben sein
ihr werdet   geblieben sein
sie werden   geblieben sein

Infinitiv

Präsens

bleiben

Perfekt

geblieben sein

Partizip

Partizip I

bleibend

Partizip II

geblieben

Imperativ

bleib(e) (du)
bleiben wir
bleibt (ihr)
bleiben Sie

Beispiele und Wendungen

Ich bleibe hier.
Er bleibt bei seiner Entscheidung.
Das Wetter bleibt noch für drei Tage so, wie es ist.

Er bleibt heute zuhause.	*Er ist zuhause und geht nicht weg.*
Ich bleibe dabei.	*Ich ändere meine Meinung nicht.*
Es bleibt dabei!	*Die Entscheidung wird nicht geändert.*
Die Tür bleibt zu!	*Die Tür soll nicht geöffnet werden.*
Uns bleibt nichts, als zu akzeptieren.	*Wir haben keine andere Möglichkeit, als zu akzeptieren.*

Weitere Verben

(sich) entscheiden – scheinen – schreiben – schweigen – steigen

sich für etwas entscheiden	*etwas auswählen*
Das Café scheint gut zu sein.	*Das Café macht einen guten Eindruck.*
Die Sonne scheint.	*Die Sonne steht hell am Himmel.*
einen Brief schreiben	*ein Brief verfassen*
Geschichte schreiben	*Dinge tun, die große Bedeutung haben*
schweigen wie ein Grab	*absolut nichts zu etwas sagen*
die Temperatur steigt	*die Temperatur wird mehr oder höher*
das Wasser steigt	*der Wasserstand wächst an*
auf einen Berg steigen	*auf einen Berg hinauf gehen*

Tipp

Alle hier genannten Verben haben eine Vielzahl von Kombinationen mit verschiedenen Präfixen (z. B. einsteigen, aufschreiben, verschweigen ...). Notieren Sie sich hier alle, die sie finden, und schlagen Sie die Bedeutungen im Wörterbuch nach.

Stammvokalwechsel **e – a – o**

Vokalwechsel im Präsens (siehe S. 13)

Indikativ

Präsens

ich breche
du brichst
er bricht
wir brechen
ihr brecht
sie brechen

Perfekt

ich habe gebrochen
du hast gebrochen
er hat gebrochen
wir haben gebrochen
ihr habt gebrochen
sie haben gebrochen

Futur I

ich werde brechen
du wirst brechen
er wird brechen
wir werden brechen
ihr werdet brechen
sie werden brechen

Präteritum

ich brach
du brachst
er brach
wir brachen
ihr bracht
sie brachen

Plusquamperfekt

ich hatte gebrochen
du hattest gebrochen
er hatte gebrochen
wir hatten gebrochen
ihr hattet gebrochen
sie hatten gebrochen

Futur II

ich werde gebrochen haben
du wirst gebrochen haben
er wird gebrochen haben
wir werden gebrochen haben
ihr werdet gebrochen haben
sie werden gebrochen haben

Konjunktiv

Präsens

ich breche
du brechest
er breche
wir brechen
ihr brechet
sie brechen

Perfekt

ich habe gebrochen
du habest gebrochen
er habe gebrochen
wir haben gebrochen
ihr habet gebrochen
sie haben gebrochen

Futur I

ich werde brechen
du werdest brechen
er werde brechen
wir werden brechen
ihr werdet brechen
sie werden brechen

Präteritum

ich bräche
du brächest
er bräche
wir brächen
ihr brächet
sie brächen

Plusquamperfekt

ich hätte gebrochen
du hättest gebrochen
er hätte gebrochen
wir hätten gebrochen
ihr hättet gebrochen
sie hätten gebrochen

Futur II

ich werde gebrochen haben
du werdest gebrochen haben
er werde gebrochen haben
wir werden gebrochen haben
ihr werdet gebrochen haben
sie werden gebrochen haben

Infinitiv

Präsens

brechen

Perfekt

gebrochen haben

Partizip

Partizip I

brechend

Partizip II

gebrochen

Imperativ

brich (du)
brechen wir
brecht (ihr)
brechen Sie

Beispiele und Wendungen

Er hat den Ast vom Baum gebrochen.
Sie hat sich letztes Jahr beim Skifahren das Bein gebrochen.

etwas bricht	*etwas hält nicht stand*
ein Versprechen brechen	*etwas Vereinbartes nicht tun*
einen Rekord brechen	*eine Höchstleistung überbieten*
das Eis brechen	*zwischen Unbekannten eine gute Atmosphäre schaffen*
jmdm. das Herz brechen	*jmdn. sehr traurig machen*

Weitere Verben

bergen – bersten – sprechen – stechen – verbergen

Die Verletzten wurden geborgen.	*Die Verletzten wurden in Sicherheit gebracht.*
etwas birst	*etwas platzt, bricht auseinander*
Deutsch sprechen	*Deutsch reden können*
Ich muss ihn dringend sprechen.	*Ich muss dringend mit ihm reden.*
Der Richter spricht ein Urteil.	*Der Richter verkündet eine Entscheidung.*
sich an etwas stechen	*sich an einem spitzen Gegenstand verletzen*
Die Biene hat ihn gestochen.	*Die Biene hat ihn mit dem Stachel verletzt.*
Es stach mir sofort ins Auge ...	*Es fiel mir sofort auf ...*
Ich habe nichts zu verbergen.	*Ich habe keine Geheimnisse.*

bringen – brachte – gebracht

Indikativ

Präsens

ich bringe
du bringst
er bringt
wir bringen
ihr bringt
sie bringen

Perfekt

ich habe gebracht
du hast gebracht
er hat gebracht
wir haben gebracht
ihr habt gebracht
sie haben gebracht

Futur I

ich werde bringen
du wirst bringen
er wird bringen
wir werden bringen
ihr werdet bringen
sie werden bringen

Präteritum

ich brachte
du brachtest
er brachte
wir brachten
ihr brachtet
sie brachten

Plusquamperfekt

ich hatte gebracht
du hattest gebracht
er hatte gebracht
wir hatten gebracht
ihr hattet gebracht
sie hatten gebracht

Futur II

ich werde gebracht haben
du wirst gebracht haben
er wird gebracht haben
wir werden gebracht haben
ihr werdet gebracht haben
sie werden gebracht haben

Konjunktiv

Präsens

ich bringe
du bringest
er bringe
wir bringen
ihr bringet
sie bringen

Perfekt

ich habe gebracht
du habest gebracht
er habe gebracht
wir haben gebracht
ihr habet gebracht
sie haben gebracht

Futur I

ich werde bringen
du werdest bringen
er werde bringen
wir werden bringen
ihr werdet bringen
sie werden bringen

Präteritum

ich brächte
du brächtest
er brächte
wir brächten
ihr brächtet
sie brächten

Plusquamperfekt

ich hätte gebracht
du hättest gebracht
er hätte gebracht
wir hätten gebracht
ihr hättet gebracht
sie hätten gebracht

Futur II

ich werde gebracht haben
du werdest gebracht haben
er werde gebracht haben
wir werden gebracht haben
ihr werdet gebracht haben
sie werden gebracht haben

Infinitiv

Präsens

bringen

Perfekt

gebracht haben

Partizip

Partizip I

bringend

Partizip II

gebracht

Imperativ

bring(e) (du)
bringen wir
bringt (ihr)
bringen Sie

Beispiele und Wendungen

Der Briefträger bringt die Post
Die Mutter brachte ihr Kind in den Kindergarten.
Nur regelmäßiges Üben und fleißiges Lernen bringen Erfolg.

jmdn. in Schwierigkeiten bringen	*bewirken, dass jmd. Probleme bekommt*
Das bringt nichts!	*Das wird keinen Erfolg haben!*
Was soll das bringen?	*Was soll das (Positives) bewirken?*
Das bringt nur Ärger.	*Das führt nur zu Ärger.*
Er hat es im Betrieb zu etwas gebracht.	*Er hat im Betrieb Karriere gemacht.*

Weitere Verben

ab•bringen – durch•bringen – mit•bringen – um•bringen – verbringen

jmdn. von etwas abbringen	*jmdn. überreden etwas nicht zu tun*
sein Geld durchbringen	*sein komplettes Geld sinnlos ausgeben*
jmdm. etwas mitbringen	*zu jmdm. gehen und ihm etwas geben*
jmdn. umbringen	*jmdn. töten*
sich umbringen	*sich selbst töten*
den Urlaub am Meer verbringen	*im Urlaub am Meer sein*

Besonderheiten

Verwechseln Sie **bringen** nicht mit *holen*! Das Verb *bringen* drückt aus, dass jemand etwas <u>zu</u> einem Ort oder einer Person transportiert, während **holen** ausdrückt, dass jemand etwas nimmt und herbringt.

z. B. Mein Hund <u>bringt</u> mir die Zeitung. → Mein Hund transportiert die Zeitung zu mir.

Mein Hund <u>holt</u> die Zeitung. → Mein Hund läuft nach draußen, nimmt die Zeitung und transportiert sie her.

63

denken – dachte – gedacht

Indikativ

Präsens

ich denke
du denkst
er denkt
wir denken
ihr denkt
sie denken

Perfekt

ich habe gedacht
du hast gedacht
er hat gedacht
wir haben gedacht
ihr habt gedacht
sie haben gedacht

Futur I

ich werde denken
du wirst denken
er wird denken
wir werden denken
ihr werdet denken
sie werden denken

Präteritum

ich dachte
du dachtest
er dachte
wir dachten
ihr dachtet
sie dachten

Plusquamperfekt

ich hatte gedacht
du hattest gedacht
er hatte gedacht
wir hatten gedacht
ihr hattet gedacht
sie hatten gedacht

Futur II

ich werde gedacht haben
du wirst gedacht haben
er wird gedacht haben
wir werden gedacht haben
ihr werdet gedacht haben
sie werden gedacht haben

Konjunktiv

Präsens

ich denke
du denkest
er denke
wir denken
ihr denket
sie denken

Perfekt

ich habe gedacht
du habest gedacht
er habe gedacht
wir haben gedacht
ihr habet gedacht
sie haben gedacht

Futur I

ich werde denken
du werdest denken
er werde denken
wir werden denken
ihr werdet denken
sie werden denken

Präteritum

ich dächte
du dächtest
er dächte
wir dächten
ihr dächtet
sie dächten

Plusquamperfekt

ich hätte gedacht
du hättest gedacht
er hätte gedacht
wir hätten gedacht
ihr hättet gedacht
sie hätten gedacht

Futur II

ich werde gedacht haben
du werdest gedacht haben
er werde gedacht haben
wir werden gedacht haben
ihr werdet gedacht haben
sie werden gedacht haben

Infinitiv

Präsens

denken

Perfekt

gedacht haben

Partizip

Partizip I

denkend

Partizip II

gedacht

Imperativ

denk(e) (du)
denken wir
denkt (ihr)
denken Sie

Beispiele und Wendungen

Ich denke, also bin ich.
Sie dachte, dass du zuhause wärst.
Früher dachten die Menschen, die Erde sei eine Scheibe.

an jmdn. denken	*sich an jmdn. erinnern*
Bitte, denk daran …	*Bitte, vergiss nicht …*
Ich denke daran mitzumachen.	*Ich plane mitzumachen.*
Er denkt immer nur an Fußball.	*Er interessiert sich nur für Fußball.*
Wie denkst du darüber?	*Wie ist deine Meinung dazu?*
Was hast du dir dabei gedacht?	*Was wolltest du damit erreichen?*
Wer hätte das gedacht!	*Das ist aber eine Überraschung!*
Das kann ich mir denken.	*Das kann ich mir vorstellen.*
Ich denke überhaupt nicht daran!	*Ich habe nicht die Absicht, dies zu tun!*

Weitere Verben

nach•denken – überdenken

über etwas nachdenken	*eine Sache überlegen*
eine Entscheidung überdenken	*noch einmal über etwas nachdenken*

Tipp

Trainieren Sie die Konjugation eines unregelmäßigen Verbs, indem Sie würfeln. Die Zahl, die Sie würfeln, bedeutet die entsprechende Person des Verbs, das Sie bilden. 1: ich, 2: du, 3: er, sie, es, 4: wir, 5: ihr, 6: sie. Zum Beispiel: 4: wir denken. Sie können auch einen zweiten Würfel für die Zeiten benutzen. 1: Präsens, 2: Perfekt, 3: Futur I, 4: Präteritum, 5: Plusquamperfekt, 6: Futur II. Zum Beispiel: 2+3: Du wirst denken.

28 **dürfen**

dürfen – durfte – gedurft

Indikativ

Präsens
ich darf
du darfst
er darf
wir dürfen
ihr dürft
sie dürfen

Perfekt
ich habe gedurft
du hast gedurft
er hat gedurft
wir haben gedurft
ihr habt gedurft
sie haben gedurft

Futur I
ich werde dürfen
du wirst dürfen
er wird dürfen
wir werden dürfen
ihr werdet dürfen
sie werden dürfen

Präteritum
ich durfte
du durftest
er durfte
wir durften
ihr durftet
sie durften

Plusquamperfekt
ich hatte gedurft
du hattest gedurft
er hatte gedurft
wir hatten gedurft
ihr hattet gedurft
sie hatten gedurft

Futur II
ich werde gedurft haben
du wirst gedurft haben
er wird gedurft haben
wir werden gedurft haben
ihr werdet gedurft haben
sie werden gedurft haben

Konjunktiv

Präsens
ich dürfe
du dürfest
er dürfe
wir dürfen
ihr dürfet
sie dürfen

Perfekt
ich habe gedurft
du habest gedurft
er habe gedurft
wir haben gedurft
ihr habet gedurft
sie haben gedurft

Futur I
ich werde dürfen
du werdest dürfen
er werde dürfen
wir werden dürfen
ihr werdet dürfen
sie werden dürfen

Präteritum
ich dürfte
du dürftest
er dürfte
wir dürften
ihr dürftet
sie dürften

Plusquamperfekt
ich hätte gedurft
du hättest gedurft
er hätte gedurft
wir hätten gedurft
ihr hättet gedurft
sie hätten gedurft

Futur II
ich werde gedurft haben
du werdest gedurft haben
er werde gedurft haben
wir werden gedurft haben
ihr werdet gedurft haben
sie werden gedurft haben

Infinitiv

Präsens
dürfen

Perfekt
gedurft haben

Partizip

Partizip I
dürfend

Partizip II
gedurft

Imperativ

—
—
—
—

Beispiele und Wendungen

Hier darf man rauchen.
Toni darf seinen Hochzeitstag nicht vergessen.
Tim und Moni durften am Samstag nicht ins Kino gehen.

Tom darf laut singen.	*Tom hat die Erlaubnis laut zu singen.*
Darf ich?	*Erlauben Sie (mir etwas)?*
Wolle darf man nicht heiß waschen.	*Man sollte Wolle nicht heiß waschen.*
Was darf es sein?	*Was wünschen Sie?*
Das dürfte alles sein.	*Ich nehme an, dass das alles war.*
Das darf nicht passieren.	*Dieser Fall soll nie eintreten.*
Das darf doch nicht wahr sein!	*Das ist unglaublich!*

Besonderheiten

dürfen ist ein Modalverb und drückt meistens die Erlaubnis oder auch das Recht aus, etwas zu tun. *dürfen* wird außerdem häufig verwendet, um eine höfliche Frage einzuleiten. Manchmal verwendet man hier auch den Konjunktiv II, da dieser noch höflicher wirkt.

z. B. Darf/Dürfte ich Sie etwas fragen?   (Präsens/Konjunktiv II)

Die Verneinung **nicht dürfen** bedeutet ein Verbot oder eine Warnung.
z. B. Hier darfst du nicht rauchen!

Steht im Satz neben **dürfen** ein zweites Verb, so wird in Perfekt und Plusquam-perfekt die Form *dürfen* statt Partizip II verwendet. Nur selten, wenn *dürfen* als selbstständiges Vollverb verwendet wird, benötigt man die Form *gedurft*.

z. B. Er hätte das nicht sagen <u>dürfen</u>.
       Er hat nicht ins Kino <u>gedurft</u>.

Mehr zu Modalverben finden Sie im Grammatikteil auf S. 22.

dreschen – drosch – gedroschen

Stammvokalwechsel **e – o – o**

Vokalwechsel im Präsens (siehe S. 13)

Indikativ

Präsens

ich dresche
du drischst
er drischt
wir dreschen
ihr drescht
sie dreschen

Perfekt

ich habe gedroschen
du hast gedroschen
er hat gedroschen
wir haben gedroschen
ihr habt gedroschen
sie haben gedroschen

Futur I

ich werde dreschen
du wirst dreschen
er wird dreschen
wir werden dreschen
ihr werdet dreschen
sie werden dreschen

Präteritum

ich drosch / drasch*
du droschst / drasch(e)st*
er drosch / drasch*
wir droschen / draschen*
ihr droscht / drascht*
sie droschen / draschen*

Plusquamperfekt

ich hatte gedroschen
du hattest gedroschen
er hatte gedroschen
wir hatten gedroschen
ihr hattet gedroschen
sie hatten gedroschen

Futur II

ich werde gedroschen haben
du wirst gedroschen haben
er wird gedroschen haben
wir werden gedroschen haben
ihr werdet gedroschen haben
sie werden gedroschen haben

Konjunktiv

Präsens

ich dresche
du dreschest
er dresche
wir dreschen
ihr dreschet
sie dreschen

Perfekt

ich habe gedroschen
du habest gedroschen
er habe gedroschen
wir haben gedroschen
ihr habet gedroschen
sie haben gedroschen

Futur I

ich werde dreschen
du werdest dreschen
er werde dreschen
wir werden dreschen
ihr werdet dreschen
sie werden dreschen

Präteritum

ich drösche / dräsche*
du dröschest / dräschest*
er drösche / dräsche*
wir dröschen / dräschen*
ihr dröschet / dräschet*
sie dröschen / dräschen*

Plusquamperfekt

ich hätte gedroschen
du hättest gedroschen
er hätte gedroschen
wir hätten gedroschen
ihr hättet gedroschen
sie hätten gedroschen

Futur II

ich werde gedroschen haben
du werdest gedroschen haben
er werde gedroschen haben
wir werden gedroschen haben
ihr werdet gedroschen haben
sie werden gedroschen haben

Infinitiv

Präsens

dreschen

Perfekt

gedroschen haben

Partizip

Partizip I

dreschend

Partizip II

gedroschen

Imperativ

drisch (du)
dreschen wir
drescht (ihr)
dreschen Sie

* veraltet

Beispiele und Wendungen

Der Bauer drischt das Korn.
Komm zum Punkt, oder willst du ewig Phrasen dreschen?

Getreide dreschen	*die Körner aus dem Getreide schlagen*
Phrasen dreschen	*leere Worte machen*

Weitere Verben

an•schwellen – aus•fechten – fechten – flechten – verdreschen

Der Ton schwillt an.	*Der Ton wird lauter.*
Der Fluss war angeschwollen.	*Das Wasser im Fluss war gestiegen.*
Das verletzte Bein ist angeschwollen.	*Das verletzte Bein ist dick geworden.*
etwas ausfechten	*sich streiten, um etwas zu klären*
mit Worten fechten	*miteinander hart diskutieren*
für etwas fechten	*sich für etwas einsetzen*
einen Korb flechten	*einen Korb herstellen*
einen Zopf flechten	*Haare zu einem Zopf formen*
jmdn. verdreschen	*jmdn. brutal schlagen*

Tipp

Auch Verbformen können wie Vokabeln mit Vokabelkärtchen gelernt werden. Schreiben Sie sich dazu je eine Verbform auf ein Kärtchen und den Infinitiv mit Beschreibung der Verbform Form auf die Rückseite, z. B. „flechten – 1. Person Plural, Präteritum" auf der Rückseite von „wir flochten". Sie müssen dabei nicht alle Verbformen verwenden – wählen Sie einfach die aus, die am häufigsten sind, und die, die Ihnen am schwersten fallen. Testen Sie nun Ihre Kenntnisse, indem Sie immer die Seite mit dem Infinitiv ansehen und die passende Form dazu bilden.

Stammvokalwechsel **e - a - e**
Vokalwechsel im Präsens (siehe S. 13) / Wegfall
des Doppelkonsonanten (**ck → k**) (siehe S. 46)

Indikativ

Präsens

ich erschrecke
du erschrickst
er erschrickt
wir erschrecken
ihr erschreckt
sie erschrecken

Perfekt

ich bin   erschrocken
du bist   erschrocken
er ist   erschrocken
wir sind   erschrocken
ihr seid   erschrocken
sie sind   erschrocken

Futur I

ich werde   erschrecken
du wirst   erschrecken
er wird   erschrecken
wir werden   erschrecken
ihr werdet   erschrecken
sie werden   erschrecken

Präteritum

ich erschrak
du erschrakst
er erschrak
wir erschraken
ihr erschrakt
sie erschraken

Plusquamperfekt

ich war   erschrocken
du warst   erschrocken
er war   erschrocken
wir waren   erschrocken
ihr wart   erschrocken
sie waren   erschrocken

Futur II

ich werde   erschrocken sein
du wirst   erschrocken sein
er wird   erschrocken sein
wir werden   erschrocken sein
ihr werdet   erschrocken sein
sie werden   erschrocken sein

Konjunktiv

Präsens

ich erschrecke
du erschreckest
er erschrecke
wir erschrecken
ihr erschrecket
sie erschrecken

Perfekt

ich sei   erschrocken
du sei(e)st   erschrocken
er sei   erschrocken
wir seien   erschrocken
ihr sei(e)t   erschrocken
sie seien   erschrocken

Futur I

ich werde   erschrecken
du werdest   erschrecken
er werde   erschrecken
wir werden   erschrecken
ihr werdet   erschrecken
sie werden   erschrecken

Präteritum

ich erschräke
du erschräkest
er erschräke
wir erschräken
ihr erschräket
sie erschräken

Plusquamperfekt

ich wäre   erschrocken
du wär(e)st   erschrocken
er wäre   erschrocken
wir wären   erschrocken
ihr wär(e)t   erschrocken
sie wären   erschrocken

Futur II

ich werde   erschrocken sein
du werdest   erschrocken sein
er werde   erschrocken sein
wir werden   erschrocken sein
ihr werdet   erschrocken sein
sie werden   erschrocken sein

Infinitiv

Präsens

erschrecken

Perfekt

erschrocken sein

Partizip

Partizip I

erschreckend

Partizip II

erschrocken

Imperativ

erschrick (du)
erschrecken wir
erschreckt (ihr)
erschrecken Sie

Beispiele und Wendungen

Anna erschrak.
Sie erschrickt sehr leicht.
Als er die Spinne sah, erschrak er und schrie.

Erschrick nicht!	*Sei nicht überrascht!/Habe keine Angst!*
Ich bin sehr erschrocken.	*Ich habe große Angst bekommen.*

Besonderheiten

Wenn das Verb **erschrecken** bedeutet, dass man selbst Angst bekommt, wird es unregelmäßig konjugiert und bildet die zusammengesetzten Vergangenheiten mit dem Hilfsverb *sein*.

Daneben bedeutet **erschrecken** aber auch häufig, dass man jemandem Angst einjagt. Dann steht das Wort mit einem Akkusativ-Objekt (<u>jemanden</u> *erschrecken*). In diesem Fall wird das Verb regelmäßig konjugiert (→ Nr. 4) und bildet die zusammengesetzten Zeiten mit *haben*.

z. B. Ich versteckte mich hinterm Schrank und <u>erschreckte</u> meine Tante.
Er <u>hat</u> mich <u>erschreckt</u>.

Es gibt auch die reflexive Form **sich erschrecken**, die meist regelmäßig konjugiert wird. Die zusammengesetzten Zeiten werden hier mit *haben* gebildet.
z. B. Als plötzlich die Vase vom Schrank fiel, erschreckte er sich sehr.

Tipp

Im Deutschen kann ein Doppelkonsonant nur nach einem kurzen Vokal stehen. Wenn bei **erschrecken** im Präteritum ein langes **a** das kurze **e** ersetzt, fällt durch diese Regel gleichzeitig der Doppelkonsonant weg: **ck** wird zu **k**.

31 **erwägen**

erwägen – erwog – erwogen

Indikativ

Präsens
ich erwäge
du erwägst
er erwägt
wir erwägen
ihr erwägt
sie erwägen

Perfekt
ich habe   erwogen
du hast   erwogen
er hat   erwogen
wir haben erwogen
ihr habt   erwogen
sie haben erwogen

Futur I
ich werde   erwägen
du wirst   erwägen
er wird   erwägen
wir werden erwägen
ihr werdet erwägen
sie werden erwägen

Präteritum
ich erwog
du erwogst
er erwog
wir erwogen
ihr erwogt
sie erwogen

Plusquamperfekt
ich hatte   erwogen
du hattest erwogen
er hatte   erwogen
wir hatten erwogen
ihr hattet erwogen
sie hatten erwogen

Futur II
ich werde   erwogen haben
du wirst   erwogen haben
er wird   erwogen haben
wir werden erwogen haben
ihr werdet erwogen haben
sie werden erwogen haben

Konjunktiv

Präsens
ich erwäge
du erwägest
er erwäge
wir erwägen
ihr erwäget
sie erwägen

Perfekt
ich habe   erwogen
du habest erwogen
er habe   erwogen
wir haben erwogen
ihr habet   erwogen
sie haben erwogen

Futur I
ich werde   erwägen
du werdest erwägen
er werde   erwägen
wir werden erwägen
ihr werdet erwägen
sie werden erwägen

Präteritum
ich erwöge
du erwögest
er erwöge
wir erwögen
ihr erwöget
sie erwögen

Plusquamperfekt
ich hätte   erwogen
du hättest erwogen
er hätte   erwogen
wir hätten erwogen
ihr hättet erwogen
sie hätten erwogen

Futur II
ich werde   erwogen haben
du werdest erwogen haben
er werde   erwogen haben
wir werden erwogen haben
ihr werdet erwogen haben
sie werden erwogen haben

Infinitiv

Präsens
erwägen

Perfekt
erwogen haben

Partizip

Partizip I
erwägend

Partizip II
erwogen / erwägt

Imperativ

erwäg(e) (du)
erwägen wir
erwägt (ihr)
erwägen Sie

Beispiele und Wendungen

Sie erwägen, nächstes Jahr ein Haus zu kaufen.
Wir werden die Vor- und Nachteile dieses Angebots erwägen.

etwas erwägen	*etwas sorgfältig prüfen*
erwägen etwas zu tun	*überlegen etwas zu tun*

Besonderheiten

Kein anderes Verb wird genau so konjugiert wie **erwägen**. Das macht es auf den ersten Blick etwas schwierig zu merken. Bis auf die Formen des Indikativ Präsens und den Konjunktiv I ist die Konjugation aber mit den häufigeren Formen des Verbmusters *wiegen* (→ Nr. 88) identisch.
Lernen Sie dieses Verb am besten gleich zusammen mit den Verben aus Nr. 88.

Tipp

Denken Sie einfach! Manche Verbformen sind selten und deshalb schwierig. Und nicht immer haben Sie Ihre Verbtabellen zur Hand. Wenn Sie nicht wissen, wie man ein Wort benutzt, überlegen Sie, ob man das einfacher sagen kann.

z. B. **Ich erwäge**, nach Berlin zu fahren. → *Ich überlege*, ob ich nach Berlin fahren soll.
 → *Ich denke darüber nach*, nach Berlin zu fahren.

Schreiben Sie sich aber das Wort, bei dem sie unsicher waren, auf! Dann können Sie es zuhause nachschlagen und sind beim nächsten Mal bestens vorbereitet.

Erweitern Sie einfach Ihren Wortschatz! Von vielen Verben lassen sich Substantive auf **-ung** bilden, die man dann in Wendungen verwenden kann:

z. B. erwägen → in Erwägung ziehen

fallen

fallen – fiel – gefallen

Stammvokalwechsel **a – ie – a**
Vokalwechsel im Präsens (siehe S. 13) / Ausfall des
Doppelkonsonanten (siehe S. 46)

Indikativ

Präsens

ich falle
du fällst
er fällt
wir fallen
ihr fallt
sie fallen

Perfekt

ich bin gefallen
du bist gefallen
er ist gefallen
wir sind gefallen
ihr seid gefallen
sie sind gefallen

Futur I

ich werde fallen
du wirst fallen
er wird fallen
wir werden fallen
ihr werdet fallen
sie werden fallen

Präteritum

ich fiel
du fielst
er fiel
wir fielen
ihr fielt
sie fielen

Plusquamperfekt

ich war gefallen
du warst gefallen
er war gefallen
wir waren gefallen
ihr wart gefallen
sie waren gefallen

Futur II

ich werde gefallen sein
du wirst gefallen sein
er wird gefallen sein
wir werden gefallen sein
ihr werdet gefallen sein
sie werden gefallen sein

Konjunktiv

Präsens

ich falle
du fallest
er falle
wir fallen
ihr fallet
sie fallen

Perfekt

ich sei gefallen
du sei(e)st gefallen
er sei gefallen
wir seien gefallen
ihr sei(e)t gefallen
sie seien gefallen

Futur I

ich werde fallen
du werdest fallen
er werde fallen
wir werden fallen
ihr werdet fallen
sie werden fallen

Präteritum

ich fiele
du fielest
er fiele
wir fielen
ihr fielet
sie fielen

Plusquamperfekt

ich wäre gefallen
du wär(e)st gefallen
er wäre gefallen
wir wären gefallen
ihr wär(e)t gefallen
sie wären gefallen

Futur II

ich werde gefallen sein
du werdest gefallen sein
er werde gefallen sein
wir werden gefallen sein
ihr werdet gefallen sein
sie werden gefallen sein

Infinitiv

Präsens

fallen

Perfekt

gefallen sein

Partizip

Partizip I

fallend

Partizip II

gefallen

Imperativ

fall(e) (du)
fallen wir
fallt (ihr)
fallen Sie

Beispiele und Wendungen

Im Herbst fallen die Blätter.
Die Skifahrerin ist gefallen und hat sich dabei das Bein gebrochen.
Der 23. März fällt dieses Jahr auf einen Donnerstag.

Der Regen fällt.	*Es regnet.*
Die Temperatur fällt.	*Die Temperatur sinkt.*
Die Aktien sind gefallen.	*Die Aktien haben an Wert verloren.*
Plötzlich fiel ein Schuss.	*Plötzlich hörte man einen Schuss.*
Dabei ist dein Name gefallen.	*Dabei wurde dein Name genannt.*
Der Soldat ist im Krieg gefallen.	*Der Soldat kam im Krieg ums Leben.*

Weitere Verben

aus•fallen – durch•fallen – ein•fallen– gefallen – hin•fallen – überfallen

etwas fällt aus	*etwas findet nicht statt*
bei einer Prüfung durchfallen	*eine Prüfung nicht bestehen*
Mir fällt dazu nichts ein.	*Ich habe dazu keine Idee.*
etwas gefällt mir	*Ich finde etwas schön.*
jmdn. überfallen	*jmdn. bedrohen und berauben*

Besonderheiten

Die meisten Verben mit **fallen** bilden die zusammengesetzten Zeiten mit dem Hilfsverb **sein**.
z. B. Er ist hingefallen. / Sie ist durch die Prüfung gefallen.

Ein paar Verben auf **-fallen** bilden die zusammengesetzten Zeiten aber mit dem Hilfsverb **haben**:
z. B. Er hat die Bank überfallen. / Das Konzert hat mir gut gefallen.

33 **fangen**

fangen – fing – gefangen

Vokalwechsel im Präsens (siehe S. 13)

Indikativ

Präsens

ich fange
du fängst
er fängt
wir fangen
ihr fangt
sie fangen

Perfekt

ich habe gefangen
du hast gefangen
er hat gefangen
wir haben gefangen
ihr habt gefangen
sie haben gefangen

Futur I

ich werde fangen
du wirst fangen
er wird fangen
wir werden fangen
ihr werdet fangen
sie werden fangen

Präteritum

ich fing
du fingst
er fing
wir fingen
ihr fingt
sie fingen

Plusquamperfekt

ich hatte gefangen
du hattest gefangen
er hatte gefangen
wir hatten gefangen
ihr hattet gefangen
sie hatten gefangen

Futur II

ich werde gefangen haben
du wirst gefangen haben
er wird gefangen haben
wir werden gefangen haben
ihr werdet gefangen haben
sie werden gefangen haben

Konjunktiv

Präsens

ich fange
du fangest
er fange
wir fangen
ihr fanget
sie fangen

Perfekt

ich habe gefangen
du habest gefangen
er habe gefangen
wir haben gefangen
ihr habet gefangen
sie haben gefangen

Futur I

ich werde fangen
du werdest fangen
er werde fangen
wir werden fangen
ihr werdet fangen
sie werden fangen

Präteritum

ich finge
du fingest
er finge
wir fingen
ihr finget
sie fingen

Plusquamperfekt

ich hätte gefangen
du hättest gefangen
er hätte gefangen
wir hätten gefangen
ihr hättet gefangen
sie hätten gefangen

Futur II

ich werde gefangen haben
du werdest gefangen haben
er werde gefangen haben
wir werden gefangen haben
ihr werdet gefangen haben
sie werden gefangen haben

Infinitiv

Präsens

fangen

Perfekt

gefangen haben

Partizip

Partizip I

fangend

Partizip II

gefangen

Imperativ

fang(e) (du)
fangen wir
fangt (ihr)
fangen Sie

Beispiele und Wendungen

Die Polizei konnte den Dieb fangen.
Die Kinder fangen und werfen den Ball.

Fische fangen	*angeln*
Er hat sich wieder gefangen.	*Er hat sich wieder unter Kontrolle.*

Weitere Verben

ab•fangen – an•fangen – auf•fangen – empfangen

einen Brief abfangen	*einen Brief stehlen, bevor er ankommt*
Der Film fängt an.	*Der Film beginnt.*
Es fängt an zu regnen.	*Es beginnt zu regnen.*
Was sollen wir damit anfangen?	*Wozu sollen wir das verwenden?*
etwas auffangen	*etwas fangen, das herunterfällt*
einen Brief empfangen	*einen Brief bekommen*
einen Gast empfangen	*einen Gast begrüßen*
einen Radiosender empfangen	*einen Radiosender hören können*

Besonderheiten

Im Präteritum spricht man in **fing** ein langes **i:**. Das ist ungewöhnlich, da man ein **i** vor zwei Konsonanten (hier **ng**) normalerweise kurz spricht, wie zum Beispiel in *Ding* oder *singen*.

> **Tipp**
> **fangen** gehört zu den Verben, die auch im Präsens einen Vokalwechsel haben. Deshalb ist es wichtig, dass Sie sich die Formen gut einprägen. Schreiben Sie Mustersätze auf Kärtchen und lernen Sie die vollständigen Formulierungen.
>
> z. B. Ich <u>fange</u> an!   aber   Wann <u>fängt</u> das Konzert an?

finden – fand – gefunden

Indikativ

Präsens

ich finde
du findest
er findet
wir finden
ihr findet
sie finden

Perfekt

ich habe gefunden
du hast gefunden
er hat gefunden
wir haben gefunden
ihr habt gefunden
sie haben gefunden

Futur I

ich werde finden
du wirst finden
er wird finden
wir werden finden
ihr werdet finden
sie werden finden

Präteritum

ich fand
du fandst
er fand
wir fanden
ihr fandet
sie fanden

Plusquamperfekt

ich hatte gefunden
du hattest gefunden
er hatte gefunden
wir hatten gefunden
ihr hattet gefunden
sie hatten gefunden

Futur II

ich werde gefunden haben
du wirst gefunden haben
er wird gefunden haben
wir werden gefunden haben
ihr werdet gefunden haben
sie werden gefunden haben

Konjunktiv

Präsens

ich finde
du findest
er finde
wir finden
ihr findet
sie finden

Perfekt

ich habe gefunden
du habest gefunden
er habe gefunden
wir haben gefunden
ihr habet gefunden
sie haben gefunden

Futur I

ich werde finden
du werdest finden
er werde finden
wir werden finden
ihr werdet finden
sie werden finden

Präteritum

ich fände
du fändest
er fände
wir fänden
ihr fändet
sie fänden

Plusquamperfekt

ich hätte gefunden
du hättest gefunden
er hätte gefunden
wir hätten gefunden
ihr hättet gefunden
sie hätten gefunden

Futur II

ich werde gefunden haben
du werdest gefunden haben
er werde gefunden haben
wir werden gefunden haben
ihr werdet gefunden haben
sie werden gefunden haben

Infinitiv

Präsens

finden

Perfekt

gefunden haben

Partizip

Partizip I

findend

Partizip II

gefunden

Imperativ

find(e) (du)
finden wir
findet (ihr)
finden Sie

Beispiele und Wendungen

Hast du den Schlüssel gefunden?
Endlich fanden wir den richtigen Weg.
Ich finde, dass dir die neue Frisur sehr gut steht.

eine Lösung finden	*zu einer Lösung kommen*
Freunde finden	*sich mit Leuten anfreunden*
zum Bahnhof finden	*zum Bahnhof kommen*
einen Termin finden	*gemeinsam einen Termin vereinbaren*
jmdn. nett finden	*die Meinung haben, dass jmd. nett ist*
etwas langweilig finden	*etwas als uninteressant beurteilen*
Ich finde, dass ...	*Ich bin der Meinung, dass ...*

Weitere Verben

sich befinden – erfinden – statt•finden – überwinden – verbinden – verschwinden

Das Hemd befindet sich im Schrank.	*Das Hemd ist im Schrank.*
Geschichten erfinden	*sich Geschichten ausdenken*
Das Konzert findet heute statt.	*Das Konzert ist heute.*
sich zu etwas überwinden	*etwas tun, was man nicht gern tut*
Bitte verbinden Sie mich mit Tina.	*Bitte geben Sie mir Tina ans Telefon.*
spurlos verschwinden	*nirgendwo mehr zu finden sein*
eine Wunde verbinden	*eine Verletzung versorgen / bedecken*

Tipp

Wenn Sie einen Text auf Deutsch lesen, konzentrieren Sie sich zunächst auf die Ihnen bereits bekannten Wörter! Versuchen Sie dann, die unbekannten Wörter aus dem Kontext zu erschließen.

35 **fließen**

fließen – floss – geflossen

Stammvokalwechsel **ie - o - o**
s-Ausfall (siehe S. 45) / Konsonantendopplung
(siehe S. 46) / **e**-Einschub (siehe S. 44)

Indikativ

Präsens

ich fließe
du fließt
er fließt
wir fließen
ihr fließt
sie fließen

Perfekt

ich bin   geflossen
du bist   geflossen
er ist   geflossen
wir sind   geflossen
ihr seid   geflossen
sie sind   geflossen

Futur I

ich werde   fließen
du wirst   fließen
er wird   fließen
wir werden fließen
ihr werdet fließen
sie werden fließen

Präteritum

ich floss
du flossest
er floss
wir flossen
ihr floss(e)t
sie flossen

Plusquamperfekt

ich war   geflossen
du warst   geflossen
er war   geflossen
wir waren geflossen
ihr wart   geflossen
sie waren geflossen

Futur II

ich werde   geflossen sein
du wirst   geflossen sein
er wird   geflossen sein
wir werden geflossen sein
ihr werdet geflossen sein
sie werden geflossen sein

Konjunktiv

Präsens

ich fließe
du fließest
er fließe
wir fließen
ihr fließet
sie fließen

Perfekt

ich sei   geflossen
du sei(e)st geflossen
er sei   geflossen
wir seien geflossen
ihr sei(e)t geflossen
sie seien geflossen

Futur I

ich werde   fließen
du werdest fließen
er werde   fließen
wir werden fließen
ihr werdet fließen
sie werden fließen

Präteritum

ich flösse
du flössest
er flösse
wir flössen
ihr flösset
sie flössen

Plusquamperfekt

ich wäre   geflossen
du wär(e)st geflossen
er wäre   geflossen
wir wären geflossen
ihr wär(e)t geflossen
sie wären geflossen

Futur II

ich werde   geflossen sein
du werdest geflossen sein
er werde   geflossen sein
wir werden geflossen sein
ihr werdet geflossen sein
sie werden geflossen sein

Infinitiv

Präsens

fließen

Perfekt

geflossen sein

Partizip

Partizip I

fließend

Partizip II

geflossen

Imperativ

fließ(e) (du)
fließen wir
fließt (ihr)
fließen Sie

Beispiele und Wendungen

Der Fluss fließt zum Meer.
Beim Abschied flossen viele Tränen.

Der Strom fließt.	*Die Elektrizität ist an.*
Der Verkehr fließt.	*Die Autos bewegen sich vorwärts.*
Hier ist Geld geflossen.	*Hier wurde Geld gezahlt.*

Weitere Verben

(sich) an•schließen – aus•schließen – beschließen – entschließen

sich einer Gruppe anschließen	*Mitglied einer Gruppe werden*
Es ist nicht auszuschließen, dass ...	*Es ist möglich, dass ...*
Das können wir ausschließen.	*Wir wissen, dass das nicht möglich ist.*
etwas beschließen	*einen Plan fassen*
Wir haben uns entschlossen zu bleiben.	*Wir entschieden, dass wir bleiben.*

Besonderheiten

Die Wörter **ausschließen**, **beschließen**, (**sich**) **anschließen** und **entschließen** bilden die zusammengesetzten Zeiten mit **haben**. Diese Verben werden aber auch sehr häufig im Zustandspassiv benutzt (vgl. Grammatik S. 21), das mit **sein** gebildet wird.
z. B. Der Plan ist beschlossen.   *Der Plan wurde vereinbart / steht fest.*

Tipp

Im Präsens steht nach dem langen **ie** ein **ß**. In anderen Zeitformen steht anstelle von **ie** ein kurzes **o** – deshalb schreibt man hier **ss**.

z. B. Es fließt. (langes ie → ß)   Es floss. (kurzes o → ss)

36 **geben**

geben – gab – gegeben

Stammvokalwechsel **e – a – e**

Vokalwechsel im Präsens (siehe S. 13)

Indikativ

Präsens

ich gebe
du gibst
er gibt
wir geben
ihr gebt
sie geben

Perfekt

ich habe gegeben
du hast gegeben
er hat gegeben
wir haben gegeben
ihr habt gegeben
sie haben gegeben

Futur I

ich werde geben
du wirst geben
er wird geben
wir werden geben
ihr werdet geben
sie werden geben

Präteritum

ich gab
du gabst
er gab
wir gaben
ihr gabt
sie gaben

Plusquamperfekt

ich hatte gegeben
du hattest gegeben
er hatte gegeben
wir hatten gegeben
ihr hattet gegeben
sie hatten gegeben

Futur II

ich werde gegeben haben
du wirst gegeben haben
er wird gegeben haben
wir werden gegeben haben
ihr werdet gegeben haben
sie werden gegeben haben

Konjunktiv

Präsens

ich gebe
du gebest
er gebe
wir geben
ihr gebet
sie geben

Perfekt

ich habe gegeben
du habest gegeben
er habe gegeben
wir haben gegeben
ihr habet gegeben
sie haben gegeben

Futur I

ich werde geben
du werdest geben
er werde geben
wir werden geben
ihr werdet geben
sie werden geben

Präteritum

ich gäbe
du gäb(e)st
er gäbe
wir gäben
ihr gäb(e)t
sie gäben

Plusquamperfekt

ich hätte gegeben
du hättest gegeben
er hätte gegeben
wir hätten gegeben
ihr hättet gegeben
sie hätten gegeben

Futur II

ich werde gegeben haben
du werdest gegeben haben
er werde gegeben haben
wir werden gegeben haben
ihr werdet gegeben haben
sie werden gegeben haben

Infinitiv

Präsens

geben

Perfekt

gegeben haben

Partizip

Partizip I

gebend

Partizip II

gegeben

Imperativ

gib (du)
geben wir
gebt (ihr)
geben Sie

Beispiele und Wendungen

Gabi gibt Thomas ein Buch.
Die Großmutter gibt ihrem Enkel ab und zu etwas Geld.

die Hand geben	*zur Begrüßung die Hand schütteln*
etwas zur Reparatur geben	*eine Sache reparieren lassen*
ein Interview geben	*einem Reporter Fragen beantworten*
eine Party geben	*eine Party veranstalten*

Weitere Verben

auf•geben – aus•geben – (sich) ergeben – heraus•geben – nach•geben – zu•geben

einen Plan aufgeben	*aufhören, etwas zu versuchen*
ein Paket aufgeben	*ein Paket verschicken*
Geld für etwas ausgeben	*Geld für etwas bezahlen*
Ich ergebe mich.	*Ich höre auf zu kämpfen.*
ein Buch herausgeben	*ein Buch veröffentlichen*
Er gibt nach.	*Er lässt jmd. anderes bestimmen.*
Die Tür gab nach.	*Die Tür ließ sich unter Druck bewegen.*
einen Fehler zugeben	*offen sagen, dass man einen Fehler gemacht hat*

Besonderheiten

Eine besondere Formulierung mit **geben** ist **es gibt** (+ Akkusativ). Es wird sehr häufig benutzt, um auszudrücken, was existiert oder vorhanden ist.

z. B. In Deutschland gibt es 16 Bundesländer.
Es gibt über sechs Millarden Menschen (auf der ganzen Welt).
Diesen Pullover gibt es auch in grün.

gehen – ging – gegangen

Indikativ

Präsens	Perfekt	Futur I
ich gehe	ich bin gegangen	ich werde gehen
du gehst	du bist gegangen	du wirst gehen
er geht	er ist gegangen	er wird gehen
wir gehen	wir sind gegangen	wir werden gehen
ihr geht	ihr seid gegangen	ihr werdet gehen
sie gehen	sie sind gegangen	sie werden gehen

Präteritum	Plusquamperfekt	Futur II
ich ging	ich war gegangen	ich werde gegangen sein
du gingst	du warst gegangen	du wirst gegangen sein
er ging	er war gegangen	er wird gegangen sein
wir gingen	wir waren gegangen	wir werden gegangen sein
ihr gingt	ihr wart gegangen	ihr werdet gegangen sein
sie gingen	sie waren gegangen	sie werden gegangen sein

Konjunktiv

Präsens	Perfekt	Futur I
ich gehe	ich sei gegangen	ich werde gehen
du gehest	du sei(e)st gegangen	du werdest gehen
er gehe	er sei gegangen	er werde gehen
wir gehen	wir seien gegangen	wir werden gehen
ihr gehet	ihr sei(e)t gegangen	ihr werdet gehen
sie gehen	sie seien gegangen	sie werden gehen

Präteritum	Plusquamperfekt	Futur II
ich ginge	ich wäre gegangen	ich werde gegangen sein
du gingest	du wär(e)st gegangen	du werdest gegangen sein
er ginge	er wäre gegangen	er werde gegangen sein
wir gingen	wir wären gegangen	wir werden gegangen sein
ihr ginget	ihr wär(e)t gegangen	ihr werdet gegangen sein
sie gingen	sie wären gegangen	sie werden gegangen sein

Infinitiv

Präsens

gehen

Perfekt

gegangen sein

Partizip

Partizip I

gehend

Partizip II

gegangen

Imperativ

geh(e) (du)
gehen wir
geht (ihr)
gehen Sie

Beispiele und Wendungen

Wir gehen in den Zoo.
Es tut mir leid, ich muss jetzt gehen.
Der Fernseher ist kaputt – er geht nicht mehr.

in die Schule gehen	*Schüler sein, die Schule besuchen*
in Urlaub gehen	*wegfahren, um Ferien zu machen*
etwas geht	*etwas funktioniert*
Geht das?	*Ist das möglich?*
Wie geht es dir?	*Wie fühlst du dich?*
Das geht mir nicht aus dem Kopf.	*Ich kann das nicht vergessen.*

Weitere Verben

an·gehen – aus·gehen – hintergehen – übergehen – unter·gehen – verloren·gehen

Das geht dich nichts an!	*Das ist nicht deine Sache!*
Wie gehen wir das Problem an?	*Was machen wir gegen das Problem?*
mit jmdm. ausgehen	*mit jmdm. Essen oder Tanzen gehen*
Ihm ist das Geld ausgegangen.	*Das Geld reichte ihm nicht.*
jmdn. hintergehen	*jmdn. betrügen*
Er überging den Fehler.	*Er beachtete den Fehler nicht.*
Das Schiff geht unter.	*Das Schiff sinkt.*
Die Sonne geht unter.	*Es wird Abend.*
verlorengegangen sein	*ergebnislos gesucht werden*

Besonderheiten

Nicht nur das Verb **gehen**, sondern auch viele Kombinationen **gehen** + Präfix (z. B. *vergehen*) bilden die zusammengesetzten Zeiten mit dem Hilfsverb **sein**.

gelten – galt – gegolten

Stammvokalwechsel **e – a – o**
Vokalwechsel im Präsens (siehe S. 13) / **e**-Einschub
(siehe S. 44)

Indikativ

Präsens

ich	gelte
du	giltst
er	gilt
wir	gelten
ihr	geltet
sie	gelten

Perfekt

ich habe	gegolten
du hast	gegolten
er hat	gegolten
wir haben	gegolten
ihr habt	gegolten
sie haben	gegolten

Futur I

ich werde	gelten
du wirst	gelten
er wird	gelten
wir werden	gelten
ihr werdet	gelten
sie werden	gelten

Präteritum

ich	galt
du	galt(e)st
er	galt
wir	galten
ihr	galtet
sie	galten

Plusquamperfekt

ich hatte	gegolten
du hattest	gegolten
er hatte	gegolten
wir hatten	gegolten
ihr hattet	gegolten
sie hatten	gegolten

Futur II

ich werde	gegolten haben
du wirst	gegolten haben
er wird	gegolten haben
wir werden	gegolten haben
ihr werdet	gegolten haben
sie werden	gegolten haben

Konjunktiv

Präsens

ich	gelte
du	geltest
er	gelte
wir	gelten
ihr	geltet
sie	gelten

Perfekt

ich habe	gegolten
du habest	gegolten
er habe	gegolten
wir haben	gegolten
ihr habet	gegolten
sie haben	gegolten

Futur I

ich werde	gelten
du werdest	gelten
er werde	gelten
wir werden	gelten
ihr werdet	gelten
sie werden	gelten

Präteritum

ich	gälte / gölte
du	gältest / göltest
er	gälte / gölte
wir	gälten / gölten
ihr	gältet / göltet
sie	gälten / gölten

Plusquamperfekt

ich hätte	gegolten
du hättest	gegolten
er hätte	gegolten
wir hätten	gegolten
ihr hättet	gegolten
sie hätten	gegolten

Futur II

ich werde	gegolten haben
du werdest	gegolten haben
er werde	gegolten haben
wir werden	gegolten haben
ihr werdet	gegolten haben
sie werden	gegolten haben

Infinitiv

Präsens

gelten

Perfekt

gegolten haben

Partizip

Partizip I

geltend

Partizip II

gegolten

Imperativ

gelt(e) / gilt* (du)
gelten wir
geltet (ihr)
gelten Sie

* selten

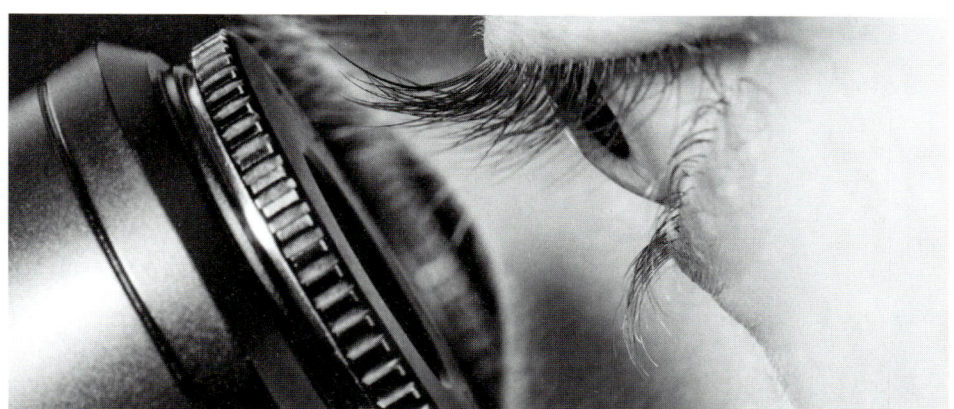

Beispiele und Wendungen

Das Ticket gilt nur für heute.
Dr. Schmitt gilt als hervorragender Wissenschaftler.

jmd. gilt als intelligent	*jmd. wird als intelligent angesehen*
Dieses Ticket gilt nicht in Bussen.	*Dieses Ticket ist in Bussen nicht gültig.*
Die Wette gilt!	*Die Wette ist fest vereinbart.*
Das gilt auch für dich!	*Das musst auch du beachten!*
Die Regeln gelten für alle.	*Alle müssen nach den Regeln handeln.*
Der Gruß galt ihm.	*Der Gruß richtete sich an ihn.*
Die Prüfung gilt als schwierig.	*Man findet die Prüfung schwierig.*
Mein Interesse gilt der Forschung.	*Ich interessiere mich für die Forschung.*
Es gelten unsere Geschäftsbedingungen.	*Unsere Geschäftsbedingungen sind die Grundlage für alle Transaktionen.*

Weitere Verben

vergelten

Er wollte ihm diese Bosheit vergelten.	*Er wollte sich für diese Bosheit rächen.*
Wie kann ich dir deine Hilfe vergelten?	*Wie kann ich dir für deine Hilfe danken?*

Besonderheiten

Das Verb **vergelten** ist etwas veraltet. Heutzutage benutzt man meist *danken* bei positiven und *heimzahlen* bei negativen Fällen.

Tipp

Haben Sie mit einer Konjugation Schwierigkeit, dann schreiben Sie das Verb mehrfach ab, das hilft sich die Formen einzuprägen. Markieren Sie dann die Endungen und Besonderheiten einzelner Verbformen farbig.

39 **gleichen**

gleichen – glich – geglichen

Indikativ

Präsens

ich gleiche
du gleichst
er gleicht
wir gleichen
ihr gleicht
sie gleichen

Perfekt

ich habe geglichen
du hast geglichen
er hat geglichen
wir haben geglichen
ihr habt geglichen
sie haben geglichen

Futur I

ich werde gleichen
du wirst gleichen
er wird gleichen
wir werden gleichen
ihr werdet gleichen
sie werden gleichen

Präteritum

ich glich
du glichst
er glich
wir glichen
ihr glicht
sie glichen

Plusquamperfekt

ich hatte geglichen
du hattest geglichen
er hatte geglichen
wir hatten geglichen
ihr hattet geglichen
sie hatten geglichen

Futur II

ich werde geglichen haben
du wirst geglichen haben
er wird geglichen haben
wir werden geglichen haben
ihr werdet geglichen haben
sie werden geglichen haben

Konjunktiv

Präsens

ich gleiche
du gleichest
er gleiche
wir gleichen
ihr gleichet
sie gleichen

Perfekt

ich habe geglichen
du habest geglichen
er habe geglichen
wir haben geglichen
ihr habet geglichen
sie haben geglichen

Futur I

ich werde gleichen
du werdest gleichen
er werde gleichen
wir werden gleichen
ihr werdet gleichen
sie werden gleichen

Präteritum

ich gliche
du glichest
er gliche
wir glichen
ihr glichet
sie glichen

Plusquamperfekt

ich hätte geglichen
du hättest geglichen
er hätte geglichen
wir hätten geglichen
ihr hättet geglichen
sie hätten geglichen

Futur II

ich werde geglichen haben
du werdest geglichen haben
er werde geglichen haben
wir werden geglichen haben
ihr werdet geglichen haben
sie werden geglichen haben

Infinitiv

Präsens

gleichen

Perfekt

geglichen haben

Partizip

Partizip I

gleichend

Partizip II

geglichen

Imperativ

gleich(e) (du)
gleichen wir
gleicht (ihr)
gleichen Sie

Beispiele und Wendungen

Das Leben gleicht einem Fluss.
Die Brüder gleichen sich wie ein Ei dem anderen.

seinem Vater gleichen	*seinem Vater sehr ähnlich sein*
einer Sache gleichen	*einer Sache ähnlich sein*
zwei Dinge gleichen sich	*zwei Dinge sehen identisch aus*

Weitere Verben

aus•gleichen – aus•weichen – bleichen – streichen – vergleichen

etwas ausgleichen	*etwas wieder in Balance bringen*
ein Konto ausgleichen	*Geld einzahlen, damit das Konto nicht mehr im Minus ist*
ausgeglichen sein	*guter (nicht extremer) Stimmung sein*
einem Blick ausweichen	*jmdm. nicht in die Augen schauen*
Er konnte gerade noch ausweichen.	*Er konnte so fahren, dass es nicht zum Unfall kam.*
sich die Haare bleichen	*die Haare heller färben*
eine Wand streichen	*eine Wand mit Farbe anmalen*
ein Brot streichen	*ein Brot mit Butter etc. bestreichen*
den Urlaub streichen	*den Urlaub absagen*
einige Dinge vergleichen	*Dinge in Relation zueinander beurteilen*
Das kann man nicht vergleichen.	*Das ist etwas ganz anderes.*

Tipp

Mit den Präfixen **ab-**, **an-**, und **be**- lassen sich weitere Wörter mit **gleichen** bilden. Schlagen Sie die Bedeutungen im Wörterbuch nach und notieren Sie sie hier. Auch **streichen** + Präfix führt zu neuen Wörtern. Kombinieren Sie **streichen** zum Beispiel mit *über-*, *unter-* und *aus-*.

40 **gleiten**

gleiten – glitt – geglitten

Stammvokalwechsel **ei – i – i**
e-Einschub (siehe S. 44) / Konsonantendopplung
(siehe S. 46)

Indikativ

Präsens

ich gleite
du gleitest
er gleitet
wir gleiten
ihr gleitet
sie gleiten

Perfekt

ich bin geglitten
du bist geglitten
er ist geglitten
wir sind geglitten
ihr seid geglitten
sie sind geglitten

Futur I

ich werde gleiten
du wirst gleiten
er wird gleiten
wir werden gleiten
ihr werdet gleiten
sie werden gleiten

Präteritum

ich glitt
du glittst
er glitt
wir glitten
ihr glittet
sie glitten

Plusquamperfekt

ich war geglitten
du warst geglitten
er war geglitten
wir waren geglitten
ihr wart geglitten
sie waren geglitten

Futur II

ich werde geglitten sein
du wirst geglitten sein
er wird geglitten sein
wir werden geglitten sein
ihr werdet geglitten sein
sie werden geglitten sein

Konjunktiv

Präsens

ich gleite
du gleitest
er gleite
wir gleiten
ihr gleitet
sie gleiten

Perfekt

ich sei geglitten
du sei(e)st geglitten
er sei geglitten
wir seien geglitten
ihr sei(e)t geglitten
sie seien geglitten

Futur I

ich werde gleiten
du werdest gleiten
er werde gleiten
wir werden gleiten
ihr werdet gleiten
sie werden gleiten

Präteritum

ich glitte
du glittest
er glitte
wir glitten
ihr glittet
sie glitten

Plusquamperfekt

ich wäre geglitten
du wär(e)st geglitten
er wäre geglitten
wir wären geglitten
ihr wär(e)t geglitten
sie wären geglitten

Futur II

ich werde geglitten sein
du werdest geglitten sein
er werde geglitten sein
wir werden geglitten sein
ihr werdet geglitten sein
sie werden geglitten sein

Infinitiv

Präsens

gleiten

Perfekt

geglitten sein

Partizip

Partizip I

gleitend

Partizip II

geglitten

Imperativ

gleit(e) (du)
gleiten wir
gleitet (ihr)
gleiten Sie

Beispiele und Wendungen

Das Segelboot gleitet über das Wasser.
Die Eiskunstläufer glitten über das Eis.

zu Boden gleiten	*auf den Boden hinunter rutschen*
Das Messer glitt durch das Material wie durch Butter.	*Das Messer schnitt ohne Widerstand durch das Material.*

Weitere Verben

entgleiten – fort•schreiten – reiten – schreiten – (sich) streiten

Das Buch entglitt ihm.	*Das Buch ist ihm aus der Hand gerutscht.*
Das Projekt ist ihm entglitten.	*Er hat die Kontrolle über das Projekt verloren.*
Die Zeit schreitet fort.	*Die Zeit geht voran.*
im Galopp reiten	*auf einem Pferd galoppieren*
Der Cowboy ritt davon.	*Der Cowboy hat sich auf seinem Pferd entfernt.*
Die Braut schreitet zum Altar.	*Die Braut geht feierlich zum Altar.*
sich mit jmdm. streiten	*mit jmdm. eine Auseinandersetzung haben*
Darüber lässt sich streiten	*Darüber kann man diskutieren.*

Besonderheiten

Die Verben **reiten**, **entgleiten**, **gleiten** und **schreiten** bilden die zusammengesetzten Zeiten mit dem Hilfsverb **sein**, da sie alle eine Bewegung ausdrücken.

z. B.   Seine Hand <u>ist</u> mir entglitten.
        Die Cowboys <u>sind</u> zur Ranch geritten.

greifen – griff – gegriffen

Stammvokalwechsel **ei – i – i**

Konsonantendopplung (siehe S. 46)

Indikativ

Präsens

ich greife
du greifst
er greift
wir greifen
ihr greift
sie greifen

Perfekt

ich habe gegriffen
du hast gegriffen
er hat gegriffen
wir haben gegriffen
ihr habt gegriffen
sie haben gegriffen

Futur I

ich werde greifen
du wirst greifen
er wird greifen
wir werden greifen
ihr werdet greifen
sie werden greifen

Präteritum

ich griff
du griffst
er griff
wir griffen
ihr grifft
sie griffen

Plusquamperfekt

ich hatte gegriffen
du hattest gegriffen
er hatte gegriffen
wir hatten gegriffen
ihr hattet gegriffen
sie hatten gegriffen

Futur II

ich werde gegriffen haben
du wirst gegriffen haben
er wird gegriffen haben
wir werden gegriffen haben
ihr werdet gegriffen haben
sie werden gegriffen haben

Konjunktiv

Präsens

ich greife
du greifest
er greife
wir greifen
ihr greifet
sie greifen

Perfekt

ich habe gegriffen
du habest gegriffen
er habe gegriffen
wir haben gegriffen
ihr habet gegriffen
sie haben gegriffen

Futur I

ich werde greifen
du werdest greifen
er werde greifen
wir werden greifen
ihr werdet greifen
sie werden greifen

Präteritum

ich griffe
du griffest
er griffe
wir griffen
ihr griffet
sie griffen

Plusquamperfekt

ich hätte gegriffen
du hättest gegriffen
er hätte gegriffen
wir hätten gegriffen
ihr hättet gegriffen
sie hätten gegriffen

Futur II

ich werde gegriffen haben
du werdest gegriffen haben
er werde gegriffen haben
wir werden gegriffen haben
ihr werdet gegriffen haben
sie werden gegriffen haben

Infinitiv

Präsens

greifen

Perfekt

gegriffen haben

Partizip

Partizip I

greifend

Partizip II

gegriffen

Imperativ

greif(e) (du)
greifen wir
greift (ihr)
greifen Sie

Beispiele und Wendungen

Das Kind griff nach der Hand der Mutter.
Wenn das nicht hilft, müssen wir zu härteren Strafen greifen.

nach etwas greifen	*die Hand nach etwas ausstrecken*
zu einem Buch greifen	*sich ein Buch nehmen*

Weitere Verben

an·greifen – begreifen – ein·greifen – kneifen – schleichen – schleifen – zu·greifen

einen Gegner angreifen	*den Kampf mit einem Gegner beginnen*
jmdn. scharf angreifen	*jmdn. heftig kritisieren*
etwas begreifen	*etwas verstehen*
in ein Geschehen eingreifen	*handeln, um etwas zu verändern*
Die Polizei griff ein.	*Die Polizei übernahm die Kontrolle.*
vor etwas kneifen	*etwas aus Angst nicht tun wollen*
Die Hose kneift.	*Die Hose sitzt zu eng und drückt.*
sich leise aus dem Zimmer schleichen	*lautlos aus dem Zimmer gehen*
das Messer schleifen	*das Messer schärfer machen*
Greif zu!	*Nimm dir, soviel du willst!*
auf die Daten zugreifen	*die Daten lesen oder verwenden*

Tipp

Hier kommt es zur Verdoppelung des **f**. Achten Sie auf das kurze **i** in gr**iff** und gr**iff**en: nach einem kurzen Vokal folgen fast immer mehrere Konsonanten.

Das Verb **schleifen** bedeutet manchmal auch, dass etwas irgendwohin gezogen wird. In diesem Fall wird es regelmäßig konjugiert.

z. B. Er hat den Sack über den Boden geschleift.

42 **halten**

halten – hielt – gehalten

Stammvokalwechsel **a – ie – a**
Vokalwechsel im Präsens (siehe S. 13) / **e**-Einschub
(siehe S. 44)

Indikativ

Präsens

ich halte
du hältst
er hält
wir halten
ihr haltet
sie halten

Perfekt

ich habe gehalten
du hast gehalten
er hat gehalten
wir haben gehalten
ihr habt gehalten
sie haben gehalten

Futur I

ich werde halten
du wirst halten
er wird halten
wir werden halten
ihr werdet halten
sie werden halten

Präteritum

ich hielt
du hielt(e)st
er hielt
wir hielten
ihr hieltet
sie hielten

Plusquamperfekt

ich hatte gehalten
du hattest gehalten
er hatte gehalten
wir hatten gehalten
ihr hattet gehalten
sie hatten gehalten

Futur II

ich werde gehalten haben
du wirst gehalten haben
er wird gehalten haben
wir werden gehalten haben
ihr werdet gehalten haben
sie werden gehalten haben

Konjunktiv

Präsens

ich halte
du haltest
er halte
wir halten
ihr haltet
sie halten

Perfekt

ich habe gehalten
du habest gehalten
er habe gehalten
wir haben gehalten
ihr habet gehalten
sie haben gehalten

Futur I

ich werde halten
du werdest halten
er werde halten
wir werden halten
ihr werdet halten
sie werden halten

Präteritum

ich hielte
du hieltest
er hielte
wir hielten
ihr hieltet
sie hielten

Plusquamperfekt

ich hätte gehalten
du hättest gehalten
er hätte gehalten
wir hätten gehalten
ihr hättet gehalten
sie hätten gehalten

Futur II

ich werde gehalten haben
du werdest gehalten haben
er werde gehalten haben
wir werden gehalten haben
ihr werdet gehalten haben
sie werden gehalten haben

Infinitiv

Präsens

halten

Perfekt

gehalten haben

Partizip

Partizip I

haltend

Partizip II

gehalten

Imperativ

halt(e) (du)
halten wir
haltet (ihr)
halten Sie

Beispiele und Wendungen

Der Fischer hält das Netz.
In der einen Hand hielt er seinen Hut, in der anderen Hand einen Regenschirm.

einen Vortrag halten	*zu einem Thema sprechen*
etwas in der Hand halten	*etwas in der Hand haben*
ein Versprechen halten	*tun, was man versprochen hat*
Halt den Mund!	*Sag nichts!*
Davon halte ich nichts.	*Ich finde das nicht gut.*
jmdn. für klug halten	*glauben, dass jmd. klug ist*
Was hältst du von einer Tasse Tee?	*Hast du Lust auf eine Tasse Tee?*
Was hältst du von ihm?	*Was ist deine Meinung über ihn?*

Weitere Verben

auf•halten – aus•halten – behalten – durch•halten – enthalten – erhalten

jmdn. aufhalten	*verhindern, dass jmd. geht*
sich im Hotel aufhalten	*eine Zeit im Hotel verbringen*
Schmerzen aushalten	*Schmerzen ertragen*
Das halte ich nicht mehr aus!	*Das ertrage ich nicht länger.*
ein Buch behalten	*ein Buch nicht mehr zurückgeben*
Wir müssen durchhalten!	*Wir müssen die Situation überstehen.*
Das Buch enthält viele Bilder.	*In dem Buch sind viele Bilder.*
einen Brief erhalten	*einen Brief bekommen*
ein Haus erhalten	*ein Haus pflegen und konservieren*

Tipp

Schaffen Sie Zusammenhänge! Wenn Sie zum Beispiel das Wort **enthalten** lernen,
finden Sie möglichst viele Beispiele dazu.
z. B. Kaffee enthält Coffein. / Eine Packung Zigaretten enthält 20 Stück.

hängen – hing – gehangen

Indikativ

Präsens	Perfekt	Futur I
ich hänge	ich habe gehangen	ich werde hängen
du hängst	du hast gehangen	du wirst hängen
er hängt	er hat gehangen	er wird hängen
wir hängen	wir haben gehangen	wir werden hängen
ihr hängt	ihr habt gehangen	ihr werdet hängen
sie hängen	sie haben gehangen	sie werden hängen

Präteritum	Plusquamperfekt	Futur II
ich hing	ich hatte gehangen	ich werde gehangen haben
du hing(e)st	du hattest gehangen	du wirst gehangen haben
er hing	er hatte gehangen	er wird gehangen haben
wir hingen	wir hatten gehangen	wir werden gehangen haben
ihr hingt	ihr hattet gehangen	ihr werdet gehangen haben
sie hingen	sie hatten gehangen	sie werden gehangen haben

Konjunktiv

Präsens	Perfekt	Futur I
ich hänge	ich habe gehangen	ich werde hängen
du hängest	du habest gehangen	du werdest hängen
er hänge	er habe gehangen	er werde hängen
wir hängen	wir haben gehangen	wir werden hängen
ihr hänget	ihr habet gehangen	ihr werdet hängen
sie hängen	sie haben gehangen	sie werden hängen

Präteritum	Plusquamperfekt	Futur II
ich hinge	ich hätte gehangen	ich werde gehangen haben
du hingest	du hättest gehangen	du werdest gehangen haben
er hinge	er hätte gehangen	er werde gehangen haben
wir hingen	wir hätten gehangen	wir werden gehangen haben
ihr hinget	ihr hättet gehangen	ihr werdet gehangen haben
sie hingen	sie hätten gehangen	sie werden gehangen haben

Infinitiv

Präsens

hängen

Perfekt

gehangen haben/sein*

Partizip

Partizip I

hängend

Partizip II

gehangen

Imperativ

häng(e) (du)
hängen wir
hängt (ihr)
hängen Sie

*in Süddeutschland auch mit *sein* konjugiert

Beispiele und Wendungen

Das Bild hängt an der Wand.
Dunkle Regenwolken hingen über der Stadt.

an etwas hängen	*etwas mögen*
Sie hängt an ihrer Mutter.	*Sie hat eine starke Bindung zu ihrer Mutter.*
Die Uhr hängt.	*Die Uhr bleibt stehen.*
Die Maschine hängt.	*Die Maschine funktioniert nicht.*
Der Rauch hängt in der Luft.	*Der Rauch schwebt in der Luft.*
Sie hängt ständig am Telefon.	*Sie telefoniert ständig.*
Der Baum hängt voller Äpfel.	*Der Baum trägt viele Äpfel.*

Weitere Verben

ab•hängen – herum•hängen

Das hängt vom Wetter ab.	*Das kommt aufs Wetter an.*
Das hängt ganz von dir ab.	*Das ist allein deine Entscheidung.*
in der Stadt herumhängen	*sich ohne bestimmten Plan in der Stadt aufhalten (umgangsspr.)*

Besonderheiten

Je nach Bedeutung kann das Verb **hängen** unterschiedlich konjugiert werden.
Wenn *hängen* den Zustand beschreibt, dass eine Sache irgendwo befestigt ist, dann
wird das Wort unregelmäßig (siehe Verbtabelle) konjugiert. Wenn **hängen** dagegen die
Aktion beschreibt, dass jemand etwas irgendwo befestigt, dann wird das Verb regelmäßig
konjugiert.

z. B.	Das Bild <u>hing</u> an der Wand.	*(Zustand)*
	Tom <u>hängte</u> das Bild an die Wand.	*(Aktion)*

heben – hob – gehoben

Indikativ

Präsens

ich hebe
du hebst
er hebt
wir heben
ihr hebt
sie heben

Perfekt

ich habe gehoben
du hast gehoben
er hat gehoben
wir haben gehoben
ihr habt gehoben
sie haben gehoben

Futur I

ich werde   heben
du wirst   heben
er wird   heben
wir werden heben
ihr werdet heben
sie werden heben

Präteritum

ich hob / hub*
du hobst / hubst*
er hob / hub*
wir hoben / huben*
ihr hobt / hubt*
sie hoben / huben*

Plusquamperfekt

ich hatte gehoben
du hattest gehoben
er hatte gehoben
wir hatten gehoben
ihr hattet gehoben
sie hatten gehoben

Futur II

ich werde   gehoben haben
du wirst   gehoben haben
er wird   gehoben haben
wir werden gehoben haben
ihr werdet gehoben haben
sie werden gehoben haben

Konjunktiv

Präsens

ich hebe
du hebest
er hebe
wir heben
ihr hebet
sie heben

Perfekt

ich habe gehoben
du habest gehoben
er habe gehoben
wir haben gehoben
ihr habet gehoben
sie haben gehoben

Futur I

ich werde   heben
du werdest heben
er werde   heben
wir werden heben
ihr werdet heben
sie werden heben

Präteritum

ich höbe / hübe*
du höbest / hübest*
er höbe / hübe*
wir höben / hüben*
ihr höbet / hübet*
sie höben / hüben*

Plusquamperfekt

ich hätte gehoben
du hättest gehoben
er hätte gehoben
wir hätten gehoben
ihr hättet gehoben
sie hätten gehoben

Futur II

ich werde   gehoben haben
du werdest gehoben haben
er werde   gehoben haben
wir werden gehoben haben
ihr werdet gehoben haben
sie werden gehoben haben

Infinitiv

Präsens

heben

Perfekt

gehoben haben

Partizip

Partizip I

hebend

Partizip II

gehoben

Imperativ

heb(e) (du)
heben wir
hebt (ihr)
heben Sie

*veraltete Formen, gelten nur für *heben* und Komposita

Beispiele und Wendungen

Ralf hob die Kiste ins Auto.
Der Koffer war so schwer, dass ich ihn nicht heben konnte.

die Hand heben	*die Hand nach oben strecken; oft: sich für etwas melden*
die Stimme heben	*lauter / höher sprechen*
die Stimmung heben	*die Stimmung verbessern*
Der Vorhang im Theater hob sich.	*Der Vorhang bewegte sich nach oben.*
Der Kran hebt die Last.	*Der Kran zieht die Last nach oben.*

Weitere Verben

ab•heben – auf•heben – (sich) erheben – hervor•heben – hoch•heben

Geld vom Konto abheben	*Geld von der Bank holen*
Das Flugzeug hebt ab.	*Das Flugzeug startete.*
sich vom Hintergrund abheben	*vor einem Hintergrund deutlich sichtbar sein*
etwas vom Boden aufheben	*etwas nehmen, was unten liegt*
alte Kleider aufheben	*alte Kleider nicht wegwerfen*
Sie erhob sich.	*Sie stand auf.*
einen Satz hervorheben	*einen Satz im Text markieren*
Ich möchte hervorheben, dass ...	*Ich möchte betonen, dass ...*
ein Kind hochheben	*ein Kind hochhalten*

Tipp

Bestimmt haben Sie schon öfter Wörter als Gegensatzpaare gelernt – *schnell – langsam* beispielsweise. Sie können das auch mit Wendungen machen!

z. B. die Hand heben – die Hand senken
Geld abheben – Geld einzahlen

heißen – hieß – geheißen   **s**-Ausfall (siehe S. 45) / **e**-Einschub (siehe S. 44)

Indikativ

Präsens

ich heiße
du heißt
er heißt
wir heißen
ihr heißt
sie heißen

Perfekt

ich habe   geheißen
du hast   geheißen
er hat   geheißen
wir haben   geheißen
ihr habt   geheißen
sie haben   geheißen

Futur I

ich werde   heißen
du wirst   heißen
er wird   heißen
wir werden   heißen
ihr werdet   heißen
sie werden   heißen

Präteritum

ich hieß
du hießest
er hieß
wir hießen
ihr hieß(e)t
sie hießen

Plusquamperfekt

ich hatte   geheißen
du hattest   geheißen
er hatte   geheißen
wir hatten   geheißen
ihr hattet   geheißen
sie hatten   geheißen

Futur II

ich werde   geheißen haben
du wirst   geheißen haben
er wird   geheißen haben
wir werden   geheißen haben
ihr werdet   geheißen haben
sie werden   geheißen haben

Konjunktiv

Präsens

ich heiße
du heißest
er heiße
wir heißen
ihr heißet
sie heißen

Perfekt

ich habe   geheißen
du habest   geheißen
er habe   geheißen
wir haben   geheißen
ihr habet   geheißen
sie haben   geheißen

Futur I

ich werde   heißen
du werdest   heißen
er werde   heißen
wir werden   heißen
ihr werdet   heißen
sie werden   heißen

Präteritum

ich hieße
du hießest
er hieße
wir hießen
ihr hießet
sie hießen

Plusquamperfekt

ich hätte   geheißen
du hättest   geheißen
er hätte   geheißen
wir hätten   geheißen
ihr hättet   geheißen
sie hätten   geheißen

Futur II

ich werde   geheißen haben
du werdest   geheißen haben
er werde   geheißen haben
wir werden   geheißen haben
ihr werdet   geheißen haben
sie werden   geheißen haben

Infinitiv

Präsens

heißen

Perfekt

geheißen haben

Partizip

Partizip I

heißend

Partizip II

geheißen

Imperativ

heiß(e) (du)
heißen wir
heißt (ihr)
heißen Sie

Beispiele und Wendungen

Hallo, ich heiße Ulrike.
Dieser Berg heißt Mount Everest.

Er heißt mit Nachnamen Schmidt.	*Sein Nachname ist Schmidt.*
jmdn. willkommen heißen	*jmdn. herzlich begrüßen*
Was heißt „Blume" auf Englisch?	*Was ist das englische Wort für Blume?*
Wie heißt das auf Deutsch?	*Wie ist die deutsche Übersetzung dafür?*
Was heißt das für uns?	*Welche Konsequenz hat das für uns?*
Was soll das denn heißen?	*Was soll das denn bedeuten?*
Heißt das, du kommst?	*Willst du damit sagen, dass du kommst?*
Es heißt, dass es kalt wird.	*Man sagt, dass es kalt wird.*
Ich komme gern, das heißt, wenn ich darf.	*Ich komme gern, natürlich nur, wenn ich darf.*

Weitere Verben

gut•heißen

etwas nicht gutheißen können	*etwas nicht für richtig halten*

Tipp

Lesen Sie sich die Wendungen und Beispielsätze mehrmals laut vor.
Ändern Sie dabei vielleicht auch einmal den Tonfall: Sprechen Sie die Wendungen
einmal leise und freundlich, dann laut und ärgerlich, und beim nächsten mal vielleicht
so, als würden Sie mit jemandem flirten?
Auf diese Weise erhalten die Wörter mehr Bedeutung – und sind leichter zu lernen.

46 **helfen**

helfen – half – geholfen

Stammvokalwechsel **e - a - o**

Vokalwechsel im Präsens (siehe S. 13)

Indikativ

Präsens
ich helfe
du hilfst
er hilft
wir helfen
ihr helft
sie helfen

Perfekt
ich habe geholfen
du hast geholfen
er hat geholfen
wir haben geholfen
ihr habt geholfen
sie haben geholfen

Futur I
ich werde helfen
du wirst helfen
er wird helfen
wir werden helfen
ihr werdet helfen
sie werden helfen

Präteritum
ich half
du halfst
er half
wir halfen
ihr halft
sie halfen

Plusquamperfekt
ich hatte geholfen
du hattest geholfen
er hatte geholfen
wir hatten geholfen
ihr hattet geholfen
sie hatten geholfen

Futur II
ich werde geholfen haben
du wirst geholfen haben
er wird geholfen haben
wir werden geholfen haben
ihr werdet geholfen haben
sie werden geholfen haben

Konjunktiv

Präsens
ich helfe
du helfest
er helfe
wir helfen
ihr helfet
sie helfen

Perfekt
ich habe geholfen
du habest geholfen
er habe geholfen
wir haben geholfen
ihr habet geholfen
sie haben geholfen

Futur I
ich werde helfen
du werdest helfen
er werde helfen
wir werden helfen
ihr werdet helfen
sie werden helfen

Präteritum
ich hülfe / hälfe*
du hülfest / hälfest*
er hülfe / hälfe*
wir hülfen / hälfen*
ihr hülfet / hälfet*
sie hülfen / hälfen*

Plusquamperfekt
ich hätte geholfen
du hättest geholfen
er hätte geholfen
wir hätten geholfen
ihr hättet geholfen
sie hätten geholfen

Futur II
ich werde geholfen haben
du werdest geholfen haben
er werde geholfen haben
wir werden geholfen haben
ihr werdet geholfen haben
sie werden geholfen haben

Infinitiv

Präsens
helfen

Perfekt
geholfen haben

Partizip

Partizip I
helfend

Partizip II
geholfen

Imperativ

hilf (du)
helfen wir
helft (ihr)
helfen Sie

* selten

Beispiele und Wendungen

Hilfst du mir, die Kiste zu tragen?
Bei Kopfschmerzen hilft manchmal etwas frische Luft.

jmdm. bei etwas helfen	*jmdn. in einer Sache unterstützen*
jmdm. über die Straße helfen	*jmdn. über die Straße bringen*
Kann man Ihnen helfen?	*Kann ich etwas für Sie tun?*
Er weiß sich nicht zu helfen	*Er findet keine Lösung für ein Problem.*
Ihm ist nicht mehr zu helfen.	*Bei ihm sind alle Ratschläge umsonst.*

Weitere Verben

aus•helfen – mit•helfen – nach•helfen – weiter•helfen

in einem Unternehmen aushelfen	*jmdn. bei einer Aufgabe unterstützen*
bei einem Projekt mithelfen	*an einem Projekt mitarbeiten*
bei etwas nachhelfen	*Extra-Unterstützung geben*
jmdm. weiterhelfen	*jmdn. in einem Vorhaben voranbringen*

Besonderheiten

Wenn nach **helfen** nur ein einfaches Verb steht, braucht man kein **zu**. Folgt aber eine längere Ergänzung, muss man das Wort **zu** verwenden.
z. B. Ich helfe dir <u>kochen</u>.   Ich helfe dir, *das Essen* <u>zu kochen</u>.

Tipp

Erweitern Sie Ihren Wortschatz! Alle ,*weiteren Verben*' können Sie in Substantive umwandeln, indem sie das Präfix mit dem Wort **Hilfe** kombinieren.
z. B. nachhelfen   → Nachhilfe
Schlagen Sie die Bedeutungen im Wörterbuch nach und schreiben Sie sich die Wendungen mit den passenden Verben und jeweiligen Bedeutungen auf.
z. B. Nachhilfe   → Nachhilfe nehmen, Nachhilfe geben …

kennen – kannte – gekannt

Indikativ

Präsens	Perfekt	Futur I
ich kenne	ich habe gekannt	ich werde kennen
du kennst	du hast gekannt	du wirst kennen
er kennt	er hat gekannt	er wird kennen
wir kennen	wir haben gekannt	wir werden kennen
ihr kennt	ihr habt gekannt	ihr werdet kennen
sie kennen	sie haben gekannt	sie werden kennen

Präteritum	Plusquamperfekt	Futur II
ich kannte / kennte*	ich hatte gekannt	ich werde gekannt haben
du kanntest / kenntest*	du hattest gekannt	du wirst gekannt haben
er kannte / kennte*	er hatte gekannt	er wird gekannt haben
wir kannten / kennten*	wir hatten gekannt	wir werden gekannt haben
ihr kanntet / kenntet*	ihr hattet gekannt	ihr werdet gekannt haben
sie kannten / kennten*	sie hatten gekannt	sie werden gekannt haben

Konjunktiv

Präsens	Perfekt	Futur I
ich kenne	ich habe gekannt	ich werde kennen
du kennest	du habest gekannt	du werdest kennen
er kenne	er habe gekannt	er werde kennen
wir kennen	wir haben gekannt	wir werden kennen
ihr kennet	ihr habet gekannt	ihr werdet kennen
sie kennen	sie haben gekannt	sie werden kennen

Präteritum	Plusquamperfekt	Futur II
ich kennte	ich hätte gekannt	ich werde gekannt haben
du kenntest	du hättest gekannt	du werdest gekannt haben
er kennte	er hätte gekannt	er werde gekannt haben
wir kennten	wir hätten gekannt	wir werden gekannt haben
ihr kenntet	ihr hättet gekannt	ihr werdet gekannt haben
sie kennten	sie hätten gekannt	sie werden gekannt haben

Infinitiv

Präsens

kennen

Perfekt

gekannt haben

Partizip

Partizip I

kennend

Partizip II

gekannt

Imperativ

kenn(e) (du)
kennen wir
kennt (ihr)
kennen Sie

* selten

Beispiele und Wendungen

Sanne kennt Günter schon sehr lange.
Er kennt die Stadt sehr gut, da er hier aufgewachsen ist.

jmdn. gut kennen	*mit jmdm. sehr vertraut sein*
Ich kenne seinen Namen nicht.	*Ich weiß nicht, wie er heißt.*
Ich kenne da ein nettes Café.	*Ich weiß dort ein nettes Café.*
Man kennt Bob Dylan als Sänger.	*Bob Dylan ist als Sänger bekannt.*
Wie ich sie kenne, ist sie schon wach.	*Nach meiner Erfahrung / Einschätzung ist sie schon wach.*
Er kannte kein Mitleid.	*Er handelte, ohne Mitleid zu zeigen.*

Weitere Verben

ab•brennen – nennen – rennen – verbrennen

Ein Haus brennt ab.	*Ein Haus wird durch Feuer vernichtet.*
Sie nannte ihren Sohn Paul.	*Sie gab ihrem Sohn den Namen Paul.*
Er heißt Alfred, aber er nennt sich Ali.	*Sein Name ist Alfred, aber er lässt sich Ali rufen.*
aus dem Zimmer rennen	*schnell aus dem Zimmer laufen*
sich die Finger verbrennen	*sich die Finger am Feuer verletzen*
	übertragen: etwas tun, was einem schadet.
Briefe verbrennen	*Briefe im Feuer vernichten*

Besonderheiten

Vorsicht! Die Konjunktivform von **kennen** leitet sich nicht vom Präteritum *kannte* ab, sondern lautet **kennte**:

z. B. Wenn du ihn wirklich *kenntest*, würdest du anders über ihn denken.

kommen – kam – gekommen

Stammvokalwechsel **o – a – o**

Ausfall des Doppelkonsonanten (siehe S. 46)

Indikativ

Präsens

ich komme
du kommst
er kommt
wir kommen
ihr kommt
sie kommen

Perfekt

ich bin gekommen
du bist gekommen
er ist gekommen
wir sind gekommen
ihr seid gekommen
sie sind gekommen

Futur I

ich werde kommen
du wirst kommen
er wird kommen
wir werden kommen
ihr werdet kommen
sie werden kommen

Präteritum

ich kam
du kamst
er kam
wir kamen
ihr kamt
sie kamen

Plusquamperfekt

ich war gekommen
du warst gekommen
er war gekommen
wir waren gekommen
ihr wart gekommen
sie waren gekommen

Futur II

ich werde gekommen sein
du wirst gekommen sein
er wird gekommen sein
wir werden gekommen sein
ihr werdet gekommen sein
sie werden gekommen sein

Konjunktiv

Präsens

ich komme
du kommest
er komme
wir kommen
ihr kommet
sie kommen

Perfekt

ich sei gekommen
du sei(e)st gekommen
er sei gekommen
wir seien gekommen
ihr sei(e)t gekommen
sie seien gekommen

Futur I

ich werde kommen
du werdest kommen
er werde kommen
wir werden kommen
ihr werdet kommen
sie werden kommen

Präteritum

ich käme
du käm(e)st
er käme
wir kämen
ihr käm(e)t
sie kämen

Plusquamperfekt

ich wäre gekommen
du wär(e)st gekommen
er wäre gekommen
wir wären gekommen
ihr wär(e)t gekommen
sie wären gekommen

Futur II

ich werde gekommen sein
du werdest gekommen sein
er werde gekommen sein
wir werden gekommen sein
ihr werdet gekommen sein
sie werden gekommen sein

Infinitiv

Präsens

kommen

Perfekt

gekommen sein

Partizip

Partizip I

kommend

Partizip II

gekommen

Imperativ

komm(e) (du)
kommen wir
kommt (ihr)
kommen Sie

Beispiele und Wendungen

Tanja kommt immer pünktlich.
Emil kommt aus der Schweiz.
Wie kommt man von hier zum Flughafen?

nach Hause kommen	*zu Hause eintreffen*
Komm schon!	*Beeil dich! Mach schnell!*
Morgen kommt Steffi zu mir.	*Morgen besucht mich Steffi.*
Komm, wir gehen ins Kino!	*Lass uns ins Kino gehen!*
Wie kommst du darauf?	*Woher hast du diese Idee?*
Wann kommt Elisa in die Schule?	*Wann beginnt Elisa mit der Schule?*
Dann kam sie wieder zu sich.	*Dann erwachte sie aus der Ohnmacht.*
Das kommt jetzt sehr überraschend.	*Das wurde sehr überraschend gesagt.*
Es kam zum Streit.	*Ein Streit entwickelte sich.*

Weitere Verben

an•kommen – bekommen – mit•kommen – um•kommen

an einem Ort ankommen	*einen Ort erreichen*
das kommt darauf an, ob ...	*das hängt davon ab, ob ...*
ein Geschenk bekommen	*ein Geschenk erhalten*
einen Schnupfen bekommen	*an einem Schnupfen erkranken*
jmd. kommt mit	*jmd. schließt sich einer Gruppe an*
bei einem Unfall umkommen	*bei einem Unfall sterben*

Tipp

Setzen Sie sich beim Deutschlernen realistische Ziele. Es braucht Zeit, eine Sprache zu lernen – also nehmen Sie sich nicht zu viel vor! Besser Sie lernen mehrmals pro Woche eine halbe Stunde, als nur einmal 5 Stunden.

49 **können**

können – konnte – gekonnt

Indikativ

Präsens
ich kann
du kannst
er kann
wir können
ihr könnt
sie können

Perfekt
ich habe gekonnt
du hast gekonnt
er hat gekonnt
wir haben gekonnt
ihr habt gekonnt
sie haben gekonnt

Futur I
ich werde können
du wirst können
er wird können
wir werden können
ihr werdet können
sie werden können

Präteritum
ich konnte
du konntest
er konnte
wir konnten
ihr konntet
sie konnten

Plusquamperfekt
ich hatte gekonnt
du hattest gekonnt
er hatte gekonnt
wir hatten gekonnt
ihr hattet gekonnt
sie hatten gekonnt

Futur II
ich werde gekonnt haben
du wirst gekonnt haben
er wird gekonnt haben
wir werden gekonnt haben
ihr werdet gekonnt haben
sie werden gekonnt haben

Konjunktiv

Präsens
ich könne
du könnest
er könne
wir können
ihr könnet
sie können

Perfekt
ich habe gekonnt
du habest gekonnt
er habe gekonnt
wir haben gekonnt
ihr habet gekonnt
sie haben gekonnt

Futur I
ich werde können
du werdest können
er werde können
wir werden können
ihr werdet können
sie werden können

Präteritum
ich könnte
du könntest
er könnte
wir könnten
ihr könntet
sie könnten

Plusquamperfekt
ich hätte gekonnt
du hättest gekonnt
er hätte gekonnt
wir hätten gekonnt
ihr hättet gekonnt
sie hätten gekonnt

Futur II
ich werde gekonnt haben
du werdest gekonnt haben
er werde gekonnt haben
wir werden gekonnt haben
ihr werdet gekonnt haben
sie werden gekonnt haben

Infinitiv

Präsens
können

Perfekt
gekonnt haben

Partizip

Partizip I
könnend

Partizip II
gekonnt

Imperativ

—
—
—
—

Beispiele und Wendungen

Alexander kann sehr gut Klavier spielen.
Tine kann Französisch, Englisch und Rumänisch.

Ich kann Deutsch.	*Ich spreche und verstehe Deutsch.*
Er kann nichts dafür.	*Er ist an etwas nicht schuld.*
Kann ich ins Bad?	*Darf ich ins Bad?*
Wie konntest du nur?	*Warum hast du das getan?*
Kannst du mir das Buch geben?	*Würdest du mir bitte das Buch geben?*
Kannst du Auto fahren?	*Bist du fähig, Auto zu fahren?*
Das kann schon sein.	*Das ist schon möglich.*
Das kann passieren.	*Es ist möglich, dass das passiert.*
Wer fertig ist, kann gehen.	*Wer fertig ist, darf gehen.*
Sie kann auch den Bus verpasst haben.	*Es ist möglich, dass sie den Bus verpasst hat.*

Besonderheiten

Steht im Satz neben **können** ein zweites Verb, so wird in Perfekt und Plusquamperfekt
die Form *können* statt Partizip II verwendet. Nur selten, wenn *können* als selbstständiges
Vollverb verwendet wird, benötigt man die Form *gekonnt*. (vgl. *dürfen*, → Nr. 28).

z. B. Der Spieler war erschöpft, er hat nicht mehr <u>gekonnt</u>.   (Vollverb)
        Er hat sich kaum noch bewegen <u>können</u>.   (Modalverb)

können wird häufig in Fragen benutzt, um eine Bitte höflicher zu gestalten. Noch höflicher
wird der Konjunktiv empfunden (ähnlich wie *würde*).

z. B. Gib mir bitte das Buch.   (normaler Imperativ)
        Kannst du mir bitte das Buch geben?   (höfliche Frage)
        Könntest du mir bitte das Buch geben?   (noch höflichere Frage)

50 **laden**

laden – lud – geladen

Stammvokalwechsel **a –u – a**
Vokalwechsel im Präsens (siehe S. 13) / **e**-Einschub
(siehe S. 44)

Indikativ

Präsens

ich lade
du lädst
er lädt
wir laden
ihr ladet
sie laden

Perfekt

ich habe geladen
du hast geladen
er hat geladen
wir haben geladen
ihr habt geladen
sie haben geladen

Futur I

ich werde laden
du wirst laden
er wird laden
wir werden laden
ihr werdet laden
sie werden laden

Präteritum

ich lud
du lud(e)st
er lud
wir luden
ihr ludet
sie luden

Plusquamperfekt

ich hatte geladen
du hattest geladen
er hatte geladen
wir hatten geladen
ihr hattet geladen
sie hatten geladen

Futur II

ich werde geladen haben
du wirst geladen haben
er wird geladen haben
wir werden geladen haben
ihr werdet geladen haben
sie werden geladen haben

Konjunktiv

Präsens

ich lade
du ladest
er lade
wir laden
ihr ladet
sie laden

Perfekt

ich habe geladen
du habest geladen
er habe geladen
wir haben geladen
ihr habet geladen
sie haben geladen

Futur I

ich werde laden
du werdest laden
er werde laden
wir werden laden
ihr werdet laden
sie werden laden

Präteritum

ich lüde
du lüdest
er lüde
wir lüden
ihr lüdet
sie lüden

Plusquamperfekt

ich hätte geladen
du hättest geladen
er hätte geladen
wir hätten geladen
ihr hättet geladen
sie hätten geladen

Futur II

ich werde geladen haben
du werdest geladen haben
er werde geladen haben
wir werden geladen haben
ihr werdet geladen haben
sie werden geladen haben

Infinitiv

Präsens

laden

Perfekt

geladen haben

Partizip

Partizip I

ladend

Partizip II

geladen

Imperativ

lad(e) (du)
laden wir
ladet (ihr)
laden Sie

Beispiele und Wendungen

Vergiss nicht, die Batterien zu laden.
Der LKW lädt Lebensmittel und bringt sie zu den Supermärkten.

eine Datei auf den Computer laden	*mit dem Computer eine Datei einlesen*
etwas ins Auto laden	*eine Last ins Auto legen*

Weitere Verben

auf•laden – beladen – ein•laden – entladen

eine Batterie aufladen	*einen Akku mit Elektrizität füllen*
das Handy-Guthaben aufladen	*Gesprächszeit für ein Handy kaufen*
ein Auto beladen	*Gepäck in ein Auto stellen*
Freunde zum Essen einladen	*Freunde bitten, zum Essen zu kommen*

Besonderheiten

Vorsicht bei der Aussprache! Man schreibt im Präsens „**du lädtst**" und „**er lädt**" – zu hören ist aber nur ein **t**. Auch das **ä** bleibt lang und wird nicht (wie normalerweise üblich) vor einem Doppelkonsonanten kurz ausgesprochen.

Tipp

Es gibt viele Wörter, die mit **laden** verwandt sind. Welche kennen Sie bereits?
Schlagen Sie weitere im Wörterbuch nach und zeichnen Sie ein Diagramm:

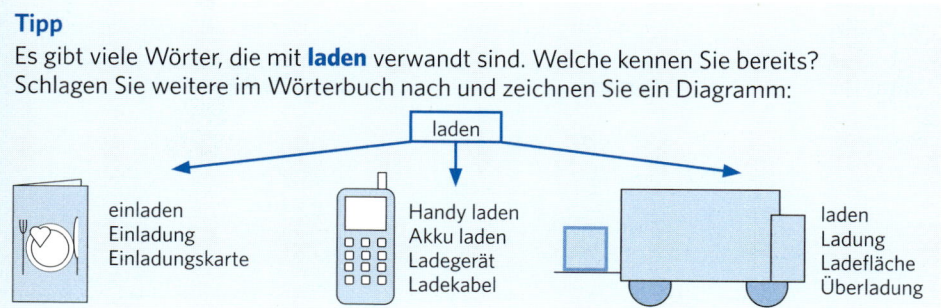

51 **lassen**

lassen – ließ – gelassen

Stammvokalwechsel **a – ie – a** / Vokalwechsel im Präsens
(siehe S. 13) / **s**-Ausfall (siehe S. 45) / **e**-Einschub (siehe
S. 44) / Ausfall des Doppelkonsonanten (siehe S. 46)

Indikativ

Präsens

ich lasse
du lässt / lässest*
er lässt
wir lassen
ihr lasst
sie lassen

Perfekt

ich habe   gelassen
du hast   gelassen
er hat   gelassen
wir haben gelassen
ihr habt   gelassen
sie haben gelassen

Futur I

ich werde   lassen
du wirst   lassen
er wird   lassen
wir werden lassen
ihr werdet lassen
sie werden lassen

Präteritum

ich ließ
du ließest
er ließ
wir ließen
ihr ließ(e)t
sie ließen

Plusquamperfekt

ich hatte   gelassen
du hattest gelassen
er hatte   gelassen
wir hatten gelassen
ihr hattet gelassen
sie hatten gelassen

Futur II

ich werde   gelassen haben
du wirst   gelassen haben
er wird   gelassen haben
wir werden gelassen haben
ihr werdet gelassen haben
sie werden gelassen haben

Konjunktiv

Präsens

ich lasse
du lassest
er lasse
wir lassen
ihr lasset
sie lassen

Perfekt

ich habe   gelassen
du habest gelassen
er habe   gelassen
wir haben gelassen
ihr habet gelassen
sie haben gelassen

Futur I

ich werde   lassen
du werdest lassen
er werde   lassen
wir werden lassen
ihr werdet lassen
sie werden lassen

Präteritum

ich ließe
du ließest
er ließe
wir ließen
ihr ließet
sie ließen

Plusquamperfekt

ich hätte   gelassen
du hättest gelassen
er hätte   gelassen
wir hätten gelassen
ihr hättet gelassen
sie hätten gelassen

Futur II

ich werde   gelassen haben
du werdest gelassen haben
er werde   gelassen haben
wir werden gelassen haben
ihr werdet gelassen haben
sie werden gelassen haben

Infinitiv

Präsens

lassen

Perfekt

gelassen haben

Partizip

Partizip I

lassend

Partizip II

gelassen

Imperativ

lass(e) (du)
lassen wir
lasst (ihr)
lassen Sie

* veraltet

Beispiele und Wendungen

Lass mich bitte herein.
Lasst das Kind noch ein wenig schlafen.
Morgen lasse ich mir endlich die Haare schneiden.

jmdn. in Ruhe lassen	*jmdn. nicht stören*
Lass das!	*Hör auf damit!*
einen Stein fallen lassen	*erlauben, dass ein Stein herunterfällt*
etwas zuhause lassen	*etwas nicht mitnehmen*
ein Auto reparieren lassen	*die Reparatur des Autos beauftragen*
Lasst uns losgehen!	*Bitte geht gemeinsam mit mir los!*
Der Herd lässt sich leicht reinigen.	*Man kann den Herd leicht reinigen.*
Das lässt sich machen!	*Es ist möglich, das zu machen.*
Er lässt die Schüler schreiben.	*Er befiehlt den Schülern zu schreiben.*

Weitere Verben

entlassen – frei•lassen – hinterlassen – zu•lassen

entlassen werden	*seine Arbeitsstelle verlieren*
aus dem Krankenhaus entlassen	*gesund aus dem Krankenhaus gehen* werden *dürfen*
aus dem Gefängnis entlassen werden	*nach einer Strafe gehen dürfen*
jmdn. freilassen	*einen Gefangenen gehen lassen*
eine Nachricht hinterlassen	*für jmdn. eine Nachricht hinterlegen*
Das lasse ich nicht zu!	*Ich erlaube nicht, dass das passiert!*

Besonderheiten

Wenn man jemanden dazu bringt, etwas zu tun, benutzt man neben **lassen** den Akkussativ. Doch wenn jemand anderes etwas für sich erledigen lässt, benutzt man den Dativ.

z. B. Ich lasse <u>ihn</u> warten.   Ich lasse <u>mir</u> die Haare schneiden

Indikativ

Präsens

ich laufe
du läufst
er läuft
wir laufen
ihr lauft
sie laufen

Perfekt

ich bin gelaufen
du bist gelaufen
er ist gelaufen
wir sind gelaufen
ihr seid gelaufen
sie sind gelaufen

Futur I

ich werde laufen
du wirst laufen
er wird laufen
wir werden laufen
ihr werdet laufen
sie werden laufen

Präteritum

ich lief
du liefst
er lief
wir liefen
ihr lieft
sie liefen

Plusquamperfekt

ich war gelaufen
du warst gelaufen
er war gelaufen
wir waren gelaufen
ihr wart gelaufen
sie waren gelaufen

Futur II

ich werde gelaufen sein
du wirst gelaufen sein
er wird gelaufen sein
wir werden gelaufen sein
ihr werdet gelaufen sein
sie werden gelaufen sein

Konjunktiv

Präsens

ich laufe
du laufest
er laufe
wir laufen
ihr laufet
sie laufen

Perfekt

ich sei gelaufen
du sei(e)st gelaufen
er sei gelaufen
wir seien gelaufen
ihr sei(e)t gelaufen
sie seien gelaufen

Futur I

ich werde laufen
du werdest laufen
er werde laufen
wir werden laufen
ihr werdet laufen
sie werden laufen

Präteritum

ich liefe
du liefest
er liefe
wir liefen
ihr liefet
sie liefen

Plusquamperfekt

ich wäre gelaufen
du wär(e)st gelaufen
er wäre gelaufen
wir wären gelaufen
ihr wär(e)t gelaufen
sie wären gelaufen

Futur II

ich werde gelaufen sein
du werdest gelaufen sein
er werde gelaufen sein
wir werden gelaufen sein
ihr werdet gelaufen sein
sie werden gelaufen sein

Infinitiv

Präsens

laufen

Perfekt

gelaufen sein/haben

Partizip

Partizip I

laufend

Partizip II

gelaufen

Imperativ

lauf(e) (du)
laufen wir
lauft (ihr)
laufen Sie

Beispiele und Wendungen

Susanne läuft immer zur Arbeit.
Der Fernseher läuft bei ihm den ganzen Tag.
Die Verhandlungen laufen sehr gut.

Schlittschuh laufen	*auf dem Eis skaten*
Der Motor läuft.	*Der Motor funktioniert.*
Meine Nase läuft.	*Ich bin krank, meine Nase tropft.*
Was läuft im Kino?	*Welche Filme werden im Kino gezeigt?*
Das Wasser läuft in den Eimer.	*Das Wasser fließt in den Eimer.*
etwas läuft schlecht	*etwas entwickelt sich negativ*
So läuft das hier nicht.	*Dieses Verhalten erlauben wir nicht.*
Der Vertrag läuft 24 Monate.	*Der Vertrag ist für 24 Monate gültig.*

Weitere Verben

aus•laufen – ab•laufen – überlaufen – sich verlaufen – verlaufen – weg•laufen

ein Schiff läuft aus	*ein Schiff verlässt den Hafen*
der Vertrag läuft aus	*die Gültigkeit des Vertrags endet*
die Zeit läuft ab	*die Zeit für etwas endet*
Ich habe mich verlaufen.	*Ich weiß nicht mehr, wo ich bin.*
nach Plan verlaufen	*wie geplant stattfinden.*
vor jmdm. weglaufen	*versuchen, jmdm. zu entkommen*

Besonderheiten

Ein kleiner Tipp zum Thema Wintersport: *Ski laufen* und *Schlittschuh laufen* – schreibt man getrennt (Nomen + Verb), *eislaufen* schreibt man zusammen.

z. B. Morgen Nachmittag wollen wir <u>Schlittschuh</u> <u>laufen</u>.
     Früher wollte ich immer <u>eislaufen</u> lernen.

leiden – litt – gelitten

Stammvokalwechsel **ei – i – i**
e-Einschub (siehe S. 44) / Konsonantendopplung
(siehe S. 46) mit Konsonantenwechsel

Indikativ

Präsens

ich leide
du leidest
er leidet
wir leiden
ihr leidet
sie leiden

Perfekt

ich habe   gelitten
du hast   gelitten
er hat   gelitten
wir haben   gelitten
ihr habt   gelitten
sie haben   gelitten

Futur I

ich werde   leiden
du wirst   leiden
er wird   leiden
wir werden leiden
ihr werdet leiden
sie werden leiden

Präteritum

ich litt
du litt(e)st
er litt
wir litten
ihr littet
sie litten

Plusquamperfekt

ich hatte   gelitten
du hattest gelitten
er hatte   gelitten
wir hatten   gelitten
ihr hattet   gelitten
sie hatten   gelitten

Futur II

ich werde   gelitten haben
du wirst   gelitten haben
er wird   gelitten haben
wir werden   gelitten haben
ihr werdet   gelitten haben
sie werden   gelitten haben

Konjunktiv

Präsens

ich leide
du leidest
er leide
wir leiden
ihr leidet
sie leiden

Perfekt

ich habe   gelitten
du habest   gelitten
er habe   gelitten
wir haben   gelitten
ihr habet   gelitten
sie haben   gelitten

Futur I

ich werde   leiden
du werdest leiden
er werde   leiden
wir werden leiden
ihr werdet leiden
sie werden leiden

Präteritum

ich litte
du littest
er litte
wir litten
ihr littet
sie litten

Plusquamperfekt

ich hätte   gelitten
du hättest   gelitten
er hätte   gelitten
wir hätten   gelitten
ihr hättet   gelitten
sie hätten   gelitten

Futur II

ich werde   gelitten haben
du werdest   gelitten haben
er werde   gelitten haben
wir werden   gelitten haben
ihr werdet   gelitten haben
sie werden   gelitten haben

Infinitiv

Präsens

leiden

Perfekt

gelitten haben

Partizip

Partizip I

leidend

Partizip II

gelitten

Imperativ

leide (du)
leiden wir
leidet (ihr)
leiden Sie

Beispiele und Wendungen

Die Patientin leidet an Asthma.
Er leidet sehr, seit ihn seine Freundin verlassen hat.

unter Stress leiden	*durch Stress geschädigt sein*
Hunger leiden	*nichts zu Essen haben*
Ich kann ihn gut leiden.	*Ich mag ihn gern.*
Ich kann laute Musik nicht leiden.	*Ich mag laute Musik nicht.*

Weitere Verben

ab•schneiden – schneiden – sich überschneiden – zu•schneiden

bei etwas gut abschneiden	*bei etwas ein gutes Ergebnis erzielen*
jmdm. den Weg abschneiden	*sich jmdm. in den Weg stellen*
sich schneiden	*sich an einem Messer verletzen*
Brot schneiden	*Brot mit dem Messer in Scheiben teilen*
sich die Haare schneiden lassen	*zum Frisör gehen*
Da hast du dich geschnitten.	*Da irrst du dich sehr.*
Die Termine überschneiden sich.	*Die Termine sind teilweise zeitgleich.*
Stoff zuschneiden	*Stoff mit der Schere anpassen*

Tipp

Wenn Sie zu den Menschen gehören, die gut durch Hören lernen können, dann hören Sie sich selbst zu! Nehmen Sie sich beim Sprechen der Verbkonjugationen auf – zum Beispiel mit einem Diktiergerät oder am PC – und hören Sie sich immer wieder an. Sie können bei der Aufnahme auch Pausen machen, in denen Sie das Gehörte dann noch zusätzlich nachsprechen können.

leihen – lieh – geliehen

Stammvokalwechsel **ei – ie – ie**

Indikativ

Präsens

ich leihe
du leihst
er leiht
wir leihen
ihr leiht
sie leihen

Perfekt

ich habe geliehen
du hast geliehen
er hat geliehen
wir haben geliehen
ihr habt geliehen
sie haben geliehen

Futur I

ich werde leihen
du wirst leihen
er wird leihen
wir werden leihen
ihr werdet leihen
sie werden leihen

Präteritum

ich lieh
du liehst
er lieh
wir liehen
ihr lieht
sie liehen

Plusquamperfekt

ich hatte geliehen
du hattest geliehen
er hatte geliehen
wir hatten geliehen
ihr hattet geliehen
sie hatten geliehen

Futur II

ich werde geliehen haben
du wirst geliehen haben
er wird geliehen haben
wir werden geliehen haben
ihr werdet geliehen haben
sie werden geliehen haben

Konjunktiv

Präsens

ich leihe
du leihest
er leihe
wir leihen
ihr leihet
sie leihen

Perfekt

ich habe geliehen
du habest geliehen
er habe geliehen
wir haben geliehen
ihr habet geliehen
sie haben geliehen

Futur I

ich werde leihen
du werdest leihen
er werde leihen
wir werden leihen
ihr werdet leihen
sie werden leihen

Präteritum

ich liehe
du liehest
er liehe
wir liehen
ihr liehet
sie liehen

Plusquamperfekt

ich hätte geliehen
du hättest geliehen
er hätte geliehen
wir hätten geliehen
ihr hättet geliehen
sie hätten geliehen

Futur II

ich werde geliehen haben
du werdest geliehen haben
er werde geliehen haben
wir werden geliehen haben
ihr werdet geliehen haben
sie werden geliehen haben

Infinitiv

Präsens

leihen

Perfekt

geliehen haben

Partizip

Partizip I

leihend

Partizip II

geliehen

Imperativ

leih(e) (du)
leihen wir
leiht (ihr)
leihen Sie

Beispiele und Wendungen

Mein Vater leiht mir manchmal sein Auto.
Um das Haus kaufen zu können, musste er sich Geld von der Bank leihen.

jmdm. Geld leihen	*jmdm. für eine Zeit Geld überlassen*
sich von jmdm. Geld leihen	*jmdn. bitten, einem für eine gewisse Zeit etwas*
	Geld zu überlassen
Kann ich mir den Stift leihen?	*Kann ich kurz den Stift benutzen?*

Weitere Verben

aus•leihen – entleihen – gedeihen – verleihen – verzeihen

ein Buch ausleihen	*ein Buch aus der Bibliothek holen*
eine DVD ausleihen	*eine DVD in der Videothek mieten*
Das Buch ist entliehen.	*Das Buch ist weg, da es jemand für eine Zeit*
	mitgenommen hat.
Die Blumen gedeihen hier gut.	*Die Blumen wachsen hier gut.*
jmdm. einen Preis verleihen	*jmd. für etwas auszeichnen*
jmdm. einen Titel verleihen	*jmdm. einen Titel (Dr. o.ä.) geben*
jmdm. etwas verzeihen	*etwas Schlechtes entschuldigen*
Verzeihen Sie, wo ist bitte ...	*Entschuldigung, wo ist bitte ...*

Tipp

Sammeln Sie Wörter einer Wortfamilie und versuchen Sie dann, möglichst viele in einen Satz zu packen. Diese Sätze werden natürlich sehr albern – sie können aber auch viel Spaß machen.

z. B. Ich lieh mir einen Leihwagen, um in der Leihbibliothek ein Buch über Leihmütter auszuleihen, doch leider war es bereits entliehen.
Schaffen Sie mehr als sechs? Nur zu! Viel Spaß!

lesen – las – gelesen

Stammvokalwechsel **e – a – e**
Vokalwechsel im Präsens (siehe S. 13) / **s**-Ausfall
(siehe S. 45) / **e**-Einschub (siehe S. 44)

Indikativ

Präsens

ich lese
du liest
er liest
wir lesen
ihr lest
sie lesen

Perfekt

ich habe gelesen
du hast gelesen
er hat gelesen
wir haben gelesen
ihr habt gelesen
sie haben gelesen

Futur I

ich werde lesen
du wirst lesen
er wird lesen
wir werden lesen
ihr werdet lesen
sie werden lesen

Präteritum

ich las
du lasest
er las
wir lasen
ihr las(e)t
sie lasen

Plusquamperfekt

ich hatte gelesen
du hattest gelesen
er hatte gelesen
wir hatten gelesen
ihr hattet gelesen
sie hatten gelesen

Futur II

ich werde gelesen haben
du wirst gelesen haben
er wird gelesen haben
wir werden gelesen haben
ihr werdet gelesen haben
sie werden gelesen haben

Konjunktiv

Präsens

ich lese
du lesest
er lese
wir lesen
ihr leset
sie lesen

Perfekt

ich habe gelesen
du habest gelesen
er habe gelesen
wir haben gelesen
ihr habet gelesen
sie haben gelesen

Futur I

ich werde lesen
du werdest lesen
er werde lesen
wir werden lesen
ihr werdet lesen
sie werden lesen

Präteritum

ich läse
du läsest
er läse
wir läsen
ihr läset
sie läsen

Plusquamperfekt

ich hätte gelesen
du hättest gelesen
er hätte gelesen
wir hätten gelesen
ihr hättet gelesen
sie hätten gelesen

Futur II

ich werde gelesen haben
du werdest gelesen haben
er werde gelesen haben
wir werden gelesen haben
ihr werdet gelesen haben
sie werden gelesen haben

Infinitiv

Präsens

lesen

Perfekt

gelesen haben

Partizip

Partizip I

lesend

Partizip II

gelesen

Imperativ

lies (du)
lesen wir
lest (ihr)
lesen Sie

Beispiele und Wendungen

Jutta liest gerne.
Hast du heute schon die Zeitung gelesen?

lesen können	*Schrift verstehen können*
etwas gründlich lesen	*einen Text sehr genau durchgehen*
Der Autor liest aus seinem Buch.	*Der Autor trägt aus seinem Buch vor.*
etwas in der Zeitung gelesen haben	*eine Information aus der Zeitung haben*
zwischen den Zeilen lesen	*Informationen im Text finden, die nicht wörtlich da sind*
Der Automat liest die Karte.	*Der Automat entschlüsselt Daten auf einer Speicherkarte.*
Der Computer liest die Daten.	*Der Computer nimmt die Daten auf.*
Das Buch liest sich leicht.	*Das Buch ist einfach zu verstehen.*
Ich kann deine Gedanken lesen.	*Ich weiß, was du denkst.*

Weitere Verben

ab•lesen – durch•lesen – überlesen

ein Thermometer ablesen	*die Temperatur bestimmen*
einen Text ablesen	*einen Text vom Blatt laut vorlesen*
einen Text durchlesen	*einem Text vollständig lesen*
Das habe ich wohl überlesen.	*Diese Information habe ich wohl beim Lesen übersehen.*

Besonderheiten

Das Verb **lesen** hat in allen Formen lange Vokale. Verwechseln Sie es nie mit *lassen* – hier folgt nach einem kurzen Vokal ein Doppel-s.

z. B. wir lasen   (lesen – Präteritum, 1. Person Plural)
wir lassen   (lassen – Präsens, 1. Person Plural)

liegen – lag – gelegen

Indikativ

Präsens
ich liege
du liegst
er liegt
wir liegen
ihr liegt
sie liegen

Perfekt*
ich habe gelegen
du hast gelegen
er hat gelegen
wir haben gelegen
ihr habt gelegen
sie haben gelegen

Futur I
ich werde liegen
du wirst liegen
er wird liegen
wir werden liegen
ihr werdet liegen
sie werden liegen

Präteritum
ich lag
du lagst
er lag
wir lagen
ihr lagt
sie lagen

Plusquamperfekt
ich hatte gelegen
du hattest gelegen
er hatte gelegen
wir hatten gelegen
ihr hattet gelegen
sie hatten gelegen

Futur II
ich werde gelegen haben
du wirst gelegen haben
er wird gelegen haben
wir werden gelegen haben
ihr werdet gelegen haben
sie werden gelegen haben

Konjunktiv

Präsens
ich liege
du liegest
er liege
wir liegen
ihr lieget
sie liegen

Perfekt
ich habe gelegen
du habest gelegen
er habe gelegen
wir haben gelegen
ihr habet gelegen
sie haben gelegen

Futur I
ich werde liegen
du werdest liegen
er werde liegen
wir werden liegen
ihr werdet liegen
sie werden liegen

Präteritum
ich läge
du lägest
er läge
wir lägen
ihr läget
sie lägen

Plusquamperfekt
ich hätte gelegen
du hättest gelegen
er hätte gelegen
wir hätten gelegen
ihr hättet gelegen
sie hätten gelegen

Futur II
ich werde gelegen haben
du werdest gelegen haben
er werde gelegen haben
wir werden gelegen haben
ihr werdet gelegen haben
sie werden gelegen haben

Infinitiv

Präsens
liegen

Perfekt
gelegen haben/sein*

Partizip

Partizip I
liegend

Partizip II
gelegen

Imperativ

lieg(e) (du)
liegen wir
liegt (ihr)
liegen Sie

* in Süddeutschland auch
mit *sein* konjugiert

Beispiele und Wendungen

Das Buch liegt auf dem Tisch.
Maria liegt im Urlaub gerne am Strand.
Ob wir zum See fahren können, liegt am Wetter.

im Bett liegen	*sich im Bett befinden*
in Bayern liegen	*sich (geografisch) in Bayern befinden*
München liegt an der Isar.	*München ist am Ufer des Flusses Isar.*
Im Winter liegt hier Schnee.	*Im Winter ist hier eine Schneeschicht.*
im Krankenhaus liegen	*zur Behandlung im Krankenhaus sein*
im Koma liegen	*sich im Koma befinden*
in Trümmern liegen	*zerstört sein*
Physik liegt mir nicht.	*Ich habe keine Begabung für Physik.*
Das liegt an den hohen Kosten.	*Der Grund dafür sind die hohen Kosten.*
Das liegt an Stefan.	*Stefan ist schuld / verantwortlich dafür.*
Das liegt bei dir.	*Das kannst du frei entscheiden.*

Besonderheiten

Normalerweise bildet man die zusammengesetzten Zeiten von **liegen** mit dem Hilfsverb
haben, in Süddeutschland, Österreich und der Schweiz meist mit **sein**.

z. B. Er <u>hat</u> auf dem Boden gelegen. (allgemein)
       Er <u>ist</u> auf dem Boden gelegen. (süddeutsch)

Tipp

Vor allem im Perfekt kann man die Formen von **liegen** leicht mit den Formen von *legen*
(regelmäßig, → Nr. 4) verwechseln.

z. B. er hat gelegt   er hat etwas positioniert (Aktion)
      er hat gelegen   er befand sich in einer wagerechten Position (Zustand)

lügen – log – gelogen

Indikativ

Präsens

ich lüge
du lügst
er lügt
wir lügen
ihr lügt
sie lügen

Perfekt

ich habe   gelogen
du hast   gelogen
er hat   gelogen
wir haben   gelogen
ihr habt   gelogen
sie haben   gelogen

Futur I

ich werde   lügen
du wirst   lügen
er wird   lügen
wir werden   lügen
ihr werdet   lügen
sie werden   lügen

Präteritum

ich log
du logst
er log
wir logen
ihr logt
sie logen

Plusquamperfekt

ich hatte   gelogen
du hattest   gelogen
er hatte   gelogen
wir hatten   gelogen
ihr hattet   gelogen
sie hatten   gelogen

Futur II

ich werde   gelogen haben
du wirst   gelogen haben
er wird   gelogen haben
wir werden   gelogen haben
ihr werdet   gelogen haben
sie werden   gelogen haben

Konjunktiv

Präsens

ich lüge
du lügest
er lüge
wir lügen
ihr lüget
sie lügen

Perfekt

ich habe   gelogen
du habest   gelogen
er habe   gelogen
wir haben   gelogen
ihr habet   gelogen
sie haben   gelogen

Futur I

ich werde   lügen
du werdest   lügen
er werde   lügen
wir werden   lügen
ihr werdet   lügen
sie werden   lügen

Präteritum

ich löge
du lögest
er löge
wir lögen
ihr löget
sie lögen

Plusquamperfekt

ich hätte   gelogen
du hättest   gelogen
er hätte   gelogen
wir hätten   gelogen
ihr hättet   gelogen
sie hätten   gelogen

Futur II

ich werde   gelogen haben
du werdest   gelogen haben
er werde   gelogen haben
wir werden   gelogen haben
ihr werdet   gelogen haben
sie werden   gelogen haben

Infinitiv

Präsens

lügen

Perfekt

gelogen haben

Partizip

Partizip I

lügend

Partizip II

gelogen

Imperativ

lüg(e) (du)
lügen wir
lügt (ihr)
lügen Sie

Beispiele und Wendungen

Glaub ihr nicht, sie lügt!
Er hat gelogen, als er dir sagte, er sei nicht verheiratet.

etwas ist gelogen	*etwas ist nicht wahr*
jmdm. ins Gesicht lügen	*jmdm. persönlich Unwahres sagen*
jmd. lügt wie gedruckt	*jmd. lügt sehr viel*
jmd. lügt, dass sich die Balken biegen	*jmd. sagt spektakuläre Unwahrheiten*

Weitere Verben

belügen – betrügen – trügen

Warum belügst du mich?	*Warum sagst du mir die Unwahrheit?*
sich selbst belügen	*die Wahrheit nicht sehen wollen*
Sie betrügt ihren Mann.	*Sie ist ihm untreu.*
Der Schein trügt.	*Etwas ist nicht so, wie es aussieht.*

Tipp

Üben Sie belügen und betrügen – natürlich nicht wirklich, sondern mit einem kleinen Würfelspiel!
Würfeln Sie zuerst einmal für das Subjekt – z. B. 2 (→ du). Dann würfeln Sie ein zweites Mal für die Zeit – z. B. 6 (→ Futur), und schließlich nochmal für das Objekt –
z. B. 4 (→ wir). Bilden Sie dann einen Satz, der sagt, wer wen wann belügt oder betrügt.

z. B. 2 + 6 + 4 = Du wirst uns belügen.
    3 + 1 + 2 = Thomas belügt dich.
    6 + 3 + 4 = Unsere Lehrer haben uns belogen.
Die Personen können Sie austauschen – und natürlich auch die Verben. Achten Sie aber immer darauf, für das Objekt den richtigen Kasus zu verwenden!

ich / Präsens	wir / Plusquamperfekt
du / Präteritum	ihr / Konditional I
Thomas / Perfekt	unsere Lehrer / Futur

58 **messen**

messen – maß – gemessen

Stammvokalwechsel **e – a – e** / Vokalwechsel im Präsens (siehe S. 13) / **s**-Ausfall (siehe S. 45) / Ausfall des Doppel-konsonanten (siehe S. 46) / **e**-Einschub (siehe S. 44)

Indikativ

Präsens

ich messe
du misst
er misst
wir messen
ihr messt
sie messen

Perfekt

ich habe gemessen
du hast gemessen
er hat gemessen
wir haben gemessen
ihr habt gemessen
sie haben gemessen

Futur I

ich werde messen
du wirst messen
er wird messen
wir werden messen
ihr werdet messen
sie werden messen

Präteritum

ich maß
du maßest
er maß
wir maßen
ihr maß(e)t
sie maßen

Plusquamperfekt

ich hatte gemessen
du hattest gemessen
er hatte gemessen
wir hatten gemessen
ihr hattet gemessen
sie hatten gemessen

Futur II

ich werde gemessen haben
du wirst gemessen haben
er wird gemessen haben
wir werden gemessen haben
ihr werdet gemessen haben
sie werden gemessen haben

Konjunktiv

Präsens

ich messe
du messest
er messe
wir messen
ihr messet
sie messen

Perfekt

ich habe gemessen
du habest gemessen
er habe gemessen
wir haben gemessen
ihr habet gemessen
sie haben gemessen

Futur I

ich werde messen
du werdest messen
er werde messen
wir werden messen
ihr werdet messen
sie werden messen

Präteritum

ich mäße
du mäßest
er mäße
wir mäßen
ihr mäßet
sie mäßen

Plusquamperfekt

ich hätte gemessen
du hättest gemessen
er hätte gemessen
wir hätten gemessen
ihr hättet gemessen
sie hätten gemessen

Futur II

ich werde gemessen haben
du werdest gemessen haben
er werde gemessen haben
wir werden gemessen haben
ihr werdet gemessen haben
sie werden gemessen haben

Infinitiv

Präsens

messen

Perfekt

gemessen haben

Partizip

Partizip I

messend

Partizip II

gemessen

Imperativ

miss (du)
messen wir
messt (ihr)
messen Sie

Unregelmäßiges Verb

Beispiele und Wendungen

Ein Thermometer misst die Temperatur.
Diese Fabrikhalle misst im Ganzen 2.000 Quadratmeter.

Fieber messen	*die Körpertemperatur bestimmen*
die Geschwindigkeit messen	*die Geschwindigkeit bestimmen*
die Temperatur messen	*prüfen, wie warm / kalt etwas ist*
sich mit jmdm. messen	*mit jmdm. in Wettbewerb treten*
Das Kind misst 1,40 Meter.	*Das Kind ist 1,40 Meter groß.*

Weitere Verben

essen – fressen – vergessen

Ich esse gerne Kuchen.	*Ich mag Kuchen gerne.*
Wir essen immer um 12 Uhr.	*Bei uns gibt es um 12 Uhr Mittagessen.*
Die Kuh frisst Heu.	*Die Kuh ernährt sich von Heu.*
etwas im Bus vergessen	*etwas im Bus liegenlassen*
einen Termin vergessen	*einen Termin verpassen*
Man darf nicht vergessen, dass …	*Man muss daran denken, dass …*
Vergiss es!	*Das kommt nicht in Frage!*

Besonderheiten

Denken Sie daran, dass bei **essen** im Partizip ein **g** eingefügt wird:

z. B. Er hat den ganzen Kuchen alleine ge**g**essen.

Das Verb **fressen** wird in der Standardsprache nur für Tiere benutzt. Wenn es jemand für Menschen verwendet, dann klingt es vulgär und drückt die Ablehnung oder den Ärger des Sprechers aus.

z. B. Er hat den ganzen Kuchen alleine gefressen!

127

mögen – mochte – gemocht

Indikativ

Präsens	**Perfekt**		**Futur I**	
ich mag	ich habe	gemocht	ich werde	mögen
du magst	du hast	gemocht	du wirst	mögen
er mag	er hat	gemocht	er wird	mögen
wir mögen	wir haben	gemocht	wir werden	mögen
ihr mögt	ihr habt	gemocht	ihr werdet	mögen
sie mögen	sie haben	gemocht	sie werden	mögen

Präteritum	**Plusquamperfekt**		**Futur II**	
ich mochte	ich hatte	gemocht	ich werde	gemocht haben
du mochtest	du hattest	gemocht	du wirst	gemocht haben
er mochte	er hatte	gemocht	er wird	gemocht haben
wir mochten	wir hatten	gemocht	wir werden	gemocht haben
ihr mochtet	ihr hattet	gemocht	ihr werdet	gemocht haben
sie mochten	sie hatten	gemocht	sie werden	gemocht haben

Konjunktiv

Präsens	**Perfekt**		**Futur I**	
ich möge	ich habe	gemocht	ich werde	mögen
du mögest	du habest	gemocht	du werdest	mögen
er möge	er habe	gemocht	er werde	mögen
wir mögen	wir haben	gemocht	wir werden	mögen
ihr möget	ihr habet	gemocht	ihr werdet	mögen
sie mögen	sie haben	gemocht	sie werden	mögen

Präteritum	**Plusquamperfekt**		**Futur II**	
ich möchte	ich hätte	gemocht	ich werde	gemocht haben
du möchtest	du hättest	gemocht	du werdest	gemocht haben
er möchte	er hätte	gemocht	er werde	gemocht haben
wir möchten	wir hätten	gemocht	wir werden	gemocht haben
ihr möchtet	ihr hättet	gemocht	ihr werdet	gemocht haben
sie möchten	sie hätten	gemocht	sie werden	gemocht haben

Infinitiv

Präsens

mögen

Perfekt

gemocht haben

Partizip

Partizip I

mögend

Partizip II

gemocht

Imperativ*

mögest (du)	+ Infinitiv
mögen wir	+ Infinitiv
mög(e)t (ihr)	+ Infinitiv
mögen (Sie)	+ Infinitiv

* gehobene Sprache

Beispiele und Wendungen
Jan mochte Julia schon immer.
Katharina mag klassische Musik.

jmdn. (gern) mögen	*Zuneigung zu jmdm. empfinden*
etwas (gern) mögen	*eine Vorliebe für etwas haben*
etwas gar nicht mögen	*etwas nicht leiden können*
Was möchtest du?	*Was hättest du gern?*
Ich mag nicht mehr.	*Ich will nicht mehr weitermachen.*
Sie mag jetzt gehen.	*Sie will jetzt gehen.*
Ich möchte das Museum sehen.	*Ich würde gern das Museum sehen.*
Was mag da wohl passiert sein?	*Ich frage mich, was da wohl passiert ist.*
Das mag schon sein, aber …	*Das könnte sein, aber …*

Weitere Verben
vermögen

Das vermochte ihm nicht zu helfen.	*Das konnte ihm nicht helfen.*

Besonderheiten
Steht im Satz neben **mögen** ein zweites Verb, so wird in Perfekt und Plusquamperfekt die Form *mögen* statt Partizip II verwendet. In dieser Funktion drückt es einen Wunsch oder ein Bedürfnis aus, der als etwas schwächer oder höflicher als mit *will* empfunden wird. Die Form, die dafür verwendet wird, ist der Konjunktiv II.
z. B. Die Gäste <u>möchten</u> später noch Kaffee trinken.

Wenn im Satz kein zweites Verb neben **mögen** verwendet wird, benötigt man für die zusammengesetzten Zeiten die Form *gemocht*.
z. B. Sie hat Rosen sehr <u>gemocht</u>.

müssen – musste – gemusst

Indikativ

Präsens	Perfekt		Futur I	
ich muss	ich habe	gemusst	ich werde	müssen
du musst	du hast	gemusst	du wirst	müssen
er muss	er hat	gemusst	er wird	müssen
wir müssen	wir haben	gemusst	wir werden	müssen
ihr müsst	ihr habt	gemusst	ihr werdet	müssen
sie müssen	sie haben	gemusst	sie werden	müssen

Präteritum	Plusquamperfekt		Futur II	
ich musste	ich hatte	gemusst	ich werde	gemusst haben
du musstest	du hattest	gemusst	du wirst	gemusst haben
er musste	er hatte	gemusst	er wird	gemusst haben
wir mussten	wir hatten	gemusst	wir werden	gemusst haben
ihr musstet	ihr hattet	gemusst	ihr werdet	gemusst haben
sie mussten	sie hatten	gemusst	sie werden	gemusst haben

Konjunktiv

Präsens	Perfekt		Futur I	
ich müsse	ich habe	gemusst	ich werde	müssen
du müssest	du habest	gemusst	du werdest	müssen
er müsse	er habe	gemusst	er werde	müssen
wir müssen	wir haben	gemusst	wir werden	müssen
ihr müsset	ihr habet	gemusst	ihr werdet	müssen
sie müssen	sie haben	gemusst	sie werden	müssen

Präteritum	Plusquamperfekt		Futur II	
ich müsste	ich hätte	gemusst	ich werde	gemusst haben
du müsstest	du hättest	gemusst	du werdest	gemusst haben
er müsste	er hätte	gemusst	er werde	gemusst haben
wir müssten	wir hätten	gemusst	wir werden	gemusst haben
ihr müsstet	ihr hättet	gemusst	ihr werdet	gemusst haben
sie müssten	sie hätten	gemusst	sie werden	gemusst haben

Infinitiv	Partizip	Imperativ
Präsens	**Partizip I**	—
müssen	müssend	—
		—
Perfekt	**Partizip II**	—
gemusst haben	gemusst	

Beispiele und Wendungen
Der Brief muss zur Post.
Alle Kinder müssen in die Schule gehen.

etwas tun müssen	*gezwungen sein, etwas zu tun*
Ich musste lachen.	*Ich konnte nicht vermeiden zu lachen.*
Hier muss man Eintritt zahlen.	*Hier wird ein Eintrittsgeld verlangt.*
Das muss heute noch fertig werden.	*Es ist nötig, dass das heute noch fertig wird.*
Das müsste reichen.	*Das sollte ausreichen.*
So müsste es sein.	*Es wäre schön, wenn es so wäre.*
Man muss die Suppe umrühren.	*Es ist nötig, die Suppe umzurühren.*
Das musste ich einfach sehen.	*Das wollte ich unbedingt sehen.*
Ich muss mal.	*Ich muss zur Toilette gehen.*

Besonderheiten
müssen steht im Satz häufig gemeinsam mit einem anderen Verb. Meist drückt es dann einen Zwang oder eine Notwendigkeit aus. Wenn *müssen* alleine steht, benutzt man in den zusammengesetzten Zeiten *gemusst* anstelle von *müssen*. (vgl. z. B. dürfen → 28)

müssen kann auch eine Vermutung ausdrücken. Wenn sich die Vermutung auf die Vergangenheit oder Gegenwart bezieht, benutzt man meistens die Form *muss*. Die Form *müsste* verwendet man für eine Vermutung darüber, was in der Zukunft passieren wird, oder wenn man ausdrücken will, dass eine Vermutung etwas unsicherer ist.

z. B. Das <u>muss</u> jetzt 10 Jahre her <u>sein</u>.   → einigermaßen sichere Vermutung
       Das <u>müsste</u> 1997 <u>gewesen sein</u>.   → etwas unsicherere Vermutung
       Morgen <u>müsste</u> ich Zeit <u>haben</u>.   → Vermutung über Zukünftiges

nehmen – nahm – genommen

Stammvokalwechsel **e – a – o**
Vokalwechsel im Präsens mit Konsonantendopplung (siehe S. 13)

Indikativ

Präsens

ich nehme
du nimmst
er nimmt
wir nehmen
ihr nehmt
sie nehmen

Perfekt

ich habe genommen
du hast genommen
er hat genommen
wir haben genommen
ihr habt genommen
sie haben genommen

Futur I

ich werde nehmen
du wirst nehmen
er wird nehmen
wir werden nehmen
ihr werdet nehmen
sie werden nehmen

Präteritum

ich nahm
du nahmst
er nahm
wir nahmen
ihr nahmt
sie nahmen

Plusquamperfekt

ich hatte genommen
du hattest genommen
er hatte genommen
wir hatten genommen
ihr hattet genommen
sie hatten genommen

Futur II

ich werde genommen haben
du wirst genommen haben
er wird genommen haben
wir werden genommen haben
ihr werdet genommen haben
sie werden genommen haben

Konjunktiv

Präsens

ich nehme
du nehmest
er nehme
wir nehmen
ihr nehmet
sie nehmen

Perfekt

ich habe genommen
du habest genommen
er habe genommen
wir haben genommen
ihr habet genommen
sie haben genommen

Futur I

ich werde nehmen
du werdest nehmen
er werde nehmen
wir werden nehmen
ihr werdet nehmen
sie werden nehmen

Präteritum

ich nähme
du nähm(e)st
er nähme
wir nähmen
ihr nähm(e)t
sie nähmen

Plusquamperfekt

ich hätte genommen
du hättest genommen
er hätte genommen
wir hätten genommen
ihr hättet genommen
sie hätten genommen

Futur II

ich werde genommen haben
du werdest genommen haben
er werde genommen haben
wir werden genommen haben
ihr werdet genommen haben
sie werden genommen haben

Infinitiv

Präsens

nehmen

Perfekt

genommen haben

Partizip

Partizip I

nehmend

Partizip II

genommen

Imperativ

nimm (du)
nehmen wir
nehmt (ihr)
nehmen Sie

Beispiele und Wendungen

Ich nehme das Wiener Schnitzel mit Salat.
Er nahm eine Schmerztablette und fühlte sich bald besser.
Wenn du die Tasche nimmst, kann ich die zwei Koffer tragen.

etwas in die Hand nehmen	*etwas ergreifen und halten*
den Zug nehmen	*mit der Bahn fahren*
etwas ernst nehmen	*etwas als wichtig behandeln*
sich Urlaub nehmen	*nicht zur Arbeit gehen*
eine Tablette nehmen	*eine Tablette schlucken*
die Schuld auf sich nehmen	*zugeben, an etwas schuldig zu sein*
Nimm dir noch ein Stück Kuchen!	*Greif zu, iss noch ein Stück Kuchen!*
jmdn. zur Frau nehmen	*eine Frau heiraten*
sich das Leben nehmen	*sich selbst töten*

Weitere Verben

ab•nehmen – an•nehmen – auf•nehmen – sich benehmen – teil•nehmen

15 Kilo abnehmen	*15 Kilo Gewicht verlieren*
ein Angebot annehmen	*ein Angebot akzeptieren*
etwas vom Boden aufnehmen	*etwas vom Boden aufheben*
eine TV-Sendung aufnehmen	*eine Sendung auf Video aufzeichnen*
sich schlecht benehmen	*sich unangemessen verhalten*
an einem Test teilnehmen	*bei einem Test mitmachen*

Tipp

Erweitern Sie schnell Ihren Wortschatz, indem Sie Verben immer gleich mit dem Gegenteil, z. B. *nehmen ≠ geben, abnehmen ≠ zunehmen,* oder mit einem Synonym lernen, z. B. *nehmen = ergreifen, aufnehmen = aufzeichnen.*

62 **preisen**

Stammvokalwechsel **ei – ie – ie**

s-Ausfall (siehe S. 45) / **e**-Einschub (siehe S. 44)

Indikativ

Präsens

ich preise
du preist
er preist
wir preisen
ihr preist
sie preisen

Perfekt

ich habe gepriesen
du hast gepriesen
er hat gepriesen
wir haben gepriesen
ihr habt gepriesen
sie haben gepriesen

Futur I

ich werde preisen
du wirst preisen
er wird preisen
wir werden preisen
ihr werdet preisen
sie werden preisen

Präteritum

ich pries
du priesest
er pries
wir priesen
ihr pries(e)t
sie priesen

Plusquamperfekt

ich hatte gepriesen
du hattest gepriesen
er hatte gepriesen
wir hatten gepriesen
ihr hattet gepriesen
sie hatten gepriesen

Futur II

ich werde gepriesen haben
du wirst gepriesen haben
er wird gepriesen haben
wir werden gepriesen haben
ihr werdet gepriesen haben
sie werden gepriesen haben

Konjunktiv

Präsens

ich preise
du preisest
er preise
wir preisen
ihr preiset
sie preisen

Perfekt

ich habe gepriesen
du habest gepriesen
er habe gepriesen
wir haben gepriesen
ihr habet gepriesen
sie haben gepriesen

Futur I

ich werde preisen
du werdest preisen
er werde preisen
wir werden preisen
ihr werdet preisen
sie werden preisen

Präteritum

ich priese
du priesest
er priese
wir priesen
ihr prieset
sie priesen

Plusquamperfekt

ich hätte gepriesen
du hättest gepriesen
er hätte gepriesen
wir hätten gepriesen
ihr hättet gepriesen
sie hätten gepriesen

Futur II

ich werde gepriesen haben
du werdest gepriesen haben
er werde gepriesen haben
wir werden gepriesen haben
ihr werdet gepriesen haben
sie werden gepriesen haben

Infinitiv

Präsens

preisen

Perfekt

gepriesen haben

Partizip

Partizip I

preisend

Partizip II

gepriesen

Imperativ

preis(e) (du)
preisen wir
preist (ihr)
preisen Sie

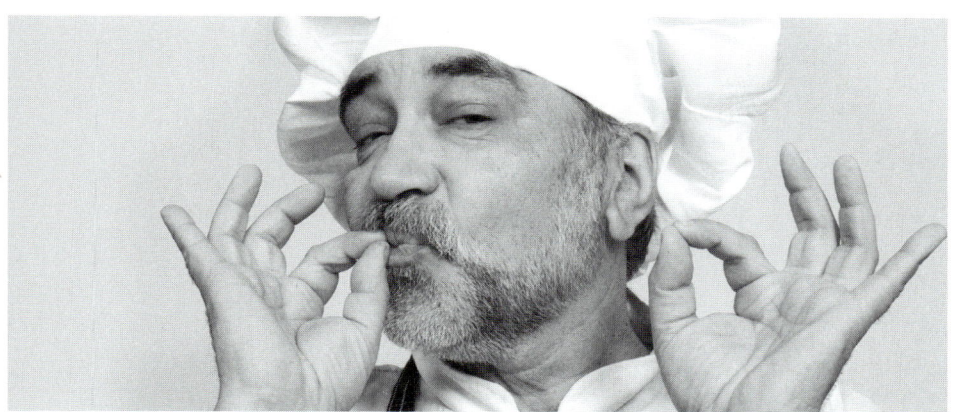

Beispiele und Wendungen

Der Koch wird überall für seine Fischsuppe gepriesen.
Die meisten Kunden preisen unseren hervorragenden Service.

ein Hotel für den Service preisen   *ein Hotel für den Service loben*

Weitere Verben

beweisen – hin•weisen – nach•weisen – überweisen – verweisen

seine Unschuld beweisen   *mit Tatsachen belegen, dass man unschuldig ist*
auf ein Verbot hinweisen   *jmdm. sagen, dass es ein Verbot gibt*
jmdm. eine Tat nachweisen   *zeigen, dass jmd. etwas getan hat*
Geld überweisen   *Geld auf ein Konto transferieren*
auf ein Buch verweisen   *ein Buch als Beleg für etwas nennen*

Besonderheiten

Das Verb **preisen** gehört in die gehobene Sprache und wird umgangs-sprachlich relativ
selten gebraucht. Ein modernerer Ausdruck ist u.a. loben.

z. B. Der Schüler wurde für seine guten Noten gelobt.

Tipp

Viele Wörter auf **-weisen** bilden Nomen, indem das **-en** des Infinitivs wegfällt,

z. B. beweisen   – der Beweis   hinweisen – der Hinweis
      nachweisen – der Nachweis   verweisen – der Verweis

überweisen bildet aber ein Nomen auf **-ung**:
      überweisen – die Überweisung

63 **raten**

raten – riet – geraten

Stammvokalwechsel **a – ie – a**
Vokalwechsel im Präsens (siehe S. 13) / **e**-Einschub
(siehe S. 45)

Indikativ

Präsens

ich rate
du rätst
er rät
wir raten
ihr ratet
sie raten

Perfekt

ich habe   geraten
du hast   geraten
er hat   geraten
wir haben geraten
ihr habt   geraten
sie haben geraten

Futur I

ich werde   raten
du wirst   raten
er wird   raten
wir werden raten
ihr werdet raten
sie werden raten

Präteritum

ich riet
du riet(e)st
er riet
wir rieten
ihr rietet
sie rieten

Plusquamperfekt

ich hatte   geraten
du hattest geraten
er hatte   geraten
wir hatten geraten
ihr hattet geraten
sie hatten geraten

Futur II

ich werde   geraten haben
du wirst   geraten haben
er wird   geraten haben
wir werden geraten haben
ihr werdet geraten haben
sie werden geraten haben

Konjunktiv

Präsens

ich rate
du ratest
er rate
wir raten
ihr ratet
sie raten

Perfekt

ich habe   geraten
du habest geraten
er habe   geraten
wir haben geraten
ihr habet   geraten
sie haben geraten

Futur I

ich werde   raten
du werdest raten
er werde   raten
wir werden raten
ihr werdet raten
sie werden raten

Präteritum

ich riete
du rietest
er riete
wir rieten
ihr rietet
sie rieten

Plusquamperfekt

ich hätte   geraten
du hättest geraten
er hätte   geraten
wir hätten geraten
ihr hättet geraten
sie hätten geraten

Futur II

ich werde   geraten haben
du werdest geraten haben
er werde   geraten haben
wir werden geraten haben
ihr werdet geraten haben
sie werden geraten haben

Infinitiv

Präsens

raten

Perfekt

geraten haben

Partizip

Partizip I

ratend

Partizip II

geraten

Imperativ

rat(e) (du)
raten wir
ratet (ihr)
raten Sie

Beispiele und Wendungen

Ich rate dir, das nicht zu tun.
Wenn du die Lösung nicht weißt, kannst du nur raten.

jmdm. raten, etwas zu tun	*jmdm. empfehlen, etwas zu tun*
Rate mal!	*Sag eine Vermutung!*
Richtig geraten!	*Deine Vermutung stimmt!*

Weitere Verben

ab•raten – beraten – braten – erraten – geraten – verraten

Davon kann ich nur abraten.	*Ich empfehle sehr, das nicht zu tun.*
jmdn. beraten	*jmdm. bei einer Entscheidung helfen*
Steaks braten	*Steaks in der Pfanne zubereiten*
Der Kuchen ist gut geraten.	*Der Kuchen ist gut geworden.*
die Lösung erraten	*die richtige Lösung bei etwas vermuten*
Sein Auto ist ins Schleudern geraten.	*Sein Auto ließ sich nicht mehr steuern.*
jmdm. ein Geheimnis verraten	*jmdm. etwas Geheimes erzählen*

Tipp

Bei **raten** wechselt zwar der Stammvokal – er bleibt aber immer lang. Sprechen Sie beim Lernen die Formen für Präsens, Präteritum und das Partizip laut aus und achten Sie darauf, den Vokal deutlich lang auszusprechen.

z. B. ich r**a**te   ich r**ie**t   ich habe ger**a**ten

Wenn Sie daran denken, können Sie eine Verwechslung mit dem Verb *reiten* im Präteritum vermeiden.

wir ritten   → von **reiten**; kurzes **i,** sichtbar durch das doppelte t
wir rieten   → von **raten**; langes **i,** sichtbar durch Schreibung als *ie*

riechen – roch – gerochen   Stammvokalwechsel **ie - o - o**

Indikativ

Präsens	Perfekt		Futur I	
ich rieche	ich habe	gerochen	ich werde	riechen
du riechst	du hast	gerochen	du wirst	riechen
er riecht	er hat	gerochen	er wird	riechen
wir riechen	wir haben	gerochen	wir werden	riechen
ihr riecht	ihr habt	gerochen	ihr werdet	riechen
sie riechen	sie haben	gerochen	sie werden	riechen

Präteritum	Plusquamperfekt		Futur II	
ich roch	ich hatte	gerochen	ich werde	gerochen haben
du rochst	du hattest	gerochen	du wirst	gerochen haben
er roch	er hatte	gerochen	er wird	gerochen haben
wir rochen	wir hatten	gerochen	wir werden	gerochen haben
ihr roch(e)t	ihr hattet	gerochen	ihr werdet	gerochen haben
sie rochen	sie hatten	gerochen	sie werden	gerochen haben

Konjunktiv

Präsens	Perfekt		Futur I	
ich rieche	ich habe	gerochen	ich werde	riechen
du riechest	du habest	gerochen	du werdest	riechen
er rieche	er habe	gerochen	er werde	riechen
wir riechen	wir haben	gerochen	wir werden	riechen
ihr riechet	ihr habet	gerochen	ihr werdet	riechen
sie riechen	sie haben	gerochen	sie werden	riechen

Präteritum	Plusquamperfekt		Futur II	
ich röche	ich hätte	gerochen	ich werde	gerochen haben
du röchest	du hättest	gerochen	du werdest	gerochen haben
er röche	er hätte	gerochen	er werde	gerochen haben
wir röchen	wir hätten	gerochen	wir werden	gerochen haben
ihr röchet	ihr hättet	gerochen	ihr werdet	gerochen haben
sie röchen	sie hätten	gerochen	sie werden	gerochen haben

Infinitiv

Präsens

riechen

Perfekt

gerochen haben

Partizip

Partizip I

riechend

Partizip II

gerochen

Imperativ

riech(e) (du)
riechen wir
riecht (ihr)
riechen Sie

Beispiele und Wendungen

Die Suppe riecht hervorragend.
Hier riecht es heute aber unangenehm!
Ich habe sofort gerochen, dass es irgendwo brannte.

etwas riechen	*etwas mit der Nase wahrnehmen*
nach Blumen riechen	*im Geruch an Blumen erinnern*
Das Essen riecht aber gut.	*Das Essen duftet lecker.*
Das riecht nach Erpressung.	*Das kommt einem wie Erpressung vor.*
Ich kann ihn nicht riechen.	*Ich mag ihn überhaupt nicht.*

Weitere Verben

kriechen – sich verkriechen

über den Boden kriechen	*sich flach über den Boden bewegen*
unter die Decke kriechen	*unter eine Decke schlüpfen*
Die Schlange kriecht davon.	*Die Schlange bewegt sich weg.*
Der Verkehr kriecht.	*Der Verkehr bewegt sich langsam.*
jmd. verkriecht sich im Haus	*jmd. hält sich im Haus versteckt*

Besonderheiten

riechen kann die Fähigkeit ausdrücken, einen Geruch mit der Nase wahrzunehmen, aber auch die Tatsache, dass etwas oder jemand einen Geruch erzeugt oder von sich gibt. Manchmal kann man nicht feststellen, wer oder was einen Geruch verursacht. Hier kann man **riechen** dann auch unpersönlich mit **es** verwenden.

z. B. Sie roch sofort den frischen Kaffee.	→ aktive Wahrnehmung
Der Käse roch sehr streng.	→ Abgabe eines Geruchs
Es roch nach frischem Brot.	→ unpersönlich

rufen – rief – gerufen

Indikativ

Präsens	Perfekt	Futur I
ich rufe	ich habe gerufen	ich werde rufen
du rufst	du hast gerufen	du wirst rufen
er ruft	er hat gerufen	er wird rufen
wir rufen	wir haben gerufen	wir werden rufen
ihr ruft	ihr habt gerufen	ihr werdet rufen
sie rufen	sie haben gerufen	sie werden rufen

Präteritum	Plusquamperfekt	Futur II
ich rief	ich hatte gerufen	ich werde gerufen haben
du riefst	du hattest gerufen	du wirst gerufen haben
er rief	er hatte gerufen	er wird gerufen haben
wir riefen	wir hatten gerufen	wir werden gerufen haben
ihr rieft	ihr hattet gerufen	ihr werdet gerufen haben
sie riefen	sie hatten gerufen	sie werden gerufen haben

Konjunktiv

Präsens	Perfekt	Futur I
ich rufe	ich habe gerufen	ich werde rufen
du rufest	du habest gerufen	du werdest rufen
er rufe	er habe gerufen	er werde rufen
wir rufen	wir haben gerufen	wir werden rufen
ihr rufet	ihr habet gerufen	ihr werdet rufen
sie rufen	sie haben gerufen	sie werden rufen

Präteritum	Plusquamperfekt	Futur II
ich riefe	ich hätte gerufen	ich werde gerufen haben
du riefest	du hättest gerufen	du werdest gerufen haben
er riefe	er hätte gerufen	er werde gerufen haben
wir riefen	wir hätten gerufen	wir werden gerufen haben
ihr riefet	ihr hättet gerufen	ihr werdet gerufen haben
sie riefen	sie hätten gerufen	sie werden gerufen haben

Infinitiv

Präsens

rufen

Perfekt

gerufen haben

Partizip

Partizip I

rufend

Partizip II

gerufen

Imperativ

ruf(e) (du)
rufen wir
ruft (ihr)
rufen Sie

Beispiele und Wendungen

„Vorsicht!", rief er laut.
Ich habe nach dir gerufen, aber du hast mich nicht gehört.
Er heißt Andreas, wird aber Andi gerufen.

jmdn. rufen	*jmdn. laut auf sich aufmerksam machen*
(um) Hilfe rufen	*durch Schreien Hilfe herbeiholen*
den Arzt rufen	*telefonisch den Arzt herbeiholen*
den Kellner rufen	*im Restaurant den Kellner verlangen*

Weitere Verben

an•rufen – auf•rufen – berufen – hervor•rufen

jmdn. anrufen	*jmdn. per Telefon kontaktieren*
jmdn. aufrufen (z. B. im Wartezimmer)	*sagen, dass jmd. an der Reihe ist*
sich auf etwas berufen	*auf etwas als Quelle verweisen*
sich auf jmdn. berufen	*jmdn. als Autorität für etwas angeben*
eine Allergie hervorrufen.	*eine Allergie verursachen*

Besonderheiten

Mit **Ruf** oder **rufen** werden viele Wörter gebildet, die entweder etwas mit Telefonieren oder mit dem Holen von Hilfe zu tun haben – manche sogar mit beidem. Schreiben Sie sich die Wörter auf, oder tragen Sie sie in ein Diagramm wie dieses hier ein: So können Sie die Wörter Gruppen zuordnen und damit leichter lernen.

Telefon   Hilfe holen

Rückruf / Rufnummer / Anruf / Rufumleitung

Notruf / Rufbereitschaft / Notrufsäule / Notrufnummer

Hilferuf

Stammvokalwechsel **au – o – o**
Vokalwechsel im Präsens (siehe S. 13) / Konsonantendopplung (siehe S. 46)

saufen – soff – gesoffen

Indikativ

Präsens		Perfekt		Futur I	
ich	saufe	ich habe	gesoffen	ich werde	saufen
du	säufst	du hast	gesoffen	du wirst	saufen
er	säuft	er hat	gesoffen	er wird	saufen
wir	saufen	wir haben	gesoffen	wir werden	saufen
ihr	sauft	ihr habt	gesoffen	ihr werdet	saufen
sie	saufen	sie haben	gesoffen	sie werden	saufen

Präteritum		Plusquamperfekt		Futur II	
ich	soff	ich hatte	gesoffen	ich werde	gesoffen haben
du	soffst	du hattest	gesoffen	du wirst	gesoffen haben
er	soff	er hatte	gesoffen	er wird	gesoffen haben
wir	soffen	wir hatten	gesoffen	wir werden	gesoffen haben
ihr	sofft	ihr hattet	gesoffen	ihr werdet	gesoffen haben
sie	soffen	sie hatten	gesoffen	sie werden	gesoffen haben

Konjunktiv

Präsens		Perfekt		Futur I	
ich	saufe	ich habe	gesoffen	ich werde	saufen
du	saufest	du habest	gesoffen	du werdest	saufen
er	saufe	er habe	gesoffen	er werde	saufen
wir	saufen	wir haben	gesoffen	wir werden	saufen
ihr	saufet	ihr habet	gesoffen	ihr werdet	saufen
sie	saufen	sie haben	gesoffen	sie werden	saufen

Präteritum		Plusquamperfekt		Futur II	
ich	söffe	ich hätte	gesoffen	ich werde	gesoffen haben
du	söffest	du hättest	gesoffen	du werdest	gesoffen haben
er	söffe	er hätte	gesoffen	er werde	gesoffen haben
wir	söffen	wir hätten	gesoffen	wir werden	gesoffen haben
ihr	söffet	ihr hättet	gesoffen	ihr werdet	gesoffen haben
sie	söffen	sie hätten	gesoffen	sie werden	gesoffen haben

Infinitiv

Präsens

saufen

Perfekt

gesoffen haben

Partizip

Partizip I

saufend

Partizip II

gesoffen

Imperativ

sauf(e) (du)
saufen wir
sauft (ihr)
saufen Sie

Beispiele und Wendungen

Er säuft den ganzen Tag.
Der Hund war durstig und soff die ganze Schüssel Wasser leer.

jmd. säuft Bier	*jmd. trinkt große Mengen Bier*
Das Pferd säuft Wasser.	*Das Pferd trinkt Wasser.*
jmd. säuft	*jmd. trinkt regelmäßig zu viel Alkohol*
Das Auto säuft zu viel Benzin.	*Das Auto verbraucht zu viel Benzin.*

Weitere Verben

sich besaufen – ersaufen – versaufen

Sie besaufen sich jede Woche.	Sie betrinken sich jede Woche.
Er ist ersoffen.	Er ist ertrunken.
Sie hat ihr ganzes Geld versoffen.	Sie hat alles für Alkohol ausgegeben.

Besonderheiten

Vorsicht! Fast alle Wendungen mit dem Wort **saufen** sind umgangssprachlich oder vulgär.
Nur für Tiere, die trinken, kann man das Wort *saufen* auf jeden Fall verwenden.
Neutraler ist das Verb *trinken*, das, wenn es ohne Objekt benutzt wird, ebenfalls bedeuten
kann, dass jemand zu viel Alkohol konsumiert.

z. B. – Geht es ihm gut? – Nein. Ich glaube, er trinkt.

Tipp

Jede Zeit ist gut, um die Sprache zu üben. Nutzen Sie Leerlaufzeiten im Wartezimmer,
an der Bushaltestelle, am Flughafen, ... Auch wenn Sie Ihr Lernmaterial nicht dabei
haben, schauen Sie sich um und benennen Sie die Sachen, die Sie sehen, in der
Fremdsprache.

Stammvokalwechsel **au – o – o**

saugen – sog – gesogen

Indikativ

Präsens	Perfekt		Futur I	
ich sauge	ich habe	gesogen	ich werde	saugen
du saugst	du hast	gesogen	du wirst	saugen
er saugt	er hat	gesogen	er wird	saugen
wir saugen	wir haben	gesogen	wir werden	saugen
ihr saugt	ihr habt	gesogen	ihr werdet	saugen
sie saugen	sie haben	gesogen	sie werden	saugen

Präteritum	Plusquamperfekt		Futur II	
ich sog / saugte*	ich hatte	gesogen	ich werde	gesogen haben
du sogst / saugtest*	du hattest	gesogen	du wirst	gesogen haben
er sog / saugte*	er hatte	gesogen	er wird	gesogen haben
wir sogen / saugten*	wir hatten	gesogen	wir werden	gesogen haben
ihr sogt / saugtet*	ihr hattet	gesogen	ihr werdet	gesogen haben
sie sogen / saugten*	sie hatten	gesogen	sie werden	gesogen haben

Konjunktiv

Präsens	Perfekt		Futur I	
ich sauge	ich habe	gesogen	ich werde	saugen
du saugest	du habest	gesogen	du werdest	saugen
er sauge	er habe	gesogen	er werde	saugen
wir saugen	wir haben	gesogen	wir werden	saugen
ihr sauget	ihr habet	gesogen	ihr werdet	saugen
sie saugen	sie haben	gesogen	sie werden	saugen

Präteritum	Plusquamperfekt		Futur II	
ich söge	ich hätte	gesogen	ich werde	gesogen haben
du sögest	du hättest	gesogen	du werdest	gesogen haben
er söge	er hätte	gesogen	er werde	gesogen haben
wir sögen	wir hätten	gesogen	wir werden	gesogen haben
ihr söget	ihr hättet	gesogen	ihr werdet	gesogen haben
sie sögen	sie hätten	gesogen	sie werden	gesogen haben

Infinitiv	Partizip	Imperativ
Präsens	**Partizip I**	saug(e) (du)
saugen	saugend	saugen wir
		saugt (ihr)
Perfekt	**Partizip II**	saugen Sie
gesogen haben	gesogen / gesaugt*	

* in technischer Bedeutung nur regelmäßige Form, sonst fakultativ

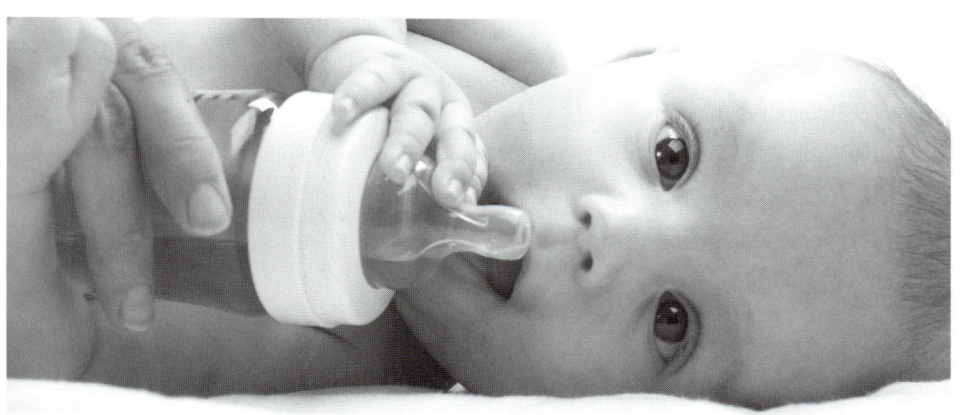

Beispiele und Wendungen

Das Baby saugt an seinem Daumen.
Ich muss noch den Teppichboden saugen, dann bin ich fertig.

an einem Strohhalm saugen	*etwas durch einen Strohhalm trinken*
sich etwas aus den Fingern saugen	*etwas spontan erfinden*
Die Pumpe saugt das Wasser aus der Maschine.	*Die Pumpe entfernt das Wasser durch Unterdruck aus der Maschine.*
den Teppich saugen	*den Teppich mit dem Staubsauger reinigen*
Vampire saugen Blut.	*Vampire beißen jmdn. und trinken dessen Blut.*

Besonderheiten

saugen kann teilweise wie ein regelmäßiges Verb konjugiert werden. In den Fällen, in denen saugen eine technische Bedeutung hat, muss sogar die regelmäßige Form stehen.

z. B. Er sog/saugte an seiner Pfeife. → nicht-technische Bedeutung, beide Formen möglich

Sie saugte gerade das Zimmer. → nur regelmäßige Form möglich

Die Maschine saugte die kalte Luft aus dem Raum. → technische Bedeutung, nur regelmäßige Form möglich

saugen kann man leicht mit dem regelmäßigen Verb (→ Nr. 4) *säugen* verwechseln.
säugen bedeutet, dass ein Tier seine Jungen Milch saugen lässt.
z. B. Die Katze säugt ihre Jungen.

Tipp

Lernen Sie selbstständig. Machen Sie sich bewusst, was für Sie wichtig ist – und was nicht. Sie müssen nicht immer alles beherrschen, was in den Büchern steht.

68 **schlafen**

schlafen – schlief – geschlafen

Stammvokalwechsel **a – ie – a**

Vokalwechsel im Präsens (siehe S. 13)

Indikativ

Präsens

ich schlafe
du schläfst
er schläft
wir schlafen
ihr schlaft
sie schlafen

Perfekt

ich habe geschlafen
du hast geschlafen
er hat geschlafen
wir haben geschlafen
ihr habt geschlafen
sie haben geschlafen

Futur I

ich werde schlafen
du wirst schlafen
er wird schlafen
wir werden schlafen
ihr werdet schlafen
sie werden schlafen

Präteritum

ich schlief
du schliefst
er schlief
wir schliefen
ihr schlieft
sie schliefen

Plusquamperfekt

ich hatte geschlafen
du hattest geschlafen
er hatte geschlafen
wir hatten geschlafen
ihr hattet geschlafen
sie hatten geschlafen

Futur II

ich werde geschlafen haben
du wirst geschlafen haben
er wird geschlafen haben
wir werden geschlafen haben
ihr werdet geschlafen haben
sie werden geschlafen haben

Konjunktiv

Präsens

ich schlafe
du schlafest
er schlafe
wir schlafen
ihr schlafet
sie schlafen

Perfekt

ich habe geschlafen
du habest geschlafen
er habe geschlafen
wir haben geschlafen
ihr habet geschlafen
sie haben geschlafen

Futur I

ich werde schlafen
du werdest schlafen
er werde schlafen
wir werden schlafen
ihr werdet schlafen
sie werden schlafen

Präteritum

ich schliefe
du schliefest
er schliefe
wir schliefen
ihr schliefet
sie schliefen

Plusquamperfekt

ich hätte geschlafen
du hättest geschlafen
er hätte geschlafen
wir hätten geschlafen
ihr hättet geschlafen
sie hätten geschlafen

Futur II

ich werde geschlafen haben
du werdest geschlafen haben
er werde geschlafen haben
wir werden geschlafen haben
ihr werdet geschlafen haben
sie werden geschlafen haben

Infinitiv

Präsens

schlafen

Perfekt

geschlafen haben

Partizip

Partizip I

schlafend

Partizip II

geschlafen

Imperativ

schlaf(e) (du)
schlafen wir
schlaft (ihr)
schlafen Sie

Beispiele und Wendungen
Er schlief tief und fest.
Die Eltern lassen die Kinder noch ein wenig schlafen.

tief schlafen	*im Schlaf durch nichts zu stören sein*
mit jmdm. schlafen	*mit jmdm. Sex haben*
in der Schule geschlafen haben	*nichts gelernt haben*
Ich muss darüber schlafen.	*Ich muss mir das noch einmal überlegen.*
Schlaf gut!	*Gute Nacht!*

Weitere Verben
aus•schlafen – ein•schlafen –verschlafen

Am Sonntag können wir ausschlafen.	*Am Sonntag müssen wir nicht früh aufstehen.*
Ich habe ausgeschlafen.	*Ich habe mich über Nacht gut erholt.*
Das Kind ist eingeschlafen.	*Das Kind schläft jetzt.*
Mein Fuß ist eingeschlafen.	*Mein Fuß ist taub und kribbelt.*
Er hat verschlafen.	*Er ist zu spät aufgewacht.*
einen Termin verschlafen	*einen Termin verpassen*

Tipp
Wenn Sie Wörter beim Lernen laut aussprechen, achten Sie stets darauf, lange und kurze Vokale zu unterscheiden. Wörter mit kurzen und langen Vokalen haben nämlich häufig unterschiedliche Bedeutungen. Kurze Vokale erkennen Sie häufig daran, dass ihnen ein doppelter Konsonant folgt.

z. B. ich schl**a**fe	→ langer Vokal, kommt von **schlafen**
die Fahne hängt schl**aff**	→ kurzer Vokal, von *schlaff* (kraftlos, formlos)

69 **schmelzen**

schmelzen – schmolz – geschmolzen

Stammvokalwechsel **e – o – o**
Vokalwechsel im Präsens (siehe S. 13) / **s**-Ausfall
(siehe S. 45) / **e**-Einschub (siehe S. 44)

Indikativ

Präsens

ich schmelze
du schmilzt
er schmilzt
wir schmelzen
ihr schmelzt
sie schmelzen

Perfekt

ich bin   geschmolzen
du bist   geschmolzen
er ist   geschmolzen
wir sind   geschmolzen
ihr seid   geschmolzen
sie sind   geschmolzen

Futur I

ich werde   schmelzen
du wirst   schmelzen
er wird   schmelzen
wir werden schmelzen
ihr werdet schmelzen
sie werden schmelzen

Präteritum

ich schmolz
du schmolzest
er schmolz
wir schmolzen
ihr schmolz(e)t
sie schmolzen

Plusquamperfekt

ich war   geschmolzen
du warst geschmolzen
er war   geschmolzen
wir waren geschmolzen
ihr wart   geschmolzen
sie waren geschmolzen

Futur II

ich werde   geschmolzen sein
du wirst   geschmolzen sein
er wird   geschmolzen sein
wir werden geschmolzen sein
ihr werdet geschmolzen sein
sie werden geschmolzen sein

Konjunktiv

Präsens

ich schmelze
du schmelzest
er schmelze
wir schmelzen
ihr schmelzet
sie schmelzen

Perfekt

ich sei   geschmolzen
du sei(e)st geschmolzen
er sei   geschmolzen
wir seien geschmolzen
ihr sei(e)t geschmolzen
sie seien geschmolzen

Futur I

ich werde   schmelzen
du werdest schmelzen
er werde   schmelzen
wir werden schmelzen
ihr werdet schmelzen
sie werden schmelzen

Präteritum

ich schmölze
du schmölzest
er schmölze
wir schmölzen
ihr schmölzet
sie schmölzen

Plusquamperfekt

ich wäre   geschmolzen
du wär(e)st geschmolzen
er wäre   geschmolzen
wir wären geschmolzen
ihr wär(e)t geschmolzen
sie wären geschmolzen

Futur II

ich werde   geschmolzen sein
du werdest geschmolzen sein
er werde   geschmolzen sein
wir werden geschmolzen sein
ihr werdet geschmolzen sein
sie werden geschmolzen sein

Infinitiv

Präsens

schmelzen

Perfekt

geschmolzen sein/haben

Partizip

Partizip I

schmelzend

Partizip II

geschmolzen

Imperativ

schmilz (du)
schmelzen wir
schmelzt (ihr)
schmelzen Sie

Beispiele und Wendungen

Das Eis ist geschmolzen.
Diese Schokolade schmilzt auf der Zunge.

Der Schnee schmilzt.	*Der Schnee wird zu Wasser.*
Gold schmelzen	*Gold verflüssigen*
in der Sonne schmelzen	*durch Sonnenwärme flüssig werden*

Weitere Verben

ein•schmelzen – verschmelzen

einen Ring einschmelzen	*einen Ring durch Hitze verflüssigen*
zwei Metalle verschmelzen	*zwei Metalle miteinander mischen*
die Farben verschmelzen	*die Farben vermischen sich*

Besonderheiten

Für die 2. Person Sing. Präsens von **schmelzen** wird heute die Form (du) **schmilzt** verwendet. Die Form (du) *schmilzest* ist veraltet.

Tipp

Denken Sie immer daran, effektiv zu lernen, gerade, wenn Sie wenig Zeit haben. Seltenere Verben – wie zum Beispiel **schmelzen** – müssen Sie nur dann lernen, wenn Sie sie etwa beruflich brauchen. Ansonsten reicht es bei solchen Wörtern, wenn Sie sie passiv beherrschen: Sie sollten sie in den jeweiligen Verbformen erkennen können – das genügt.
Und wenn Sie die Formen doch einmal selbst bilden müssen, dann greifen Sie einfach zu Ihren Verbtabellen.

schreien – schrie – geschrien

Indikativ

Präsens

ich schreie
du schreist
er schreit
wir schreien
ihr schreit
sie schreien

Perfekt

ich habe geschrien
du hast geschrien
er hat geschrien
wir haben geschrien
ihr habt geschrien
sie haben geschrien

Futur I

ich werde schreien
du wirst schreien
er wird schreien
wir werden schreien
ihr werdet schreien
sie werden schreien

Präteritum

ich schrie
du schriest
er schrie
wir schrien
ihr schriet
sie schrien

Plusquamperfekt

ich hatte geschrien
du hattest geschrien
er hatte geschrien
wir hatten geschrien
ihr hattet geschrien
sie hatten geschrien

Futur II

ich werde geschrien haben
du wirst geschrien haben
er wird geschrien haben
wir werden geschrien haben
ihr werdet geschrien haben
sie werden geschrien haben

Konjunktiv

Präsens

ich schreie
du schreiest
er schreie
wir schreien
ihr schreiet
sie schreien

Perfekt

ich habe geschrien
du habest geschrien
er habe geschrien
wir haben geschrien
ihr habet geschrien
sie haben geschrien

Futur I

ich werde schreien
du werdest schreien
er werde schreien
wir werden schreien
ihr werdet schreien
sie werden schreien

Präteritum

ich schriee
du schrieest
er schriee
wir schrieen
ihr schrieet
sie schrieen

Plusquamperfekt

ich hätte geschrien
du hättest geschrien
er hätte geschrien
wir hätten geschrien
ihr hättet geschrien
sie hätten geschrien

Futur II

ich werde geschrien haben
du werdest geschrien haben
er werde geschrien haben
wir werden geschrien haben
ihr werdet geschrien haben
sie werden geschrien haben

Infinitiv

Präsens

schreien

Perfekt

geschrien haben

Partizip

Partizip I

schreiend

Partizip II

geschrien

Imperativ

schrei(e) (du)
schreien wir
schreit (ihr)
schreien Sie

Beispiele und Wendungen

Die Kinder schreien auf dem Schulhof.
Als sie sich das Bein brach, schrie sie vor Schmerzen.
Es war so laut, dass wir schreien mussten, um gehört zu werden.

sich heiser schreien	*so laut rufen, dass man heiser wird*
vor Begeisterung schreien	*jmdm. zujubeln*
Diese Wand schreit nach Farbe.	*Ich finde, diese Wand braucht Farbe.*
vor Schmerzen schreien	*laut jammern, weil man Schmerz fühlt*

Weitere Verben

an•schreien – auf•schreien – beschreien – speien

sich anschreien	*sich lautstark streiten*
jmdn. anschreien	*jmdn. laut beschimpfen*
vor Angst aufschreien	*schreien, weil man Angst hat*
speien müssen	*sich übergeben müssen*

Besonderheiten

Vorsicht bei der Schreibung! Das Präteritum von **schreien** enthält kein zusätzliches **e** im Plural, auch wenn es häufig so ausgesprochen wird.

(wir) **schrie**	+	**en**	= **schrien**
Verbstamm im		*Endung*	
Präteritum			

speien ist ein eher altmodisches Wort für *spucken*. Häufig benutzt wird es nur noch in Verbindung mit Drachen, Vulkanen und sogenannten Feuerspuckern – Leuten, die auf Jahrmärkten damit auftreten, aus ihrem Mund große Flammen ausstoßen zu können.

schwören – schwor – geschworen

Indikativ

Präsens
ich schwöre
du schwörst
er schwört
wir schwören
ihr schwört
sie schwören

Perfekt
ich habe geschworen
du hast geschworen
er hat geschworen
wir haben geschworen
ihr habt geschworen
sie haben geschworen

Futur I
ich werde schwören
du wirst schwören
er wird schwören
wir werden schwören
ihr werdet schwören
sie werden schwören

Präteritum
ich schwor / schwur*
du schworst / schwurst*
er schwor / schwur*
wir schworen / schwuren*
ihr schwort / schwurt*
sie schworen / schwuren*

Plusquamperfekt
ich hatte geschworen
du hattest geschworen
er hatte geschworen
wir hatten geschworen
ihr hattet geschworen
sie hatten geschworen

Futur II
ich werde geschworen haben
du wirst geschworen haben
er wird geschworen haben
wir werden geschworen haben
ihr werdet geschworen haben
sie werden geschworen haben

Konjunktiv

Präsens
ich schwöre
du schwörest
er schwöre
wir schwören
ihr schwöret
sie schwören

Perfekt
ich habe geschworen
du habest geschworen
er habe geschworen
wir haben geschworen
ihr habet geschworen
sie haben geschworen

Futur I
ich werde schwören
du werdest schwören
er werde schwören
wir werden schwören
ihr werdet schwören
sie werden schwören

Präteritum
ich schwüre
du schwürest
er schwüre
wir schwüren
ihr schwüret
sie schwüren

Plusquamperfekt
ich hätte geschworen
du hättest geschworen
er hätte geschworen
wir hätten geschworen
ihr hättet geschworen
sie hätten geschworen

Futur II
ich werde geschworen haben
du werdest geschworen haben
er werde geschworen haben
wir werden geschworen haben
ihr werdet geschworen haben
sie werden geschworen haben

Infinitiv

Präsens
schwören

Perfekt
geschworen haben

Partizip

Partizip I
schwörend

Partizip II
geschworen

Imperativ

schwör(e) (du)
schwören wir
schwört (ihr)
schwören Sie

* veraltet

Beispiele und Wendungen

Er schwor mit erhobener Hand.
Ich habe mir geschworen, ihn nie wiederzusehen.

einen Eid schwören	*einen Eid ablegen*
auf die Verfassung schwören	*einen Eid auf die Verfassung ablegen*
sich etwas schwören	*sich fest vornehmen, etwas zu tun*
jmdm. ewige Treue schwören	*versprechen, jmdm. ewig treu zu sein*
Ich schwöre, ich weiß es nicht.	*Ich weiß es wirklich nicht.*
Ich könnte schwören, dass ...	*Ich bin mir sicher, dass ...*

Weitere Verben

beschwören – sich verschwören

einen Geist beschwören	*einen Geist herbeirufen*
eine Schlange beschwören	*eine Schlange mit Flötenmusik hervorlocken*
beschwören, dass etwas wahr ist	*unter Eid versichern, dass etwas wahr ist*
sich gegen jmdn. verschwören	*sich mit mehreren Leuten gegen jmdn. verbünden*
Alles hatte sich gegen ihn verschworen.	*Alles ging schief.*

Besonderheiten

Die veralteten Formen von **schwören** im Präteritum sind nur noch sehr, sehr selten zu finden. Konzentrieren Sie sich also besser gleich auf die modernen Formen.

Die veralteten Formen sind in der Tabelle mit einem * gekennzeichnet.

sehen – sah – gesehen

Stammvokalwechsel **e – a – e**

Vokalwechsel im Präsens (siehe S. 13)

Indikativ

Präsens

ich sehe
du siehst
er sieht
wir sehen
ihr seht
sie sehen

Perfekt

ich habe gesehen
du hast gesehen
er hat gesehen
wir haben gesehen
ihr habt gesehen
sie haben gesehen

Futur I

ich werde sehen
du wirst sehen
er wird sehen
wir werden sehen
ihr werdet sehen
sie werden sehen

Präteritum

ich sah
du sahst
er sah
wir sahen
ihr saht
sie sahen

Plusquamperfekt

ich hatte gesehen
du hattest gesehen
er hatte gesehen
wir hatten gesehen
ihr hattet gesehen
sie hatten gesehen

Futur II

ich werde gesehen haben
du wirst gesehen haben
er wird gesehen haben
wir werden gesehen haben
ihr werdet gesehen haben
sie werden gesehen haben

Konjunktiv

Präsens

ich sehe
du sehest
er sehe
wir sehen
ihr sehet
sie sehen

Perfekt

ich habe gesehen
du habest gesehen
er habe gesehen
wir haben gesehen
ihr habet gesehen
sie haben gesehen

Futur I

ich werde sehen
du werdest sehen
er werde sehen
wir werden sehen
ihr werdet sehen
sie werden sehen

Präteritum

ich sähe
du sähest
er sähe
wir sähen
ihr sähet
sie sähen

Plusquamperfekt

ich hätte gesehen
du hättest gesehen
er hätte gesehen
wir hätten gesehen
ihr hättet gesehen
sie hätten gesehen

Futur II

ich werde gesehen haben
du werdest gesehen haben
er werde gesehen haben
wir werden gesehen haben
ihr werdet gesehen haben
sie werden gesehen haben

Infinitiv

Präsens

sehen

Perfekt

gesehen haben

Partizip

Partizip I

sehend

Partizip II

gesehen

Imperativ

sieh (du)
sehen wir
seht (ihr)
sehen Sie

Beispiele und Wendungen

Ich habe vorhin einen Unfall gesehen.
Ich sehe darin unser größtes Problem.

Wir sehen uns morgen Abend.	*Wir treffen uns morgen Abend.*
einen Film sehen	*einen Film anschauen*
Ich sehe das anders als du.	*Ich schätze das anders ein als du.*
schlecht sehen	*Dinge visuell schlecht erkennen*
nach der Katze sehen	*sich um die Katze kümmern*
Man sieht sich!	*Bis bald! (umgangssprachlich)*

Weitere Verben

an•sehen – aus•sehen – ein•sehen – fern•sehen – geschehen – übersehen

sich etwas ansehen	*etwas betrachten*
gut aussehen	*ein schöner Anblick sein*
Es sieht schlecht aus.	*Die Chancen sind schlecht.*
einen Fehler einsehen	*einen Fehler zugeben*
eine Akte einsehen	*eine Akte lesen*
Er sieht gern fern.	*Er schaut gerne TV.*
So etwas geschieht oft.	*So etwas passiert ständig.*
etwas Wichtiges übersehen	*etwas Wichtiges nicht merken*

Tipp

Nomen zu den Verben mit sehen werden entweder mit dem Wort **-sicht** oder mit dem Wort **-sehen** gebildet. Oft gibt es sogar beide Kombinationen, die dann aber völlig unterschiedliche Bedeutungen haben können.

z. B. **aussehen** → die Aussicht: *der Blick von einem bestimmten Punkt*
→ das Aussehen: *das Erscheinungsbild von etwas*

73 **senden**

Stammvokalwechsel **e – a –a**

e-Einschub (siehe S. 45)

Indikativ

Präsens

ich sende
du sendest
er sendet
wir senden
ihr sendet
sie senden

Perfekt

ich habe gesandt
du hast gesandt
er hat gesandt
wir haben gesandt
ihr habt gesandt
sie haben gesandt

Futur I

ich werde senden
du wirst senden
er wird senden
wir werden senden
ihr werdet senden
sie werden senden

Präteritum

ich sandte
du sandtest
er sandte
wir sandten
ihr sandtet
sie sandten

Plusquamperfekt

ich hatte gesandt
du hattest gesandt
er hatte gesandt
wir hatten gesandt
ihr hattet gesandt
sie hatten gesandt

Futur II

ich werde gesandt haben
du wirst gesandt haben
er wird gesandt haben
wir werden gesandt haben
ihr werdet gesandt haben
sie werden gesandt haben

Konjunktiv

Präsens

ich sende
du sendest
er sende
wir senden
ihr sendet
sie senden

Perfekt

ich habe gesandt
du habest gesandt
er habe gesandt
wir haben gesandt
ihr habet gesandt
sie haben gesandt

Futur I

ich werde senden
du werdest senden
er werde senden
wir werden senden
ihr werdet senden
sie werden senden

Präteritum

ich sendete
du sendetest
er sendete
wir sendeten
ihr sendetet
sie sendeten

Plusquamperfekt

ich hätte gesandt
du hättest gesandt
er hätte gesandt
wir hätten gesandt
ihr hättet gesandt
sie hätten gesandt

Futur II

ich werde gesandt haben
du werdest gesandt haben
er werde gesandt haben
wir werden gesandt haben
ihr werdet gesandt haben
sie werden gesandt haben

Infinitiv

Präsens

senden

Perfekt

gesandt haben

Partizip

Partizip I

sendend

Partizip II

gesandt

Imperativ

send(e) (du)
senden wir
sendet (ihr)
senden Sie

Beispiele und Wendungen

Oma sendet dir auch viele Grüße.
Die UNO sendet Blauhelmsoldaten in Krisengebiete.

einen Brief senden	*einen Brief schicken*
eine SMS senden	*eine Textnachricht per Handy schicken*
jmdm. Geld senden	*jmdm. Geld zukommen lassen*

Weitere Verben

ab•senden – versenden – wenden

ein Paket absenden	*ein Paket losschicken*
Briefe versenden	*Briefe zur Post bringen*
Diese Nachricht wendet sich an alle.	*Diese Nachricht ist an alle gerichtet.*

Besonderheiten

senden kann in der Bedeutung von *schicken* oder *grüßen* (Grüße senden) sowohl regelmäßig (→ Nr. 4) als auch unregelmäßig konjugiert werden.
z. B. Das Päckchen wurde gesendet. = Das Päckchen wurde gesandt.

In der technischen Bedeutung (z. B. TV, Radio), ist **senden** immer regelmäßig.
z. B. Das Radio sendete ein Klavierkonzert.

wenden in der Bedeutung von Richtungswechsel oder umdrehen wird immer regelmäßig konjugiert.
z. B. Er hat das Auto gewendet.

Wenn Sie die unregelmäßigen Formen verwenden, denken Sie daran, dass man hier am Ende des Wortes **dt** schreibt, obwohl man nur ein **t** hört.
z. B. Er wandte sich an dich.   *(Er sprach dich an.)*

sieden – sott – gesotten

Stammvokalwechsel **ie – o – o**
e-Einschub (siehe S. 44) / Konsonantendopplung
(siehe S. 46)

Indikativ

Präsens

ich siede
du siedest
er siedet
wir sieden
ihr siedet
sie sieden

Perfekt

ich habe gesotten
du hast gesotten
er hat gesotten
wir haben gesotten
ihr habt gesotten
sie haben gesotten

Futur I

ich werde sieden
du wirst sieden
er wird sieden
wir werden sieden
ihr werdet sieden
sie werden sieden

Präteritum

ich sott
du sottest
er sott
wir sotten
ihr sottet
sie sotten

Plusquamperfekt

ich hatte gesotten
du hattest gesotten
er hatte gesotten
wir hatten gesotten
ihr hattet gesotten
sie hatten gesotten

Futur II

ich werde gesotten haben
du wirst gesotten haben
er wird gesotten haben
wir werden gesotten haben
ihr werdet gesotten haben
sie werden gesotten haben

Konjunktiv

Präsens

ich siede
du siedest
er siede
wir sieden
ihr siedet
sie siedet

Perfekt

ich habe gesotten
du habest gesotten
er habe gesotten
wir haben gesotten
ihr habet gesotten
sie haben gesotten

Futur I

ich werde sieden
du werdest sieden
er werde sieden
wir werden sieden
ihr werdet sieden
sie werden sieden

Präteritum

ich sötte
du söttest
er sötte
wir sötten
ihr söttet
sie sötten

Plusquamperfekt

ich hätte gesotten
du hättest gesotten
er hätte gesotten
wir hätten gesotten
ihr hättet gesotten
sie hätten gesotten

Futur II

ich werde gesotten haben
du werdest gesotten haben
er werde gesotten haben
wir werden gesotten haben
ihr werdet gesotten haben
sie werden gesotten haben

Infinitiv

Präsens

sieden

Perfekt

gesotten haben

Partizip

Partizip I

siedend

Partizip II

gesotten

Imperativ

sied(e) (du)
sieden wir
siedet (ihr)
sieden Sie

Beispiele und Wendungen

Wenn das Wasser siedet, können Sie den Kaffee aufgießen.

Das Wasser siedet.   *Das Wasser hat genau 100° Celsius.*
Die Wurst wird gesotten.   *Die Wurst wird in heißer Flüssigkeit zubereitet.*

Besonderheiten

sieden ist ein seltenes Wort, das vor allem in technischen Zusammenhängen benutzt wird. Seltener kommt es auch in Kochrezepten oder ähnlichem vor. In der Alltagssprache verwendet man eher das Wort *kochen*.

z. B. Das Wasser siedet.   (technischer Begriff)
      Das Wasser kocht.   (Umgangssprache)

Die unregelmäßigen Formen werden nur noch im Zusammenhang mit *gesottenen*, das heißt, in heißer Flüssigkeit zubereiteten Speisen gebraucht, und selbst das nur regional. Wenn Flüssigkeiten den Siedepunkt erreichen (also den Punkt, an dem sie vom flüssigen in den gasförmigen Zustand wechseln), nimmt man heute nur noch die regelmäßigen Formen von *sieden* (→ Nr. 4).

Tipp

Versuchen Sie, so viel wie möglich in der Fremdsprache zu sprechen. Eine gute Möglichkeit ist es, sich einen Tandempartner zu suchen – also jemanden, der Deutsch spricht und ihre Muttersprache lernen will.
Unterhalten Sie sich mit ihm über seine und über Ihre Interessen (abwechselnd ein Treffen in Ihrer Muttersprache, dann eines auf Deutsch).
Scheuen Sie sich nicht, über Tätigkeiten und Abläufe zu sprechen. Damit üben Sie die Anwendung der Verben, so dass diese Ihnen immer leichter fallen werden.

75 **sitzen**

Stammvokalwechsel **i – a – e**

s-Ausfall (siehe S. 45) / **e**-Einschub (siehe S. 44)

Indikativ

Präsens

ich sitze
du sitzt
er sitzt
wir sitzen
ihr sitzt
sie sitzen

Perfekt

ich habe   gesessen
du hast   gesessen
er hat   gesessen
wir haben   gesessen
ihr habt   gesessen
sie haben   gesessen

Futur I

ich werde   sitzen
du wirst   sitzen
er wird   sitzen
wir werden   sitzen
ihr werdet   sitzen
sie werden   sitzen

Präteritum

ich saß
du saßest
er saß
wir saßen
ihr saß(e)t
sie saßen

Plusquamperfekt

ich hatte   gesessen
du hattest   gesessen
er hatte   gesessen
wir hatten   gesessen
ihr hattet   gesessen
sie hatten   gesessen

Futur II

ich werde   gesessen haben
du wirst   gesessen haben
er wird   gesessen haben
wir werden   gesessen haben
ihr werdet   gesessen haben
sie werden   gesessen haben

Konjunktiv

Präsens

ich sitze
du sitzest
er sitze
wir sitzen
ihr sitzet
sie sitzen

Perfekt

ich habe   gesessen
du habest   gesessen
er habe   gesessen
wir haben   gesessen
ihr habet   gesessen
sie haben   gesessen

Futur I

ich werde   sitzen
du werdest   sitzen
er werde   sitzen
wir werden   sitzen
ihr werdet   sitzen
sie werden   sitzen

Präteritum

ich säße
du säßest
er säße
wir säßen
ihr säßet
sie säßen

Plusquamperfekt

ich hätte   gesessen
du hättest   gesessen
er hätte   gesessen
wir hätten   gesessen
ihr hättet   gesessen
sie hätten   gesessen

Futur II

ich werde   gesessen haben
du werdest   gesessen haben
er werde   gesessen haben
wir werden   gesessen haben
ihr werdet   gesessen haben
sie werden   gesessen haben

Infinitiv

Präsens

sitzen

Perfekt

gesessen haben/sein*

Partizip

Partizip I

sitzend

Partizip II

gesessen

Imperativ

sitz(e) (du)
sitzen wir
sitzt (ihr)
sitzen Sie

* in Süddeutschland auch
mit *sein* konjugiert

Beispiele und Wendungen

Die alte Dame sitzt auf einer Parkbank.
Hier ist ein Platz frei. Möchtest du lieber sitzen oder stehen?

auf einem Stuhl sitzen	*auf einem Stuhl Platz genommen haben*
über einer Aufgabe sitzen	*sich mit der Aufgabe beschäftigen*
Das Kleid sitzt perfekt.	*Das Kleid passt sehr gut.*
jmd. sitzt im Parlament	*jmd. ist Mitglied des Parlaments*
jmd. sitzt vorm Fernseher	*jmd. sieht fern*
Er muss drei Jahre sitzen.	*Er muss für drei Jahre ins Gefängnis.*
Er hat sie sitzen lassen.	*Er hat sie verlassen.*

Weitere Verben

besitzen – sitzen·bleiben

ein schönes Haus besitzen	*ein schönes Haus haben*
Sie ist sitzengeblieben.	*Sie musste ein Schuljahr wiederholen.*

Besonderheiten

sitzen kann man leicht mit dem Verb **setzen** verwechseln. *setzen* wird regelmäßig (→ Nr. 4) konjugiert und bedeutet, etwas in eine sitzende Position zu bringen. Häufig wird es reflexiv (*sich setzen*) verwendet.

z. B.   Die Mutter <u>setzt</u> ihr Kind in die Badewanne.
   <u>Setzen</u> Sie <u>sich</u>, bitte!   (reflexiv, → Nr. 7)

Wie bei einigen anderen Verben, die einen Zustand bezeichnen (z. B. *hängen* → Nr. 43) können bei **sitzen** die zusammengesetzten Zeiten in Süddeutschland auch mit *sein* anstelle von *haben* gebildet werden.

sollen – sollte – gesollt

Indikativ

Präsens
ich soll
du sollst
er soll
wir sollen
ihr sollt
sie sollen

Perfekt
ich habe gesollt
du hast gesollt
er hat gesollt
wir haben gesollt
ihr habt gesollt
sie haben gesollt

Futur I
ich werde sollen
du wirst sollen
er wird sollen
wir werden sollen
ihr werdet sollen
sie werden sollen

Präteritum
ich sollte
du solltest
er sollte
wir sollten
ihr solltet
sie sollten

Plusquamperfekt
ich hatte gesollt
du hattest gesollt
er hatte gesollt
wir hatten gesollt
ihr hattet gesollt
sie hatten gesollt

Futur II
ich werde gesollt haben
du wirst gesollt haben
er wird gesollt haben
wir werden gesollt haben
ihr werdet gesollt haben
sie werden gesollt haben

Konjunktiv

Präsens
ich solle
du sollest
er solle
wir sollen
ihr sollet
sie sollen

Perfekt
ich habe gesollt
du habest gesollt
er habe gesollt
wir haben gesollt
ihr habet gesollt
sie haben gesollt

Futur I
ich werde sollen
du werdest sollen
er werde sollen
wir werden sollen
ihr werdet sollen
sie werden sollen

Präteritum
ich sollte
du solltest
er sollte
wir sollten
ihr solltet
sie sollten

Plusquamperfekt
ich hätte gesollt
du hättest gesollt
er hätte gesollt
wir hätten gesollt
ihr hättet gesollt
sie hätten gesollt

Futur II
ich werde gesollt haben
du werdest gesollt haben
er werde gesollt haben
wir werden gesollt haben
ihr werdet gesollt haben
sie werden gesollt haben

Infinitiv

Präsens
sollen

Perfekt
gesollt haben

Partizip

Partizip I
sollend

Partizip II
gesollt

Imperativ
—
—
—
—

Beispiele und Wendungen

Michael soll heute nicht in die Schule. Er ist krank.
Man sollte in fremden Städten immer einen Stadtplan haben.

etwas soll in den Keller	*jmd. will, dass etwas in den Keller gebracht wird*
Er soll zum Chef kommen.	*Er muss zum Chef gehen.*
Man soll nicht stehlen.	*Es ist verboten zu stehlen.*
Du sollst die Gläser spülen.	*Ich erwarte, dass du die Gläser spülst.*
Du solltest Vitamine nehmen.	*Ich empfehle dir, Vitamine zu nehmen.*
Ich soll das machen.	*Ich habe den Auftrag, das zu machen.*
Soll ich das Fenster öffnen?	*Willst du, dass ich das Fenster öffne?*
Sollen wir heute ins Kino gehen?	*Willst du, dass wir ins Kino gehen?*
Dieser Mann soll viel Geld haben.	*Man sagt, dieser Mann habe viel Geld.*
Es soll ein schönes Fest werden.	*Es ist geplant, dass das Fest schön wird.*
Das hätte ich tun sollen.	*Es wäre besser gewesen, wenn ich das gemacht hätte.*

Besonderheiten

Ähnlich wie bei *müssen* (→ Nr. 60) verwendet man auch bei **sollen** nur selten das Partizip
(*gesollt*) in den zusammengesetzten Zeiten. Immer, wenn im Satz ein weiteres Verb
vorangeht, benutzt man den Infinitv *sollen*.
z. B. Ich hätte das Fenster öffnen <u>sollen</u>.

Tipp

sollen kann für Anfänger verwirrend sein, da es eine ganze Reihe von sehr
unterschiedlichen Bedeutungen hat, wie Sie an den Wendungen oben sehen können.
Lernen Sie die Wendungen gut. Wenn Sie Sätze mit **sollen** hören oder lesen, notieren
Sie sie hier – so entwickeln Sie ein Gefühl für die verschiedenen Bedeutungen.

springen – sprang – gesprungen

Indikativ

Präsens

ich springe		
du springst		
er springt		
wir springen		
ihr springt		
sie springen		

Perfekt

ich bin	gesprungen
du bist	gesprungen
er ist	gesprungen
wir sind	gesprungen
ihr seid	gesprungen
sie sind	gesprungen

Futur I

ich werde	springen
du wirst	springen
er wird	springen
wir werden	springen
ihr werdet	springen
sie werden	springen

Präteritum

ich sprang
du sprangst
er sprang
wir sprangen
ihr sprangt
sie sprangen

Plusquamperfekt

ich war	gesprungen
du warst	gesprungen
er war	gesprungen
wir waren	gesprungen
ihr wart	gesprungen
sie waren	gesprungen

Futur II

ich werde	gesprungen sein
du wirst	gesprungen sein
er wird	gesprungen sein
wir werden	gesprungen sein
ihr werdet	gesprungen sein
sie werden	gesprungen sein

Konjunktiv

Präsens

ich springe
du springest
er springe
wir springen
ihr springet
sie springen

Perfekt

ich sei	gesprungen
du sei(e)st	gesprungen
er sei	gesprungen
wir seien	gesprungen
ihr sei(e)t	gesprungen
sie seien	gesprungen

Futur I

ich werde	springen
du werdest	springen
er werde	springen
wir werden	springen
ihr werdet	springen
sie werden	springen

Präteritum

ich spränge
du sprängest
er spränge
wir sprängen
ihr spränget
sie sprängen

Plusquamperfekt

ich wäre	gesprungen
du wär(e)st	gesprungen
er wäre	gesprungen
wir wären	gesprungen
ihr wär(e)t	gesprungen
sie wären	gesprungen

Futur II

ich werde	gesprungen sein
du werdest	gesprungen sein
er werde	gesprungen sein
wir werden	gesprungen sein
ihr werdet	gesprungen sein
sie werden	gesprungen sein

Infinitiv

Präsens

springen

Perfekt

gesprungen sein

Partizip

Partizip I

springend

Partizip II

gesprungen

Imperativ

spring(e) (du)
springen wir
springt (ihr)
springen Sie

Beispiele und Wendungen

Steffi springt ins Wasser.
Der Spiegel sprang in Stücke.

Er kann sehr weit springen.   *Er kann lange Sprünge machen.*
Das Glas ist gesprungen.   *Das Glas hat einen Riss bekommen.*

Weitere Verben

gelingen – klingen – stinken – trinken – zwingen

jmdn. zu etwas zwingen   *jmdn. mit Gewalt dazu bringen, etwas zu tun*
Niemand zwingt dich dazu.   *Du musst das nicht tun.*
Es ist uns gelungen, …   *Wir haben es geschafft, …*
Das klingt gut.   *Das ist ein guter Vorschlag.*
auf etwas trinken   *einen Toast auf etwas aussprechen*
ein Glas Wasser trinken   *ein Glas Wasser zu sich nehmen*
Er trinkt.   *Er nimmt zu viel Alkohol zu sich.*
Der Käse stinkt.   *Der Käse riecht stark / unangenehm.*

Besonderheiten

Wie andere Verben, die eine Bewegung ausdrücken (z. B. gehen → Nr. 37) bildet auch **springen** die zusammengesetzten Zeiten mit **sein**. Es kann kein Vorgangspassiv bilden, zeigt aber oft im Zustandspassiv das Ergebnis einer Handlung an (→ Nr. 10).

z. B. Der Spiegel ist in der Mitte gesprungen. (→ Er ist jetzt kaputt).

Dasselbe gilt für das **gelingen**, obwohl dieses Verb keine Bewegung beschreibt.

z. B. Der Versuch ist endlich gelungen.   (→ Er hat funktioniert).

stehen – stand – gestanden

Stammvokalwechsel **e – a – a**

e-Einschub (siehe S. 44)

Indikativ

Präsens	**Perfekt**	**Futur I**
ich stehe	ich habe gestanden	ich werde stehen
du stehst	du hast gestanden	du wirst stehen
er steht	er hat gestanden	er wird stehen
wir stehen	wir haben gestanden	wir werden stehen
ihr steht	ihr habt gestanden	ihr werdet stehen
sie stehen	sie haben gestanden	sie werden stehen

Präteritum	**Plusquamperfekt**	**Futur II**
ich stand	ich hatte gestanden	ich werde gestanden haben
du stand(e)st	du hattest gestanden	du wirst gestanden haben
er stand	er hatte gestanden	er wird gestanden haben
wir standen	wir hatten gestanden	wir werden gestanden haben
ihr standet	ihr hattet gestanden	ihr werdet gestanden haben
sie standen	sie hatten gestanden	sie werden gestanden haben

Konjunktiv

Präsens	**Perfekt**	**Futur I**
ich stehe	ich habe gestanden	ich werde stehen
du stehest	du habest gestanden	du werdest stehen
er stehe	er habe gestanden	er werde stehen
wir stehen	wir haben gestanden	wir werden stehen
ihr stehet	ihr habet gestanden	ihr werdet stehen
sie stehen	sie haben gestanden	sie werden stehen

Präteritum	**Plusquamperfekt**	**Futur II**
ich stünde / stände	ich hätte gestanden	ich werde gestanden haben
du stündest / ständest	du hättest gestanden	du werdest gestanden haben
er stünde / stände	er hätte gestanden	er werde gestanden haben
wir stünden / ständen	wir hätten gestanden	wir werden gestanden haben
ihr stündet / ständet	ihr hättet gestanden	ihr werdet gestanden haben
sie stünden / ständen	sie hätten gestanden	sie werden gestanden haben

Infinitiv

Präsens

stehen

Perfekt

gestanden haben/sein*

Partizip

Partizip I

stehend

Partizip II

gestanden

Imperativ

steh(e) (du)
stehen wir
steht (ihr)
stehen Sie

* in Süddeutschland
auch mit *sein* konjugiert

Beispiele und Wendungen

Das Haus steht auf einem Berg.
Jeden morgen um halb acht stand er an der Bushaltestelle.

Die Uhr steht.	*Die Uhr funktioniert nicht.*
etwas steht in der Zeitung	*etwas ist in der Zeitung geschrieben*
Das Kleid steht dir gut.	*Das Kleid sieht an dir gut aus.*
Hans steht auf Rockmusik.	*Hans ist ein Fan von Rockmusik.*

Weitere Verben

an•stehen – bestehen – gestehen – verstehen

an der Kasse anstehen	*in der Schlange an der Kasse warten*
eine Prüfung bestehen	*eine Prüfung erfolgreich ablegen*
etwas besteht seit 1804	*etwas existiert seit 1804*
eine Tat gestehen	*zugeben, dass man etwas getan hat*
jmdn. falsch verstehen	*falsch interpretieren, was jmd. sagt*
sich mit jmdm. gut verstehen	*jmdn. gern mögen*

Besonderheiten

Die zusammengesetzten Zeiten von **stehen** und **gestehen** lauten gleich.
z. B. Ich habe gestanden.   → Perfekt von *Ich stehe.* oder von *Ich gestehe.*

Tipp

Erweitern Sie Ihren Wortschatz! Viele Wörter, die aus einem Präfix + **stehen** gebildet werden, bilden zwei oder drei verschiedene Nomen mit *-stehen*, *-standen* und *-ständnis*.
z. B. das Verstehen   – der Verstand   – das Verständnis.

Schlagen Sie die Wörter im Wörterbuch nach und notieren Sie sie hier!

stehlen – stahl – gestohlen

Stammvokalwechsel **e - a - o**

Vokalwechsel im Präsens (siehe S. 13)

Indikativ

Präsens

ich stehle
du stiehlst
er stiehlt
wir stehlen
ihr stehlt
sie stehlen

Perfekt

ich habe gestohlen
du hast gestohlen
er hat gestohlen
wir haben gestohlen
ihr habt gestohlen
sie haben gestohlen

Futur I

ich werde stehlen
du wirst stehlen
er wird stehlen
wir werden stehlen
ihr werdet stehlen
sie werden stehlen

Präteritum

ich stahl
du stahlst
er stahl
wir stahlen
ihr stahlt
sie stahlen

Plusquamperfekt

ich hatte gestohlen
du hattest gestohlen
er hatte gestohlen
wir hatten gestohlen
ihr hattet gestohlen
sie hatten gestohlen

Futur II

ich werde gestohlen haben
du wirst gestohlen haben
er wird gestohlen haben
wir werden gestohlen haben
ihr werdet gestohlen haben
sie werden gestohlen haben

Konjunktiv

Präsens

ich stehle
du stehlest
er stehle
wir stehlen
ihr stehlet
sie stehlen

Perfekt

ich habe gestohlen
du habest gestohlen
er habe gestohlen
wir haben gestohlen
ihr habet gestohlen
sie haben gestohlen

Futur I

ich werde stehlen
du werdest stehlen
er werde stehlen
wir werden stehlen
ihr werdet stehlen
sie werden stehlen

Präteritum

ich stähle / stöhle*
du stählest / stöhlest*
er stähle / stöhle*
wir stählen / stöhlen*
ihr stählet / stöhlet*
sie stählen / stöhlen*

Plusquamperfekt

ich hätte gestohlen
du hättest gestohlen
er hätte gestohlen
wir hätten gestohlen
ihr hättet gestohlen
sie hätten gestohlen

Futur II

ich werde gestohlen haben
du werdest gestohlen haben
er werde gestohlen haben
wir werden gestohlen haben
ihr werdet gestohlen haben
sie werden gestohlen haben

Infinitiv

Präsens

stehlen

Perfekt

gestohlen haben

Partizip

Partizip I

stehlend

Partizip II

gestohlen

Imperativ

stiehl (du)
stehlen wir
stehlt (ihr)
stehlen Sie

* selten

Beispiele und Wendungen

Sie hat im Kaufhaus einen Lippenstift gestohlen.
Der Dieb stiehlt teure Autos und verkauft sie an reiche Kunden.

Man soll nicht stehlen.	*Man soll keine Dinge nehmen, die einem nicht gehören.*
Er hat oft gestohlen.	*Er hat oft geklaut.*
Sie stiehlt mir meine Zeit.	*Sie verschwendet meine Zeit.*
Er kann mir gestohlen bleiben.	*Ich möchte nichts mehr mit ihm zu tun haben.*

Weitere Verben

befehlen – empfehlen

jmdm. befehlen etwas zu tun	*jmdm. sagen, dass er etwas tun muss*
jmdm. ein Buch empfehlen	*jmdm. raten, ein Buch zu lesen*
jmdm. ein Restaurant empfehlen	*jmdm. ein gutes Restaurant nennen*
Das ist nicht zu empfehlen.	*Das sollte man lieber nicht tun.*

Besonderheiten

Es gibt nicht viele Wörter im Deutschen, in denen nach einem **ie** noch ein **h** geschrieben wird, um einen langen **i**-Laut zu markieren. Hier haben Sie zwei der wichtigsten Ausnahmen! Achten Sie also auf die Rechtschreibung in den Formen „du st<u>ieh</u>lst" und „er empf<u>ieh</u>lt".

Tipp

Lassen Sie sich nicht täuschen! Das Wort **fehlen** wird im Gegensatz zu *befehlen* und *empfehlen* regelmäßig konjugiert, da es trotz der Ähnlichkeit nicht wirklich mit diesen Wörtern verwandt ist.
z. B. er <u>befiehlt</u>   aber: er <u>fehlt</u>

Stammvokalwechsel **e –a – o**

Vokalwechsel im Präsens (siehe S. 13)

Indikativ

Präsens	Perfekt		Futur I	
ich sterbe	ich bin	gestorben	ich werde	sterben
du stirbst	du bist	gestorben	du wirst	sterben
er stirbt	er ist	gestorben	er wird	sterben
wir sterben	wir sind	gestorben	wir werden	sterben
ihr sterbt	ihr seid	gestorben	ihr werdet	sterben
sie sterben	sie sind	gestorben	sie werden	sterben

Präteritum	Plusquamperfekt		Futur II	
ich starb	ich war	gestorben	ich werde	gestorben sein
du starbst	du warst	gestorben	du wirst	gestorben sein
er starb	er war	gestorben	er wird	gestorben sein
wir starben	wir waren	gestorben	wir werden	gestorben sein
ihr starbt	ihr wart	gestorben	ihr werdet	gestorben sein
sie starben	sie waren	gestorben	sie werden	gestorben sein

Konjunktiv

Präsens	Perfekt		Futur I	
ich sterbe	ich sei	gestorben	ich werde	sterben
du sterbest	du sei(e)st	gestorben	du werdest	sterben
er sterbe	er sei	gestorben	er werde	sterben
wir sterben	wir seien	gestorben	wir werden	sterben
ihr sterbet	ihr sei(e)t	gestorben	ihr werdet	sterben
sie sterben	sie seien	gestorben	sie werden	sterben

Präteritum	Plusquamperfekt		Futur II	
ich stürbe	ich wäre	gestorben	ich werde	gestorben sein
du stürbest	du wär(e)st	gestorben	du werdest	gestorben sein
er stürbe	er wäre	gestorben	er werde	gestorben sein
wir stürben	wir wären	gestorben	wir werden	gestorben sein
ihr stürbet	ihr wär(e)t	gestorben	ihr werdet	gestorben sein
sie stürben	sie wären	gestorben	sie werden	gestorben sein

Infinitiv

Präsens

sterben

Perfekt

gestorben sein

Partizip

Partizip I

sterbend

Partizip II

gestorben

Imperativ

stirb (du)
sterben wir
sterbt (ihr)
sterben Sie

Beispiele und Wendungen

Alle Menschen müssen sterben.
James Dean starb 1955 bei einem Autounfall.

Er ist schon lange gestorben.	*Er ist schon seit langem tot.*
an einem Herzinfarkt sterben	*durch einen Herzinfarkt umkommen*
an Krebs sterben	*durch einen Tumor umkommen*
Das Projekt ist gestorben.	*Das Projekt wurde aufgegeben.*

Weitere Verben

sich bewerben – entwerfen – verbergen – verderben – werben – werfen

Milch verdirbt leicht.	*Milch wird schnell schlecht.*
etwas vor jmdm. verbergen	*etwas vor jmdm. verstecken*
für etwas werben	*für etwas Reklame machen*
sich um einen Job bewerben	*versuchen, einen Job zu bekommen*
einen Ball werfen	*einen Ball irgendwohin schleudern*
einen Plan entwerfen	*einen Plan entwickeln und skizzieren*

Tipp

Für **sterben** gibt es einige Synonyme. Achten Sie immer auf den Zusammenhang und den Ton, in dem diese Wörter gebraucht werden

z. B. abkratzen → vulgärer Ausdruck, abwertend
    krepieren → grob, sterben in großem Elend
    entschlafen → beschönigend, vor allem in Todesanzeigen

Neue Wendungen können Sie effektiver lernen, indem Sie versuchen, sie in einem neuen Sinn zu gebrauchen. Am Besten ist ein Zusammenhang, der mit Ihrem eigenen Leben zu tun hat, denn das können Sie sich am besten merken.
z. B. Ich habe mich gestern um einen Job in München beworben.

81 stoßen

stoßen – stieß – gestoßen

Stammvokalwechsel **o – ie – o**
Vokalwechsel im Präsens (siehe S. 13) / **s**-Ausfall
(siehe S. 45) / **e**-Einschub (siehe S. 44)

Indikativ

Präsens

ich stoße
du stößt
er stößt
wir stoßen
ihr stoßt
sie stoßen

Perfekt

ich habe   gestoßen
du hast   gestoßen
er hat   gestoßen
wir haben   gestoßen
ihr habt   gestoßen
sie haben   gestoßen

Futur I

ich werde   stoßen
du wirst   stoßen
er wird   stoßen
wir werden   stoßen
ihr werdet   stoßen
sie werden   stoßen

Präteritum

ich stieß
du stießest
er stieß
wir stießen
ihr stieß(e)t
sie stießen

Plusquamperfekt

ich hatte   gestoßen
du hattest gestoßen
er hatte   gestoßen
wir hatten   gestoßen
ihr hattet   gestoßen
sie hatten   gestoßen

Futur II

ich werde   gestoßen haben
du wirst   gestoßen haben
er wird   gestoßen haben
wir werden   gestoßen haben
ihr werdet   gestoßen haben
sie werden   gestoßen haben

Konjunktiv

Präsens

ich stoße
du stoßest
er stoße
wir stoßen
ihr stoßet
sie stoßen

Perfekt

ich habe   gestoßen
du habest   gestoßen
er habe   gestoßen
wir haben   gestoßen
ihr habet   gestoßen
sie haben   gestoßen

Futur I

ich werde   stoßen
du werdest stoßen
er werde   stoßen
wir werden   stoßen
ihr werdet   stoßen
sie werden   stoßen

Präteritum

ich stieße
du stießest
er stieße
wir stießen
ihr stießet
sie stießen

Plusquamperfekt

ich hätte   gestoßen
du hättest gestoßen
er hätte   gestoßen
wir hätten   gestoßen
ihr hättet   gestoßen
sie hätten   gestoßen

Futur II

ich werde   gestoßen haben
du werdest gestoßen haben
er werde   gestoßen haben
wir werden   gestoßen haben
ihr werdet   gestoßen haben
sie werden   gestoßen haben

Infinitiv

Präsens

stoßen

Perfekt

gestoßen haben/sein

Partizip

Partizip I

stoßend

Partizip II

gestoßen

Imperativ

stoß(e) (du)
stoßen wir
stoßt (ihr)
stoßen Sie

Beispiele und Wendungen

Er hat sich den Kopf gestoßen.
Ich bin mit dem Fuß ans Tischbein gestoßen.

auf Probleme stoßen	*unerwartet auf Probleme treffen*
auf Erdöl stoßen	*Erdöl im Boden finden*
jmdn. zur Seite stoßen	*jmdn. grob zur Seite schieben*
Er stieß mit dem Kopf an die Scheibe.	*Sein Kopf schlug an die Scheibe.*
etwas von sich stoßen	*etwas mit Kraft von sich weg schieben*

Weitere Verben

abstoßen – ausstoßen – umstoßen – zusammenstoßen

Das stößt mich ab.	*Das finde ich widerlich.*
giftige Gase ausstoßen	*giftige Gase in die Luft abgeben*
Die Autos stießen zusammen.	*Die Autos kollidierten.*
Der Körper stößt die Transplantate ab.	*Die Transplantate werden vom Körper nicht übernommen.*
eine Vase umstoßen	*eine Vase umwerfen*
mit jmdm. zusammenstoßen	*mit jmdm. kollidieren*

Besonderheiten

Verwendet man **stoßen** mit einem Präpositionalobjekt (an + Akkusativ), so bildet man die zusammengesetzten Zeiten mit **sein**. Wenn man *stoßen* aber reflexiv benutzt, um auszudrücken, dass man sich wehgetan hat, ist das richtige Hilfsverb **haben**. Wenn man einen Gegenstand irgendwohin wirft oder schiebt, verwendet man ebenfalls **haben**.

z. B. Ich bin an die Scheibe gestoßen.   (stoßen + an)
      Ich habe mir den Fuß an der Scheibe gestoßen.   (reflexiv)
      Sie hat die Kugel drei Meter weit gestoßen.   (werfen)

Indikativ

Präsens	Perfekt	Futur I
ich trage	ich habe getragen	ich werde tragen
du trägst	du hast getragen	du wirst tragen
er trägt	er hat getragen	er wird tragen
wir tragen	wir haben getragen	wir werden tragen
ihr tragt	ihr habt getragen	ihr werdet tragen
sie tragen	sie haben getragen	sie werden tragen

Präteritum	Plusquamperfekt	Futur II
ich trug	ich hatte getragen	ich werde getragen haben
du trugst	du hattest getragen	du wirst getragen haben
er trug	er hatte getragen	er wird getragen haben
wir trugen	wir hatten getragen	wir werden getragen haben
ihr trugt	ihr hattet getragen	ihr werdet getragen haben
sie trugen	sie hatten getragen	sie werden getragen haben

Konjunktiv

Präsens	Perfekt	Futur I
ich trage	ich habe getragen	ich werde tragen
du tragest	du habest getragen	du werdest tragen
er trage	er habe getragen	er werde tragen
wir tragen	wir haben getragen	wir werden tragen
ihr traget	ihr habet getragen	ihr werdet tragen
sie tragen	sie haben getragen	sie werden tragen

Präteritum	Plusquamperfekt	Futur II
ich trüge	ich hätte getragen	ich werde getragen haben
du trügest	du hättest getragen	du werdest getragen haben
er trüge	er hätte getragen	er werde getragen haben
wir trügen	wir hätten getragen	wir werden getragen haben
ihr trüget	ihr hättet getragen	ihr werdet getragen haben
sie trügen	sie hätten getragen	sie werden getragen haben

Infinitiv

Präsens

tragen

Perfekt

getragen haben

Partizip

Partizip I

tragend

Partizip II

getragen

Imperativ

trag(e) (du)
tragen wir
tragt (ihr)
tragen Sie

Beispiele und Wendungen

Die alte Dame trägt eine schwere Tasche.
Der elegante Herr trägt einen teuren Anzug und schwarze Schuhe.

einen Koffer tragen	*einen Koffer transportieren*
einen Hut tragen	*einen Hut auf dem Kopf haben*
die Haare kurz tragen	*eine Kurzhaarfrisur haben*
eine Brille tragen	*eine Brille auf der Nase haben*
die Kosten für etwas tragen	*für etwas bezahlen*

Weitere Verben

betragen – bei·tragen – ein·tragen – erfahren – fahren – nach·schlagen – schlagen

Die Temperatur beträgt 22 Grad.	*Die Temperatur liegt bei 22 Grad.*
Das Geld trägt dazu bei, dass …	*Das Geld hilft dabei, …*
etwas in eine Liste eintragen	*etwas in eine Liste schreiben*
mit dem Bus / Zug fahren	*den Bus / Zug benutzen*
Ich habe es aus der Zeitung erfahren.	*Die Zeitung hat mich darüber informiert.*
Er schlägt seine Frau.	*Er verprügelt seine Frau.*
ein Wort nachschlagen	*ein Wort im Wörterbuch suchen*

Besonderheiten

Vorsicht! Die Wendung **jemanden schlagen** hat zwei Bedeutungen.

z. B. Horst schlägt Moni.   → Horst greift Moni an.
    → Horst ist (z. B. beim Spiel) besser als Moni.

Tipp

Sprechen Sie die Verben beim Lernen so aus, dass sie etwas von der Bedeutung widerspiegeln. Wenn Sie zum Beispiel **tragen** lernen, denken Sie an schwere Koffer und atmen Sie, als ob Sie eine Last transportieren würden.

treffen – traf – getroffen

Stammvokalwechsel **e – a – o**
Vokalwechsel im Präsens (siehe S. 13) / Ausfall des
Doppelkonsonanten (siehe S. 46)

Indikativ

Präsens

ich treffe
du triffst
er trifft
wir treffen
ihr trefft
sie treffen

Perfekt

ich habe getroffen
du hast getroffen
er hat getroffen
wir haben getroffen
ihr habt getroffen
sie haben getroffen

Futur I

ich werde treffen
du wirst treffen
er wird treffen
wir werden treffen
ihr werdet treffen
sie werden treffen

Präteritum

ich traf
du trafst
er traf
wir trafen
ihr traft
sie trafen

Plusquamperfekt

ich hatte getroffen
du hattest getroffen
er hatte getroffen
wir hatten getroffen
ihr hattet getroffen
sie hatten getroffen

Futur II

ich werde getroffen haben
du wirst getroffen haben
er wird getroffen haben
wir werden getroffen haben
ihr werdet getroffen haben
sie werden getroffen haben

Konjunktiv

Präsens

ich treffe
du treffest
er treffe
wir treffen
ihr treffet
sie treffen

Perfekt

ich habe getroffen
du habest getroffen
er habe getroffen
wir haben getroffen
ihr habet getroffen
sie haben getroffen

Futur I

ich werde treffen
du werdest treffen
er werde treffen
wir werden treffen
ihr werdet treffen
sie werden treffen

Präteritum

ich träfe
du träfest
er träfe
wir träfen
ihr träfet
sie träfen

Plusquamperfekt

ich hätte getroffen
du hättest getroffen
er hätte getroffen
wir hätten getroffen
ihr hättet getroffen
sie hätten getroffen

Futur II

ich werde getroffen haben
du werdest getroffen haben
er werde getroffen haben
wir werden getroffen haben
ihr werdet getroffen haben
sie werden getroffen haben

Infinitiv

Präsens

treffen

Perfekt

getroffen haben

Partizip

Partizip I

treffend

Partizip II

getroffen

Imperativ

triff (du)
treffen wir
trefft (ihr)
treffen Sie

Beispiele und Wendungen

Ich treffe mich heute mit Katharina.
Der Pfeil traf die Zielscheibe genau in der Mitte.

sich mit jmdm. treffen	*sich mit jmdm. verabreden*
jmdn. zufällig treffen	*jmdn. zufällig irgendwo sehen*
eine Wahl treffen	*sich für etwas entscheiden*
auf Widerstand treffen	*auf Widerstand stoßen*
eine Entscheidung treffen	*etwas entscheiden und festlegen*
Das traf ihn sehr.	*Das hat ihn sehr traurig gemacht.*
Das trifft sich gut!	*Das passt gerade gut in den Plan.*
Dich trifft keine Schuld.	*Du bist daran nicht schuld.*

Weitere Verben

betreffen – ein·treffen – über·treffen – zu·treffen

Das betrifft alle Anwesenden.	*Das geht alle Anwesenden etwas an.*
Der Brief betrifft die Schule.	*In dem Brief geht es um die Schule.*
Der Zug trifft um zwei Uhr ein.	*Der Zug kommt um zwei Uhr an.*
jmdn. in etwas übertreffen	*in etwas besser sein als jmd. anderes*
Das trifft zu.	*Das ist wahr, das stimmt.*

Besonderheiten

Die zusammengesetzten Zeiten von **treffen** (und den Verben, die aus **-treffen** und einem Präfix bestehen) werden mit **haben** gebildet. Nur in der Kombination mit dem Präfix **ein-** (→ *eintreffen*) handelt es sich um ein Verb, das eine Bewegung beschreibt. Deshalb benutzt man bei eintreffen **sein**.

z. B. Ich <u>habe</u> meinen Freund zufällig im Café getroffen.
Die Filmstars <u>sind</u> am Samstag in Cannes eingetroffen.

treten – trat – getreten

Stammvokalwechsel **e – a – e**
Vokalwechsel mit Konsonantendopplung im Präsens (siehe S. 13) / **e**-Einschub (siehe S. 45)

Indikativ

Präsens

ich trete
du trittst
er tritt
wir treten
ihr tretet
sie treten

Perfekt

ich habe getreten
du hast getreten
er hat getreten
wir haben getreten
ihr habt getreten
sie haben getreten

Futur I

ich werde treten
du wirst treten
er wird treten
wir werden treten
ihr werdet treten
sie werden treten

Präteritum

ich trat
du tratst
er trat
wir traten
ihr tratet
sie traten

Plusquamperfekt

ich hatte getreten
du hattest getreten
er hatte getreten
wir hatten getreten
ihr hattet getreten
sie hatten getreten

Futur II

ich werde getreten haben
du wirst getreten haben
er wird getreten haben
wir werden getreten haben
ihr werdet getreten haben
sie werden getreten haben

Konjunktiv

Präsens

ich trete
du tretest
er trete
wir treten
ihr tretet
sie treten

Perfekt

ich habe getreten
du habest getreten
er habe getreten
wir haben getreten
ihr habet getreten
sie haben getreten

Futur I

ich werde treten
du werdest treten
er werde treten
wir werden treten
ihr werdet treten
sie werden treten

Präteritum

ich träte
du trätest
er träte
wir träten
ihr trätet
sie träten

Plusquamperfekt

ich hätte getreten
du hättest getreten
er hätte getreten
wir hätten getreten
ihr hättet getreten
sie hätten getreten

Futur II

ich werde getreten haben
du werdest getreten haben
er werde getreten haben
wir werden getreten haben
ihr werdet getreten haben
sie werden getreten haben

Infinitiv

Präsens

treten

Perfekt

getreten haben

Partizip

Partizip I

tretend

Partizip II

getreten

Imperativ

tritt (du)
treten wir
tretet (ihr)
treten Sie

Beispiele und Wendungen

Mama, das andere Kind hat mich getreten!
Bei der Tour de France treten die Fahrer kräftig in die Pedale.

jmdn. treten	*jmdn. mit dem Fuß stoßen*
den Ball treten	*den Ball kicken*
in eine Pfütze treten	*den Fuß in eine Pfütze setzen*
zur Seite treten	*einen Schritt auf die Seite gehen*
auf die Bremse treten	*bremsen*
Ein Gesetz tritt in Kraft.	*Ein Gesetz wird gültig.*

Weitere Verben

auf•treten – betreten – ein•treten – vertreten

Der Clown tritt im Zirkus auf.	*Der Clown führt etwas im Zirkus auf.*
einen Raum betreten	*in einen Raum hineingehen*
Treten Sie ein!	*Kommen Sie herein!*
für etwas / jmdn. eintreten	*sich für etwas / jmdn. einsetzen*
in einen Verein eintreten	*bei einem Verein Mitglied werden*
Wenn dieser Fall eintritt, …	*Wenn es zu dieser Situation kommt, …*
eine Meinung vertreten	*einer Meinung sein*
einen Kollegen vertreten	*Arbeit für einen Kollegen übernehmen*

Besonderheiten

Um zu entscheiden, ob man bei **treten** für die zusammengesetzten Zeiten *sein* oder *haben* benutzt, muss man den Sinn klären. Wenn es um die Bewegung geht, verwendet man **sein** – wenn es um den Stoß mit dem Fuß geht, **haben**.

z. B. Sie ist ins Zimmer getreten. → Richtung: *sein*
Er hat den Hund getreten. → Stoß, Tritt: *haben*

179

Indikativ

Präsens	Perfekt	Futur I
ich tu(e)	ich habe getan	ich werde tun
du tust	du hast getan	du wirst tun
er tut	er hat getan	er wird tun
wir tun	wir haben getan	wir werden tun
ihr tut	ihr habt getan	ihr werdet tun
sie tun	sie haben getan	sie werden tun

Präteritum	Plusquamperfekt	Futur II
ich tat	ich hatte getan	ich werde getan haben
du tat(e)st	du hattest getan	du wirst getan haben
er tat	er hatte getan	er wird getan haben
wir taten	wir hatten getan	wir werden getan haben
ihr tatet	ihr hattet getan	ihr werdet getan haben
sie taten	sie hatten getan	sie werden getan haben

Konjunktiv

Präsens	Perfekt	Futur I
ich tue	ich habe getan	ich werde tun
du tuest	du habest getan	du werdest tun
er tue	er habe getan	er werde tun
wir tun	wir haben getan	wir werden tun
ihr tuet	ihr habet getan	ihr werdet tun
sie tun	sie haben getan	sie werden tun

Präteritum	Plusquamperfekt	Futur II
ich täte	ich hätte getan	ich werde getan haben
du tätest	du hättest getan	du werdest getan haben
er täte	er hätte getan	er werde getan haben
wir täten	wir hätten getan	wir werden getan haben
ihr tätet	ihr hättet getan	ihr werdet getan haben
sie täten	sie hätten getan	sie werden getan haben

Infinitiv

Präsens

tun

Perfekt

getan haben

Partizip

Partizip I

tuend

Partizip II

getan

Imperativ

tu(e) (du)
tun wir
tut (ihr)
tun Sie

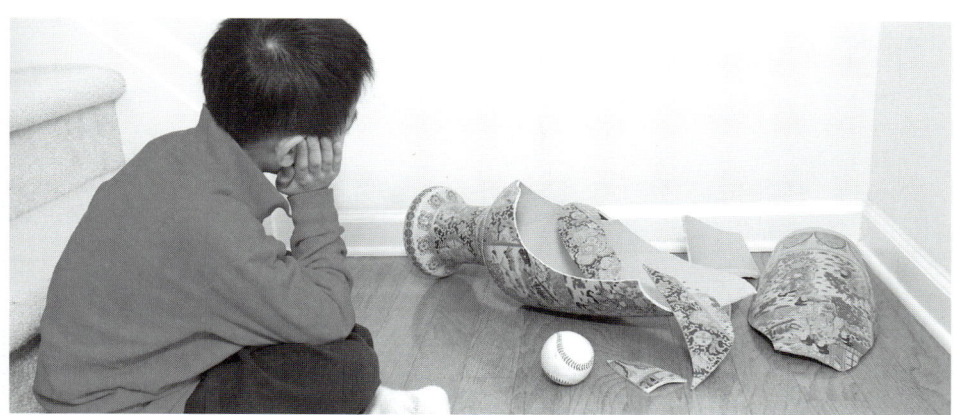

Beispiele und Wendungen

Was tust du hier?
Wenn wir etwas ändern wollen, müssen wir auch etwas dafür tun.

etwas tun	*etwas machen, eine Tätigkeit ausüben*
jmdm. etwas tun	*jmdm. Schaden zufügen*
jmdm. einen Gefallen tun	*etwas jmdm. zuliebe tun*
Tu doch nicht so!	*Verhalte dich normal!*
Damit habe ich nichts zu tun.	*Daran bin ich nicht beteiligt / Schuld.*

Weitere Verben

an•tun – gut tun – Leid tun – weh•tun

sich etwas antun	*sich selbst Schaden zufügen*
Das kannst du mir nicht antun!	*Wenn du das machst, verletzt du mich.*
Mein Kopf tut weh.	*Ich habe Kopfschmerzen.*
Er hat ihr sehr wehgetan.	*Er hat sie sehr traurig gemacht.*
Das hat mir gut getan.	*Das war gut für mich.*
Es tut mir Leid.	*Ich entschuldige mich für etwas.*
jmd. tut mir Leid	*Ich bemitleide jmdn.*
Das wird dir noch Leid tun!	*Das wirst du bereuen!*

Besonderheiten

sich etwas antun heißt wörtlich, dass sich jemand selbst einen Schaden zufügt. Häufig steht es in der Bedeutung von *sich umbringen*.
z. B. Er stand auf der Brücke und sah aus, als wolle er sich etwas antun.

Obwohl die korrekte Form von **tun** im Präsens „ich tue" lautet, verwendet man im gesprochenen Deutsch meist die kürzere Variante „ich tu".
z. B. Keine Angst, ich tu dir nichts!

verlieren – verlor – verloren

Indikativ

Präsens

ich verliere
du verlierst
er verliert
wir verlieren
ihr verliert
sie verlieren

Perfekt

ich habe verloren
du hast verloren
er hat verloren
wir haben verloren
ihr habt verloren
sie haben verloren

Futur I

ich werde verlieren
du wirst verlieren
er wird verlieren
wir werden verlieren
ihr werdet verlieren
sie werden verlieren

Präteritum

ich verlor
du verlorst
er verlor
wir verloren
ihr verlort
sie verloren

Plusquamperfekt

ich hatte verloren
du hattest verloren
er hatte verloren
wir hatten verloren
ihr hattet verloren
sie hatten verloren

Futur II

ich werde verloren haben
du wirst verloren haben
er wird verloren haben
wir werden verloren haben
ihr werdet verloren haben
sie werden verloren haben

Konjunktiv

Präsens

ich verliere
du verlierest
er verliere
wir verlieren
ihr verlieret
sie verlieren

Perfekt

ich habe verloren
du habest verloren
er habe verloren
wir haben verloren
ihr habet verloren
sie haben verloren

Futur I

ich werde verlieren
du werdest verlieren
er werde verlieren
wir werden verlieren
ihr werdet verlieren
sie werden verlieren

Präteritum

ich verlöre
du verlörest
er verlöre
wir verlören
ihr verlöret
sie verlören

Plusquamperfekt

ich hätte verloren
du hättest verloren
er hätte verloren
wir hätten verloren
ihr hättet verloren
sie hätten verloren

Futur II

ich werde verloren haben
du werdest verloren haben
er werde verloren haben
wir werden verloren haben
ihr werdet verloren haben
sie werden verloren haben

Infinitiv

Präsens

verlieren

Perfekt

verloren haben

Partizip

Partizip I

verlierend

Partizip II

verloren

Imperativ

verlier(e) (du)
verlieren wir
verliert (ihr)
verlieren Sie

Beispiele und Wendungen

Er hat beim Poker viel Geld verloren.
Der FC Bayern München hat gestern das Spiel verloren.
Ich verliere ständig Schals, Regenschirme und Handschuhe.

eine Tasche verlieren	*eine Tasche liegen oder fallen lassen, ohne es zu merken*
ein Spiel verlieren	*bei einem Spiel schlechter sein*
Geld verlieren	*finanziellen Verlust machen*
den Job verlieren	*arbeitslos werden*
die Geduld verlieren	*ungeduldig werden*

Weitere Verben

ein•frieren – erfrieren – frieren – gefrieren

Frierst du?	*Ist dir kalt?*
den Kuchen einfrieren	*den Kuchen im Tiefkühler aufbewahren*
jmd. erfriert	*jmd. stirbt durch die Kälte*
Meine Balkonpflanzen sind erfroren.	*Meine Balkonpflanzen sind durch die Kälte kaputt gegangen.*
Im Winter gefriert der See.	*Im Winter wird der See zu Eis.*

Tipp

Was haben Sie schon *verloren*? Und was **verlieren** andere öfters? Schreiben Sie Sätze – so üben Sie dieses Wort am besten!

z. B. Ich verliere oft die Schlüssel. Meine Schwester hat ein Buch verloren.

Merken Sie sich Verben, die gleich konjugiert werden in Reimen.

z. B. Leute, die den Schal **verlieren**, müssen oft im Winter **frieren**.

Stammvokalwechsel **a – u – a**

Vokalwechsel im Präsens (siehe S. 13)

Indikativ

Präsens

ich wasche
du wäschst
er wäscht
wir waschen
ihr wascht
sie waschen

Perfekt

ich habe gewaschen
du hast gewaschen
er hat gewaschen
wir haben gewaschen
ihr habt gewaschen
sie haben gewaschen

Futur I

ich werde waschen
du wirst waschen
er wird waschen
wir werden waschen
ihr werdet waschen
sie werden waschen

Präteritum

ich wusch
du wuschst
er wusch
wir wuschen
ihr wuscht
sie wuschen

Plusquamperfekt

ich hatte gewaschen
du hattest gewaschen
er hatte gewaschen
wir hatten gewaschen
ihr hattet gewaschen
sie hatten gewaschen

Futur II

ich werde gewaschen haben
du wirst gewaschen haben
er wird gewaschen haben
wir werden gewaschen haben
ihr werdet gewaschen haben
sie werden gewaschen haben

Konjunktiv

Präsens

ich wasche
du waschest
er wasche
wir waschen
ihr waschet
sie waschen

Perfekt

ich habe gewaschen
du habest gewaschen
er habe gewaschen
wir haben gewaschen
ihr habet gewaschen
sie haben gewaschen

Futur I

ich werde waschen
du werdest waschen
er werde waschen
wir werden waschen
ihr werdet waschen
sie werden waschen

Präteritum

ich wüsche
du wüschest
er wüsche
wir wüschen
ihr wüschet
sie wüschen

Plusquamperfekt

ich hätte gewaschen
du hättest gewaschen
er hätte gewaschen
wir hätten gewaschen
ihr hättet gewaschen
sie hätten gewaschen

Futur II

ich werde gewaschen haben
du werdest gewaschen haben
er werde gewaschen haben
wir werden gewaschen haben
ihr werdet gewaschen haben
sie werden gewaschen haben

Infinitiv

Präsens

waschen

Perfekt

gewaschen haben

Partizip

Partizip I

waschend

Partizip II

gewaschen

Imperativ

wasch(e) (du)
waschen wir
wascht (ihr)
waschen Sie

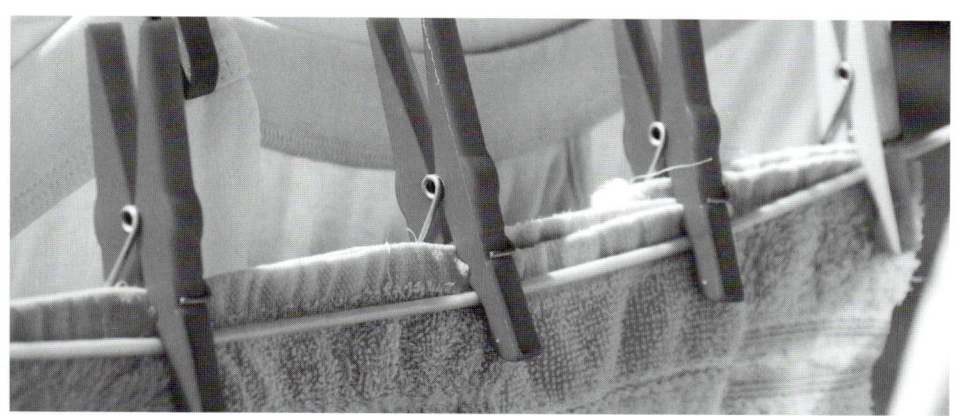

Beispiele und Wendungen

Du wäschst dir die Hände.
Die Kleider sind alle schmutzig, ich muss heute waschen.

Wäsche waschen	*Wäsche in die Maschine geben*
sich das Gesicht waschen	*sich das Gesicht mit Wasser reinigen*
ein Kind waschen	*ein Kind mit Wasser und Seife reinigen*
den Salat waschen	*den Salat unter Wasser abspülen*
das Auto waschen	*das Auto putzen*
sich kalt waschen	*sich mit kaltem Wasser reinigen*

Weitere Verben

ab•waschen – auf•wachsen – wachsen

das Geschirr abwaschen	*das Geschirr spülen / reinigen*
Ich muss noch abwaschen.	*Ich muss noch das Geschirr spülen.*
Sie ist drei Zentimeter gewachsen.	*Sie ist drei Zentimeter größer geworden.*
Die Zahlen wachsen ständig.	*Die Anzahl wird ständig mehr.*
Wo bist du aufgewachsen?	*Wo hast du als Kind gelebt?*

Besonderheiten

Wenn man **waschen** für die eigene Körperpflege verwendet, benutzt man es reflexiv.
z. B. Ich wasche <u>mich</u>.   aber   Ich wasche <u>ihm</u> die Haare.

Vorsicht – **waschen** kann man leicht mit dem Verb *wachsen* verwechseln! *Wachsen* bedeutet, größer zu werden oder einen Gegenstand mit Wachs zu bestreichen und wird regelmäßig (→ Nr. 4) konjugiert.

z. B. Er wachst seine Wanderschuhe regelmäßig.
       Meine Pflanzen wachsen sehr schnell.

wiegen – wog – gewogen

Indikativ

Präsens

ich wiege
du wiegst
er wiegt
wir wiegen
ihr wiegt
sie wiegen

Perfekt

ich habe gewogen
du hast gewogen
er hat gewogen
wir haben gewogen
ihr habt gewogen
sie haben gewogen

Futur I

ich werde wiegen
du wirst wiegen
er wird wiegen
wir werden wiegen
ihr werdet wiegen
sie werden wiegen

Präteritum

ich wog
du wogst
er wog
wir wogen
ihr wogt
sie wogen

Plusquamperfekt

ich hatte gewogen
du hattest gewogen
er hatte gewogen
wir hatten gewogen
ihr hattet gewogen
sie hatten gewogen

Futur II

ich werde gewogen haben
du wirst gewogen haben
er wird gewogen haben
wir werden gewogen haben
ihr werdet gewogen haben
sie werden gewogen haben

Konjunktiv

Präsens

ich wiege
du wiegest
er wiege
wir wiegen
ihr wieget
sie wiegen

Perfekt

ich habe gewogen
du habest gewogen
er habe gewogen
wir haben gewogen
ihr habet gewogen
sie haben gewogen

Futur I

ich werde wiegen
du werdest wiegen
er werde wiegen
wir werden wiegen
ihr werdet wiegen
sie werden wiegen

Präteritum

ich wöge
du wögest
er wöge
wir wögen
ihr wöget
sie wögen

Plusquamperfekt

ich hätte gewogen
du hättest gewogen
er hätte gewogen
wir hätten gewogen
ihr hättet gewogen
sie hätten gewogen

Futur II

ich werde gewogen haben
du werdest gewogen haben
er werde gewogen haben
wir werden gewogen haben
ihr werdet gewogen haben
sie werden gewogen haben

Infinitiv

Präsens

wiegen

Perfekt

gewogen haben

Partizip

Partizip I

wiegend

Partizip II

gewogen

Imperativ

wieg(e) (du)
wiegen wir
wiegt (ihr)
wiegen Sie

Beispiele und Wendungen

Paul wog bei seiner Geburt 3490 Gramm.
Die Marktfrau wiegt die Kartoffeln und packt sie in eine Tüte.

Wie viel wiegen Sie?	*Wie schwer sind Sie?*
Er wiegt sich täglich.	*Er überprüft täglich sein Gewicht auf der Waage.*
Der Koffer wiegt fast 15 Kilo.	*Der Koffer hat ein Gewicht von 15 Kilo.*

Weitere Verben

ab•biegen – auf•schieben – fliegen – schieben – überfliegen – verbiegen

nach Amerika fliegen	*mit dem Flugzeug nach Amerika reisen*
Die Zeit fliegt.	*Die Zeit vergeht sehr schnell.*
einen Text überfliegen	*einen Text schnell durchlesen*
einen Einkaufswagen schieben	*einen Einkaufswagen durch Druck vorwärts bewegen*
eine Aufgabe aufschieben	*eine Aufgabe nicht sofort erledigen*
einen Termin aufschieben	*einen Termin auf später verlegen*
an der Kreuzung links abbiegen	*an der Kreuzung links fahren/gehen*
etwas verbiegt sich	*etwas wird krumm / bogenförmig*
einen Löffel verbiegen	*einen Löffel knicken / verformen*

Besonderheiten

Nicht verwechseln! Es gibt ein weiteres Verb, das im Infinitiv **wiegen** heißt. Es bedeutet, zu schaukeln, oder schwankende, wellenförmige Bewegungen zu machen. Dieses Verb wird regelmäßig (→ Nr. 4) konjugiert.

z. B. Sie wiegt das Kind in ihren Armen.	*Sie schaukelt das Kind in den Armen.*
Das Gras wiegt sich im Wind.	*Das Gras wird vom Wind bewegt.*

89 **wissen**

wissen – wusste – gewusst

Stammvokalwechsel **i – u – u**
Vokalwechsel im Präsens (siehe S. 13) mit Ausfall
des Doppelkonsonanten / **s**-Ausfall (siehe S. 45)

Indikativ

Präsens

ich weiß
du weißt
er weiß
wir wissen
ihr wisst
sie wissen

Perfekt

ich habe gewusst
du hast gewusst
er hat gewusst
wir haben gewusst
ihr habt gewusst
sie haben gewusst

Futur I

ich werde wissen
du wirst wissen
er wird wissen
wir werden wissen
ihr werdet wissen
sie werden wissen

Präteritum

ich wusste
du wusstest
er wusste
wir wussten
ihr wusstet
sie wussten

Plusquamperfekt

ich hatte gewusst
du hattest gewusst
er hatte gewusst
wir hatten gewusst
ihr hattet gewusst
sie hatten gewusst

Futur II

ich werde gewusst haben
du wirst gewusst haben
er wird gewusst haben
wir werden gewusst haben
ihr werdet gewusst haben
sie werden gewusst haben

Konjunktiv

Präsens

ich wisse
du wissest
er wisse
wir wissen
ihr wisset
sie wissen

Perfekt

ich habe gewusst
du habest gewusst
er habe gewusst
wir haben gewusst
ihr habet gewusst
sie haben gewusst

Futur I

ich werde wissen
du werdest wissen
er werde wissen
wir werden wissen
ihr werdet wissen
sie werden wissen

Präteritum

ich wüsste
du wüsstest
er wüsste
wir wüssten
ihr wüsstet
sie wüssten

Plusquamperfekt

ich hätte gewusst
du hättest gewusst
er hätte gewusst
wir hätten gewusst
ihr hättet gewusst
sie hätten gewusst

Futur II

ich werde gewusst haben
du werdest gewusst haben
er werde gewusst haben
wir werden gewusst haben
ihr werdet gewusst haben
sie werden gewusst haben

Infinitiv

Präsens

wissen

Perfekt

gewusst haben

Partizip

Partizip I

wissend

Partizip II

gewusst

Imperativ

wisse (du)
wissen wir
wisst (ihr)
wissen Sie

Beispiele und Wendungen

Er weiß die Antwort.
Wissen Sie, wo der Bahnhof ist?
Weißt du noch, was du letzte Woche versprochen hast?

die Antwort wissen	*die Antwort auf etwas kennen*
keinen Rat wissen	*keine Idee haben, was man tun könnte*
etwas auswendig wissen	*etwas auswendig wiedergeben können*
wissen, wie etwas funktioniert	*eine Funktion erklären können*
Sie wusste von seinen Problemen.	*Ihr waren seine Probleme bekannt.*
Er weiß alles über Katzen.	*Er hat großes Wissen über Katzen.*
Sie weiß damit umzugehen.	*Sie kann gut damit umgehen.*
Man muss wissen, dass …	*Es ist eine wichtige Information, dass …*
Er weiß immer alles besser.	*Er will immer Recht haben.*
Das habe ich nicht gewusst.	*Das war mir nicht klar.*
Ich weiß nicht so recht.	*Ich bin mir nicht sicher.*
Was weiß ich!	*Ich habe keine Ahnung.*
Sie will nichts mehr von ihm wissen.	*Sie will mit ihm nichts mehr zu tun haben.*
Davon will ich nichts wissen.	*Damit will ich nichts zu tun haben.*
Weißt du was? Ich habe eine Idee.	*Pass auf, ich habe einen Vorschlag.*

Tipp

wissen ist ein sehr wichtiges Verb, das aber eine Menge Probleme machen kann, da es zu sehr vielen Wechseln bei den Vokalen und der **ss/ß**-Schreibung kommt. Üben Sie die Formen, indem Sie Sätze bilden, die sie schreiben und laut vorlesen. Damit üben Sie dann gleichzeitig die Aussprache und die Rechtschreibung.

wollen – wollte – gewollt

Indikativ

Präsens

ich will
du willst
er will
wir wollen
ihr wollt
sie wollen

Perfekt

ich habe gewollt
du hast gewollt
er hat gewollt
wir haben gewollt
ihr habt gewollt
sie haben gewollt

Futur I

ich werde wollen
du wirst wollen
er wird wollen
wir werden wollen
ihr werdet wollen
sie werden wollen

Präteritum

ich wollte
du wolltest
er wollte
wir wollten
ihr wolltet
sie wollten

Plusquamperfekt

ich hatte gewollt
du hattest gewollt
er hatte gewollt
wir hatten gewollt
ihr hattet gewollt
sie hatten gewollt

Futur II

ich werde gewollt haben
du wirst gewollt haben
er wird gewollt haben
wir werden gewollt haben
ihr werdet gewollt haben
sie werden gewollt haben

Konjunktiv

Präsens

ich wolle
du wollest
er wolle
wir wollen
ihr wollet
sie wollen

Perfekt

ich habe gewollt
du habest gewollt
er habe gewollt
wir haben gewollt
ihr habet gewollt
sie haben gewollt

Futur I

ich werde wollen
du werdest wollen
er werde wollen
wir werden wollen
ihr werdet wollen
sie werden wollen

Präteritum

ich wollte
du wolltest
er wollte
wir wollten
ihr wolltet
sie wollten

Plusquamperfekt

ich hätte gewollt
du hättest gewollt
er hätte gewollt
wir hätten gewollt
ihr hättet gewollt
sie hätten gewollt

Futur II

ich werde gewollt haben
du werdest gewollt haben
er werde gewollt haben
wir werden gewollt haben
ihr werdet gewollt haben
sie werden gewollt haben

Infinitiv

Präsens

wollen

Perfekt

gewollt haben

Partizip

Partizip I

wollend

Partizip II

gewollt

Imperativ

—
—
—
—

Beispiele und Wendungen

Sie will ein neues Auto.
Er wollte gerade zur Tür gehen, als das Telefon klingelte.

Was hat er denn gewollt?	*Was war denn sein Wunsch?*
Er wollte schon immer nach Panama.	*Er wünschte sich schon immer, einmal nach Panama zu reisen.*
etwas tun wollen	*beabsichtigen, etwas zu tun*
ein Haus wollen	*den Wunsch haben, ein Haus zu besitzen*
Die Beine wollen nicht mehr.	*Die Beine sind alt / müde.*
Was willst du jetzt machen?	*Was hast du jetzt vor?*
Sie will ihn gestern gesehen haben.	*Sie behauptet, ihn gestern gesehen zu haben.*

Besonderheiten

Je nach Zusammenhang kann **wollen** bedeuten, dass jemand etwas gerne hätte, oder dass jemand beabsichtigt, etwas zu tun.

z. B. Er will ein Lied hören.	→ Er würde gerne ein Lied hören.
Er will ein Lied singen.	→ Er beabsichtigt, ein Lied zu singen.

Die Formulierung „**Ich wollte nur fragen ...**" verwendet man häufig, um eine Bitte oder Frage möglichst höflich und weniger dringend erscheinen zu lassen.
z. B. Ich wollte nur fragen, ob ich auch morgen kommen kann.
       → Kann ich auch morgen kommen?

Wenn **wollen** im Satz gemeinsam mit einem anderen Verb steht, verwendet man in den zusammengesetzten Zeiten den Infinitiv *wollen* anstelle des Partizips *gewollt*.

ziehen – zog – gezogen

Stammvokalwechsel **ie – o – o**

Konsonantenwechsel **h → g**

Indikativ

Präsens	Perfekt	Futur I
ich ziehe	ich habe gezogen	ich werde ziehen
du ziehst	du hast gezogen	du wirst ziehen
er zieht	er hat gezogen	er wird ziehen
wir ziehen	wir haben gezogen	wir werden ziehen
ihr zieht	ihr habt gezogen	ihr werdet ziehen
sie ziehen	sie haben gezogen	sie werden ziehen

Präteritum	Plusquamperfekt	Futur II
ich zog	ich hatte gezogen	ich werde gezogen haben
du zogst	du hattest gezogen	du wirst gezogen haben
er zog	er hatte gezogen	er wird gezogen haben
wir zogen	wir hatten gezogen	wir werden gezogen haben
ihr zogt	ihr hattet gezogen	ihr werdet gezogen haben
sie zogen	sie hatten gezogen	sie werden gezogen haben

Konjunktiv

Präsens	Perfekt	Futur I
ich ziehe	ich habe gezogen	ich werde ziehen
du ziehest	du habest gezogen	du werdest ziehen
er ziehe	er habe gezogen	er werde ziehen
wir ziehen	wir haben gezogen	wir werden ziehen
ihr ziehet	ihr habet gezogen	ihr werdet ziehen
sie ziehen	sie haben gezogen	sie werden ziehen

Präteritum	Plusquamperfekt	Futur II
ich zöge	ich hätte gezogen	ich werde gezogen haben
du zögest	du hättest gezogen	du werdest gezogen haben
er zöge	er hätte gezogen	er werde gezogen haben
wir zögen	wir hätten gezogen	wir werden gezogen haben
ihr zöget	ihr hättet gezogen	ihr werdet gezogen haben
sie zögen	sie hätten gezogen	sie werden gezogen haben

Infinitiv

Präsens

ziehen

Perfekt

gezogen haben/sein

Partizip

Partizip I

ziehend

Partizip II

gezogen

Imperativ

zieh(e) (du)
ziehen wir
zieht (ihr)
ziehen Sie

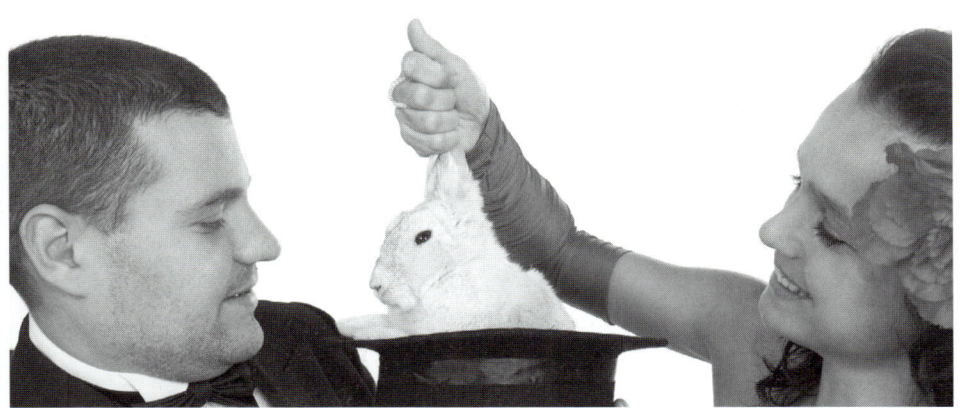

Beispiele und Wendungen

Dieser Wagen zieht einen schweren Anhänger.
Die Helfer zogen den Verletzten aus dem brennenden Autowrack.

eine Last ziehen	*eine Last durch Kraft von vorne vorwärts bewegen*
eine Karte ziehen	*beim Kartenspiel eine Karte nehmen*
einen Zahn ziehen	*einen Zahn aus dem Mund entfernen*
Die Fahrt zieht sich.	*Die Fahrt dauert sehr lang.*
Hier zieht es.	*Es gibt hier einen starken Luftzug.*
in ein anderes Land ziehen	*in ein anderes Land auswandern*
in eine neue Wohnung ziehen	*beginnen, in einer Wohnung zu wohnen*
Es zieht sie immer ans Meer.	*Sie hat oft Sehnsucht nach dem Meer.*

Weitere Verben

an•ziehen – auf•ziehen – aus•ziehen – sich beziehen – entziehen – erziehen

eine Jacke anziehen	*sich mit einer Jacke bekleiden*
Sie zieht die Männer magisch an.	*Sie wirkt auf Männer sehr attraktiv.*
Welpen aufziehen	*junge Hunde pflegen, bis sie groß sind*
ein Kleid ausziehen	*ein Kleid ablegen*
aus einem Haus ausziehen	*aufhören, in einem Haus zu wohnen*
Das bezieht sich auf ...	*Das hängt mit ... zusammen.*
ein Kind erziehen	*ein Kind versorgen und belehren*

Tipp

Erweitern Sie Ihren Wortschatz: Nomen aus Wörtern mit **-ziehen** werden oft mit *-zug* oder *-ziehung* gebildet. Schlagen Sie die Bedeutungen nach!
z. B. der An*zug* – die An*ziehung* – der Ent*zug* – die Er*ziehung*

Regelmäßige und unregelmäßige Verben mit Besonderheiten

Nachfolgende Verben weisen Abweichungen von der regelmäßigen Konjugation auf. Die unter dem Infinitiv stehende Zahl verweist auf das zugrunde liegende vollständige Konjugationsmuster.

Wechselnde Stammvokale und Besonderheiten bei der Verwendung von *sein* bzw. von *haben* sind grün hervorgehoben. Bedeutungsgleiche regelmäßige und unregelmäßige Formen sind durch Schrägstrich getrennt, Formen mit unterschiedlicher Bedeutung sind durch eine punktierte Linie voneinander abgesetzt. In der Spalte „Anmerkungen" finden Sie spezielle Informationen und helfende Hinweise. Zusätzlich werden dort Imperativformen angegeben, wenn diese wie das Präsens den Vokal wechseln (**e, ä → i, ie**). Lautliche Besonderheiten werden nur angeführt, wenn sie nicht in der Konjugation des Musterverbs auftreten.

Bedeutung der verwendeten Abkürzungen und Symbole

⇒   Verweis auf vollständiges Konjugationsmuster

→   Bedeutungsunterschied zwischen unregelmäßigen und regelmäßigen Formen bzw. bei der Verwendung von *haben* oder *sein*; Details siehe Wörterbuch

e-Einschub   Einfügen von **-e-** in der 2. und 3. Person Singular Präsens und in Präteritumsformen (siehe S. 44 und 45)

s-Ausfall   Wegfall des **-s-** in der Endung der 2. Person Singular Präsens (siehe S. 44)

K → KK   Konsonant wird beim Wechsel von langem zu kurzem Stammvokal verdoppelt (siehe S. 46)

KK → K   Aus einem Doppelkonsonanten wird beim Wechsel von kurzem zu langem Stammvokal ein einfacher Konsonant (siehe S. 46)

Vokalwechsel   Vokalwechsel im Präsens (siehe S. 13)

	Infinitiv	Präsens	Präteritum	Perfekt	Konjunktiv II	Anmerkungen
92	**backen** ⇒ 87 / 4	ich backe du bäckst / backst du backst	du bukst* / backtest du backtest	hat gebacken hat gebackt	du bükest* / backtest du backtest	* veraltet → 🔲
93	**dingen** ⇒ 5 / 4	ich dinge du dingst	du dangst* / ding- test	hat gedungen / gedingt*	du dängest* / dingtest	* selten
94	**dünken** ⇒ 4	mich / mir* dünkt	mich / mir dünkte / deuchte**	hat gedünkt / gedeucht**	—	nur unpersönlich * seltener; ** veraltet

	Infinitiv	Präsens	Präteritum	Perfekt	Konjunktiv II	Anmerkungen
95	**erkiesen** ⇑ 86/4	ich erkiese / du erkies(es)t	du erkorst / erkiestest	hat erkoren	—	nur noch Präteritum und Partizip II gebräuchlich
96	**erlöschen** ⇑ 71	ich erlösche / du erlischst	du erloschst*	ist erloschen*	du erlöschest	Vokalwechsel; * kurzes o im Präteritum und Partizip II; erlisch! → 📖
97	**gären** ⇑ 31/4	ich gäre / du gärst / du gärst	du gorst / gärtest	hat/ist gegoren / hat/ist gegärt	du görest /gärtest / du gärtest	
98	**gebären** ⇑ 5	ich gebäre / du gebärst / gebierst*	du gebarst	hat geboren	du gebärest	* gehobene Sprache; Vokalwechsel; gebäre! / gebier!*
99	**genesen** ⇑ 55	ich genese / du genest	du genasest	ist genesen	du genäsest	
100	**glimmen** ⇑ 5/4	ich glimme / du glimmst	du glommst / glimmtest	hat geglommen / geglimmt	du glömmest / glimmtest	
101	**hauen** ⇑ 4	ich haue / du haust	du hautest / hiebst*	hat gehauen / gehaut**	du hautest	* gehobene Sprache; ** regionale Variante
102	**klimmen** ⇑ 5/4	ich klimme / du klimmst	du klommst / klimmtest	ist geklommen / geklimmt	du klömmest / klimmtest	
103	**mahlen** ⇑ 4	ich mahle / du mahlst	du mahltest	hat gemahlen	du mahltest	
104	**melken** ⇑ 29/4	ich melke / du milkst* / melkst	du molkst* / melktest	hat gemolken / gemelkt	du mölkest* / melktest	*selten; milk!* / melk(e)!

	Infinitiv	Präsens	Präteritum	Perfekt	Konjunktiv II	Anmerkungen
105	**pflegen** ⇑ 4/44	ich pflege / du pflegst / du pflegst	du pflegtest / du pflögst	hat gepflegt / hat gepflogen	du pflegtest / du pflögest	↑ 📖
106	**quellen** ⇑ 29/4	ich quelle / du quillst / du quellst	du quollst / du quelltest	ist gequollen / hat gequellt	du quöllest / du quelltest	quill!; ↑ 📖; quell(e)!
107	**salzen** ⇑ 4	ich salze / du salzt	du salztest	hat gesalzen	du salztest	s-Ausfall
108	**schaffen** ⇑ 87/4	ich schaffe / du schaffst / du schaffst	du schufst / du schafftest	hat geschaffen / hat geschafft	du schüfest / du schafftest	kein Vokalwechsel; KK → K
109	**schallen** ⇑ 5/4	ich schalle / du schallst	du schollst* / schalltest	hat geschallt	du schöllest* / schalltest	* selten
110	**scheren** ⇑ 44/4	ich schere / du scherst / du scherst	du schorst* / schertest / du schertest	hat geschoren / geschert* / hat geschert	du schörest / schertest* / du schertest	* selten
111	**schinden** ⇑ 5/4	ich schinde / du schindest	du schundest* / schindetest	hat geschunden	du schündest / schindetest*	e-Einschub; * selten
112	**schleißen** ⇑ 20/4	ich schleiße / du schleißt	du schlissest / schleißtest	hat geschlissen / geschleißt	du schlissest / schleißtest	↑ 📖
113	**schnauben** ⇑ 67/4	ich schnaube / du schnaubst	du schnobst* / schnaubtest	hat geschnoben* / geschnaubt	du schnöbest* / schnaubtest	* selten

	Infinitiv	Präsens	Präteritum	Perfekt	Konjunktiv II	Anmerkungen
114	**schrecken** ⇑ 30/4	ich schrecke du schrickst / schreckst du schreckst	du schrakst / schreckst du schreckst	hat geschreckt hat geschreckt	du schräkest / schrick! / schrecke! schreckest du schrecktest	↑ □; schrecke!
115	**schwellen** ⇑ 29/4	ich schwelle du schwillst du schwellst	du schwollst schwelltest	ist geschwollen hat geschwellt	du schwöllest du schwelltest	schwill! ↑ □; schwell(e)!
116	**spalten** ⇑ 4	ich spalte du spaltest	du spaltetest	hat gespalten	du spaltetest	**e**-Einschub
117	**stecken** ⇑ 30/4	ich stecke du steckst du steckst	du stecktest du stakst* / stecktest	hat gesteckt hat gesteckt	du stecktest du stäkest* / stecktest	kein Vokalwechsel ↑ □; * gehobene Sprache
118	**triefen** ⇑ 64/4	ich triefe du triefst	du troffst* / trieftest	hat getroffen* / getrieft	du tröffest* / trieftest	K → KK; * gehobene Sprache
119	**weben** ⇑ 44/4	ich webe du webst du webst	du wobst du webtest	hat gewoben hat gewebt	du wöbest du webtest	↑ □

Verben mit Präposition

Viele Verben treten mit bestimmten Präpositionen auf. Manche Verben verlangen immer
dieselbe Präposition, andere können mit verschiedenen Präpositionen stehen. In diesem
Fall verändert die jeweilige Präposition die Bedeutung des Verbs.
Hier sehen Sie eine Liste der wichtigsten Kombinationen.

(A)   – die Präposition verlangt einen Akkusativ
(D)   – die Präposition verlangt einen Dativ
(N)   – die Präposition verlangt einen Nominativ

abhängen **von** (D)	– Unsere Wanderung hängt vom Wetter ab.
achten **auf** (A)	– Achte auf die rote Ampel!
anfangen **mit** (D)	– Wir können morgen mit dem Umzug anfangen.
ankommen **auf** (A)	– Es kommt auf die Uhrzeit an.
sich anpassen **an** (A)	– Du musst dich an die neue Mode anpassen.
anrufen **bei** (D)	– Du sollst bei Tom anrufen.
arbeiten **an** (D)	– Ich arbeite an einem neuen Buch.
sich ärgern **über** (A)	– Ich ärgere mich über das schlechte Wetter.
auffordern **zu** (D)	– Ich möchte dich zum Tanzen auffordern.
aufhören **mit** (D)	– Du musst mit dem Rauchen aufhören.
aufpassen **auf** (A)	– Die Mutter muss auf ihre Kinder aufpassen.
sich aufregen **über** (A)	– Sie regt sich immer über den Lärm auf.
ausgehen **von** (D)	– Er geht von hohen Kosten für das Projekt aus.
sich bedanken **für** (A)	– Paul bedankt sich bei Lisa für die Hilfe.
sich befassen **mit** (D)	– Das Buch befasst sich mit den Verben.
sich befreien **von** (D)	– Sie muss sich von der Last befreien.
beginnen **mit** (D)	– Wir beginnen mit den Vokabeln.
beitragen **zu** (D)	– Jeder kann etwas zur Diskussion beitragen.
sich beklagen **über** (A)	– Anna beklagt sich immer über das Wetter.
sich bemühen **um** (A)	– Ich bemühe mich stets um Klarheit.
berichten **über** (A)	– Die Journalisten berichten über den Unfall.
beruhen **auf** (D)	– Das Urteil beruht auf Beweisen.
sich beschäftigen **mit** (D)	– Ich beschäftige mich mit den Verben.
sich beschweren **über** (A)	– Der Vater beschwert sich über die Kinder.
bestehen **auf** (D)	– Sie besteht auf ihrem Recht.
bestehen **aus** (D)	– Die Gruppe besteht aus vier Personen.
sich bewerben **um** (A)	– Tina kann sich um den Job bewerben.
sich beziehen **auf** (A)	– Dieser Satz bezieht sich auf die letzte Seite.
bitten **um** (A)	– Ich bitte dich um Entschuldigung.

danken **für** (A)	– *Wir danken dafür, dass sie gekommen sind.*
denken **an** (A)	– *Denkst du an den Termin heute abend?*
dienen **zu** (D)	– *Dieses Gerät dient zum Schneiden von Glas.*
diskutieren **über** (A)	– *Sie diskutieren oft über die Politik.*
sich eignen **für** (A)	– *Anna eignet sich sehr gut für den Job.*
einladen **zu** (D)	– *Tom hat mich gestern zum Essen eingeladen.*
sich einsetzen **für** (A)	– *Die Schüler setzten sich für Tiere ein.*
einverstanden sein **mit** (D)	– *Bist du mit der Entscheidung einverstanden?*
sich entscheiden **für** (A)	– *Ich entscheide mich für ein rotes Kleid.*
sich entschuldigen **für** (A)	– *Bernd entschuldigt sich für die Verspätung.*
sich erholen **von** (D)	– *Er muss sich noch von dem Schock erholen.*
sich erinnern **an** (A)	– *Sie kann sich an nichts mehr erinnern.*
erkennen **an** (D)	– *Timo erkennst du an den roten Haaren.*
erkranken **an** (D)	– *Die Nachbarin ist an Krebs erkrankt.*
sich erkundigen **nach** (D)	– *Florian hat sich nach dir erkundigt.*
erschrecken **vor** (D)	– *Er erschrak vor dem Gespenst.*
erzählen **von** (D)	– *Wir haben ihr von dem Haus erzählt.*
experimentieren **mit** (D)	– *Der Maler experimentiert mit neuen Farben.*
fehlen **an** (D)	– *Den Kindern fehlt es an nichts.*
fragen **nach** (D)	– *Die Nachbarin hat nach dir gefragt.*
sich freuen **auf** (A)	– *Wir freuen uns alle auf den Urlaub.*
sich freuen **über** (A)	– *Sie freuen sich sehr über die Geschenke.*
führen **zu** (D)	– *Das führte zu einem heftigen Streit.*
sich fürchten **vor** (D)	– *Elefanten fürchten sich vor Mäusen.*
garantieren **für** (A)	– *Unsere Firma garantiert für höchste Qualität.*
gehen **um** (A)	– *Es geht hier um Leben oder Tod.*
gehören **zu** (D)	– *Anna gehört auch zu unserer Gruppe.*
gelten **als** (N)	– *In diesem Spiel gelten sie als Favoriten.*
gelten **für** (A)	– *Das gilt auch für dich!*
geraten **in** (A)	– *Die Forscher gerieten in einen Schneesturm.*
sich gewöhnen **an** (A)	– *Wir haben uns an das neue Auto bereits gewöhnt.*
glauben **an** (A)	– *Wir glauben nicht an Geister.*
halten **für** (A)	– *Ich halte dich für sehr intelligent.*
halten **von** (D)	– *Was hältst du von der neuen Lehrerin?*
sich halten **an** (A)	– *Wir müssen uns an Regeln halten.*
sich handeln **um** (A)	– *Es handelt sich um eine schwierige Situation.*

hinweisen **auf** (A)   – *Er möchte auf das Verbot hinweisen.*
hoffen **auf** (A)   – *Sie hoffen auf eine Lösung.*

informieren **über** (A)   – *Man muss sich über das Gesetz informieren.*
sich interessieren **für** (A)   – *Rebecca interessiert sich für Pferde.*
sich irren **in** (D)   – *In diesem Punkt irrst du dich gewaltig.*

kämpfen **gegen** (A)   – *Die Soldaten kämpfen gegen die Feinde.*
kämpfen **mit** (D)   – *Sie hat mit der Situation zu kämpfen.*
kämpfen **um** (A)   – *Er kämpft um ihre Liebe.*
klagen **gegen** (A)   – *Wir werden gegen die Nachbarn klagen.*
klagen **über** (A)   – *Tina klagt über große Schmerzen.*
sich konzentrieren **auf** (A)   – *Ich muss mich jetzt auf die Sache konzentrieren.*
sich kümmern **um** (A)   – *Das Tierheim kümmert sich um viele Tiere.*

lachen **über** (A)   – *Über so viel Dummheit kann man nur lachen!*
leiden **an** (D)   – *Sie leidet an einer Grippe.*
leiden **unter** (D)   – *Er leidet unter dem Tod seiner Ehefrau.*
liegen **an** (D)   – *Das liegt ganz allein an dir!*

nachdenken **über** (A)   – *Paul denkt über eine Trennung nach.*
neigen **zu** (D)   – *Er neigt zu Traurigkeit.*
passen **zu** (D)   – *Die Hose passt gut zu deinem Pullover.*
protestieren **gegen** (A)   – *Die Arbeiter protestieren gegen die Entlassungen.*

sich rächen **an** (D)   – *Sie werden sich an den Politikern rächen.*
sich rächen **für** (A)   – *Sie will sich für die schlechte Note rächen.*
raten **zu** (D)   – *Ich rate dir zu einer neuen Wohnung.*
rechnen **mit** (D)   – *Wir rechnen fest mit dir!*
reden **über** (A)   – *Sie reden alle über das Unglück.*
sich richten **nach** (D)   – *Die Meinungen richten sich nach den Medien.*
riechen **nach** (D)   – *Susi riecht immer nach Rosen.*

schmecken **nach** (D)   – *Das schmeckt nach Schokolade.*
schreiben **an** (A)   – *Ich schreibe einen Brief an sie.*
schreiben **an** (D)   – *Der Autor schreibt an einem neuen Roman.*
schreiben **über** (A)   – *Sie schreiben nur über das Abendprogramm.*
schützen **vor** (D)   – *Sonnencremes schützen vor Sonnenbrand.*
sich sehnen **nach** (D)   – *Sie sehnt sich nach Ruhe.*
sorgen **für** (A)   – *Die Mutter kann gut für ihre Kinder sorgen.*

sich sorgen **um** (A)	– *Der Arzt sorgt sich um die Gesundheit.*
sprechen **mit** (D)	– *Wir müssen unbedingt mit ihr sprechen.*
sprechen **über** (A)	– *Alle sprechen über das Fest.*
sprechen **von** (D)	– *Wir sprachen gerade von dir!*
staunen **über** (A)	– *Die Kinder staunen über den Eisbär.*
sterben **an** (D)	– *Viele Patienten sterben an dieser Krankheit.*
sterben **für** (A)	– *Die Soldaten mussten für ihr Land sterben.*
streiten **um** (A)	– *Die Schüler streiten um den besten Platz.*
teilnehmen **an** (D)	– *Der Sportler nimmt an der Olympiade teil.*
telefonieren **mit** (D)	– *Anna telefoniert mit Paul.*
träumen **von** (D)	– *Sie träumt von der großen Reise.*
überreden **zu** (D)	– *Kann ich dich zu einem Ausflug überreden?*
sich unterhalten **über** (A)	– *Die Frauen unterhalten sich über Rezepte.*
sich verabschieden **von** (D)	– *Wir verabschieden uns von Ihnen.*
vergleichen **mit** (D)	– *Das kann man vergleichen mit letztem Jahr.*
sich verlassen **auf** (A)	– *Sie kann sich immer auf ihren Mann verlassen.*
sich verlieben **in** (A)	– *Ich werde mich wieder verlieben.*
verstoßen **gegen** (A)	– *Die Spieler verstoßen gegen die Regeln.*
vertrauen **auf** (A)	– *Sie vertrauen auf ihr Glück.*
sich verwandeln **in** (A)	– *Der Frosch verwandelt sich in einen Prinzen.*
verzichten **auf** (A)	– *Sie muss auf Alkohol verzichten.*
sich vorbereiten **auf** (A)	– *Die Sänger bereiten sich auf den Auftritt vor.*
warnen **vor** (D)	– *Die Polizei warnt vor Alkohol am Steuer.*
warten **auf** (A)	– *Die Kinder warten ungeduldig auf Weihnachten.*
sich wehren **gegen** (A)	– *Man muss sich gegen die Medien wehren.*
sich wenden **an** (A)	– *Damit wenden sie sich jetzt an die Öffentlichkeit.*
sich wundern **über** (A)	– *Man kann sich nur über das Wetter wundern.*
zweifeln **an** (D)	– *Sie zweifelt an seiner Liebe.*

Übungen zu den wichtigsten Verben

1 Setzen Sie die richtige Form von **sein**, **haben** oder **werden** im **Präsens** ein. Achtung, in einem Fall gibt es zwei Möglichkeiten.

a. Lass uns gehen, mir _____ kalt.

b. _____ ihr auch morgen Zeit? Heute _____ wir Besuch.

c. Wir können nicht kommen. Die Kinder _____ eine Grippe.

d. Iss nicht so viel! Du _____ immer dicker!

e. Es _____ erst 21. 00 Uhr. _____ ihr schon müde?

f. Das _____ meine Eltern.

g. Oh je! Ich _____ dieses Jahr 30.

h. Du _____ nicht allein. Wir _____ alle älter.

i. Das Wichtigste ist, dass wir gesund _____

j. _____ du Hunger?

k. Ihr _____ Eltern? Wie schön!

l. Ich _____ eine Verabredung und ich _____ so aufgeregt!

m. Es _____ so heiß! Wir _____ Durst.

n. Tom kommt nicht mit. Er _____ keine Lust.

2 **Können** oder **dürfen**? Setzen Sie das richtige **Modalverb** ein.

> können   darf   kann   dürfen   kann   kannst

a. David _____ wirklich sehr gut Tango tanzen. (Fähigkeit)

b. Wir _____ viel von ihm lernen. (Möglichkeit)

c. David, _____ du mir bitte helfen? (höfliche Bitte)

d. _____ ich mit Ihnen Tanzen? (Bitte um Erlaubnis)

e. Sie _____ sehr gerne mit mir tanzen. (Erlaubnis)

f. Tut mir leid, ich _____ nicht tanzen. (Fähigkeit)

3 Erinnern Sie sich? Mit **müssen** und **sollen** drückt man eine Verpflichtung aus. Während sich *müssen* auf eine Vorschrift oder absolute Notwendigkeit bezieht, verwendet man *sollen* um einen Rat oder eine (moralische) Verpflichtung auszudrücken. Setzen Sie nun das passende **Modalverb** ein.

a. Man _____ sich dreimal täglich die Zähne putzen.

b. Viele Erwachsene _____ acht Stunden am Tag arbeiten.

c. Kinder _____ viel lernen.

d. Ich _____ nicht lügen.

e. Du bist ein Spitzensportler und _____ viel trainieren.

f. Kinder _____ viel Gemüse essen.

4 Unterstreichen Sie die richtige **Personalform** des Verbs.

a. Wir fahre / fahren / fahrt in den Urlaub.

b. Maria geht / gehst / gehe heute früh nach Hause.

c. Ihr bleibt / bleibst / bleiben doch sicher zum Essen?

d. Die Kinder spielt / spiele / spielen schon seit Stunden im Garten.

e. Du kennt / kennst / kennen sie schon sehr gut.

f. Ich bitte / bitten / bittet dich um diese Tanz.

5 Verbinden sie die passenden Satzteile und bilden Sie sinnvolle Sätze. Achten Sie auf die richtige **Personalform**.

1. Die Hunde	**A.** fliegt	**a.** unser Badezimmer.
2. Wir	**B.** bist	**b.** einen Kuchen.
3. Du	**C.** bellen	**c.** wunderschön!
4. Das Flugzeug	**D** renovieren	**d.** in 1.000 Meter Höhe.
5. Ihr	**E.** backe	**e.** ein lustiges Lied.
6. Ich	**F.** singt	**f.** den ganzen Tag.

6 Vervollständigen Sie die folgenden Fragen und Antworten, indem Sie das entsprechen-de Verb in der richtigen **Personalform** einsetzen.

> kommen   bleiben   arbeiten   kommen   sehen   heißen   bleiben   arbeiten
>
> sehen   arbeiten   heißen

a. Wie _____ Sie? – Ich _____ Maria Weller.

b. _____ du das Flugzeug am Himmel? – Ja, ich _____ es.

c. _____ ihr heute Abend auf unsere Party? – Natürlich, aber wir

_____ ein wenig später.

d. Wo _____ ihr ? – Ich _____ in einem Büro und mein

Mann _____ in einer Metallfabrik.

e. Wo _____ denn deine Gäste ? – Viele sind schon da, aber ich weiß

auch nicht, wo der Rest _____

7 Bilden Sie die richtige Form des **trennbaren Verbs** im Präsens.

a. _____ (ich – aussuchen)   **b.** _____ (du – einkaufen)

c. _____ (er/sie/es – anrufen)   **d.** _____ (wir – mitkommen)

e. _____ (ihr – aufwachen)   **f.** _____ (sie/Sie – anklopfen)

8 Konjugieren Sie die folgenden **reflexiven Verben** im **Präsens**. Achtung: Überlegen Sie sich zuerst, ob das Reflexivpronomen im *Akkusativ* oder im *Dativ* steht!

a. sich schämen   **b. sich (etwas) nehmen**

Reflexivpronomen steht im _____   Reflexivpronomen steht im _____

ich _____   ich _____ _____

du _____   du _____ _____

er/sie/es _____   er/sie/es _____ _____

wir _____   wir _____ _____

ihr _____   ihr _____ _____

sie/Sie _____   sie/Sie _____ _____

9 Ergänzen Sie die **Präteritumendungen** dieses regelmäßigen Verbs.

    a. ich kauf _____   **d.** wir kauf _____

    b. du kauf _____   **e.** ihr kauf _____

    c. er/sie/es kauf _____   **f.** sie/Sie kauf _____

10 Ergänzen Sie die drei Tabellen mit **Präteritumformen** dieser unregelmäßigen Verben.

	bitten	**lassen**	**tragen**
ich	_____	_____	_____
du	_____	_____	*trugst*
er/sie/es	*bat*	_____	_____
wir	_____	_____	_____
ihr	_____	_____	_____
sie/Sie	_____	*ließen*	_____

11 Markus erzählt von früher … Ergänzen Sie den Text, indem Sie die richtigen **Präteritumformen** einsetzen.

Früher _____ (**a.** sein) ich ein sehr schüchternes Kind. Ich _____

(**b.** sprechen) mit niemandem und _____ (**c.** haben) Angst vor

fremden Leuten. Wenn meine Eltern Besuch _____ (**d.** bekommen),

_____ (**e.** verstecken) ich mich immer in meinem Zimmer. Doch zum Glück

_____ (**f.** werden) das mit der Zeit besser. In Schule _____

(**g.** machen) wir viel Unsinn und _____ (**h.** ärgern) unsere Lehrer. Sie

_____ (**i.** haben) es wirklich nicht leicht mit uns!

12 Vervollständigen Sie die **Perfekt-Sätze**, indem Sie das richtige **Hilfsverb** einsetzen

    a. Wir _____ einen Flug nach San Francisco gebucht.

    b. Ich _____ heute zu Fuß gegangen.

    c. Ihr _____ zu spät gekommen.

    d. Maria _____ die Katze gefüttert

    e. Du _____ unsere Eintrittskarten vergessen.

    f. Paul und Marlene _____ gemeinsam nach Köln gefahren.

13 Setzen Sie das richtige **Partizip II** der regelmäßigen Verben in Klammern ein.

a. Ich habe viel _____ . (arbeiten)

b. Hast du den Reiseführer _____ ? (einpacken)

c. Holger hat ein Souvenir _____ . (kaufen)

d. Wir haben zu viele Sachen _____ . (einkaufen)

e. Habt ihr wirklich _____ ? (heiraten)

f. Unsere Eltern haben schon viele Reisen _____ . (machen)

14 Und wieder ist das **Partizip II** gefragt. Aber aufgepasst, diese Verben sind unregelmäßig! Setzen Sie das richtige Partizip II in die Lücke und schreiben Sie anschließend die Infinitivform hinter den Satz.

getrunken losgefahren geflogen gegangen gegessen gesprochen angesehen

INFINITIV

a. Ich bin nach Hause _____ . *gehen*

b. Du hast einen Film _____ . _____

c. Er hat ohne Unterbrechung _____ . _____

d. Sie hat viel Schokolade _____ . _____

e. Wir haben Wein _____ . _____

f. Ihr seid nach Afrika _____ . _____

g. Sie Meyers sind schon _____ . _____

15 Diese Sätze sollen im **Plusquamperfekt** stehen. Welche dieser Lückenfüller sind richtig? Kreuzen Sie die richtige Antwort an.

1. Als Tim kam, _____ Tom schon _____ .

    a. war – gegangen   **b.** hatte – gegangen

2. Ich _____ gerade das Geschirr _____ , da klingelte es an der Tür.

    a. hatte – gespült   **b.** wollte – spülen

3. Wir _____ uns gerade an den Strand _____ , als es anfing zu regnen.

    a. waren – gelegen   **b.** hatten – gelegt

4. Als die Polizei endlich eintraf, _____ die Diebe schon _____ .

    a. konnten – flüchten   **b.** waren – geflüchtet

16 Vervollständigen Sie die Sätze im **Futur I**.

> bestehen   machen   essen   gehen   regne   kommen

    a. Was für ein Stau! Wir _____ zu spät _____ .

    b. Ihr habt viel gelernt. Ihr _____ den Test sicher _____ .

    c. Sieh mal, die dunklen Wolken. Es _____ gleich _____ .

    d. Unsere Eltern sind fast 65. Sie _____ bald in Rente _____ .

    e. Tom hat einen Ring gekauft. Er _____ Lisa einen Antrag _____ .

    f. Ich bin zu dick. Ab morgen _____ ich nur noch Gemüse _____ .

17 Diese Sätze sollen im **Futur II** stehen. Setzen Sie die richtigen Hilfsverben und das richtige Partizip ein.

    a. In einem Jahr _____ wir die Schule _____ _____ . (beenden)

    b. An Weihnachten _____ ihr euer neues Haus _____ _____ . (beziehen)

    c. 2040 _____ ich in Rente _____ _____ . (gehen)

18 Setzen Sie die folgenden Präsenssätze ins **Passiv**.

    a. Markus bügelt Marias Bluse.

    _____

    b. Ina bucht Flüge immer im Internet.

    _____

    c. Die Lehrerin verbessert unsere Fehler.

    _____

d. Onkel Tim repariert mein Fahrrad.

_____

e. Die Firma überweist das Gehalt am Monatsende.

_____

19 Setzen Sie auch die folgenden Sätze ins **Passiv**. Achten Sie auf die Zeitform!

a. Ein Dieb bestahl unsere Eltern in der U-Bahn.

_____

b. Unbekannte beschmierten die Wand mit Graffiti.

_____

c. 500 Scheinwerfer beleuchteten die Bühne.

_____

d. Mein Großvater liebte meine Großmutter sehr.

_____

e. Wegen des schlechten Wetters strich die Fluggesellschaft viele Flüge.

_____

20 Wandeln Sie die Passivsätze in **Aktivsätze** um. Achten Sie auf die Zeitform!

a. Mein Bruder ist von einem Hund gebissen worden.

_____

b. Meine Haare sind von dem Friseur viel zu kurz geschnitten worden.

_____

c. Die Kutsche ist von zwei Pferden gezogen worden.

_____

21 Setzen Sie die richtige **Imperativform** in der **du-Form** ein.

a. _____ leise! (sein)

b. _____ nicht zu tanken! (vergessen)

c. _____ das noch einmal durch! (lesen)

22 Setzen Sie die richtige **Imperativform** in der **ihr-Form** ein.

a. _____ euch sofort! (setzen)

b. _____ endlich! (schlafen)

c. _____ doch bitte etwas für mich! (singen)

23 Setzen Sie die folgenden Sätze in den **Konjunktiv Präsens**.

a. Alexander: „Ich liebe Melda."

Alexander behauptet, _____ .

b. Herr Möller: „Meine Frau hat viel Geduld."

Herr Möller sagt, _____ .

c. Sandra: „Die Kinder sind zu faul."

Sandra glaubt, _____ .

24 Füllen Sie den Lückentext aus. Verwenden Sie dabei den **Konjunktiv Präteritum**.

Traumberuf

Wenn ich eine berühmte Schauspielerin _____ (**a.** sein), dann

_____ (**b.** haben) ich ein aufregendes Leben. Ich _____

(**c.** reisen) um die ganze Welt und _____ (**d.** leben) in vielen exotischen

Ländern und großen Städten. Ich _____ (**e.** verdienen) sehr viel Geld

und _____ (**f.** kaufen) mir alles wovon ich schon immer träumte.

Abschlusstest

1 Wie lauten die Infinitive der angegebenen **Präsensformen**?

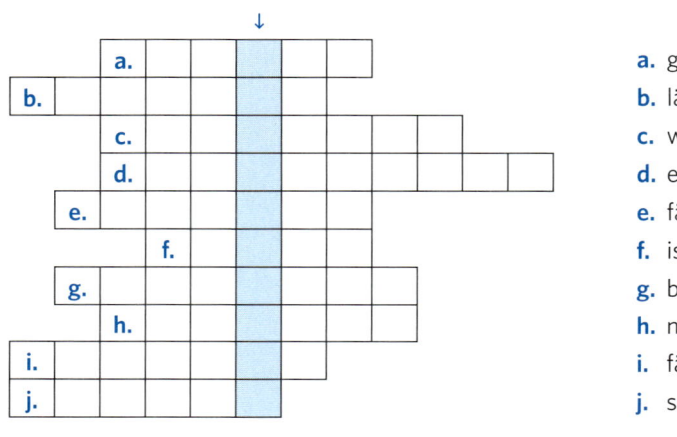

a.	gibt
b.	läuft
c.	wäscht
d.	empfiehlt
e.	fährt
f.	ist
g.	bricht
h.	nimmt
i.	fällt
j.	sieht

Lösung: _____

2 Wie lautet das **Präteritum** des angegebenen **Modalverbs** in der 1. Pers. Singular?
Kreuzen Sie die richtige Antwort an.

1. können ☐ **a.** konnte   ☐ **b.** könnte
2. mögen   ☐ **a.** möchte   ☐ **b.** mochte
3. dürfen ☐ **a.** dürfte   ☐ **b.** durfte
4. müssen ☐ **a.** musste   ☐ **b.** müsste
5. wollen ☐ **a.** wollte   ☐ **b.** wöllte

3 Diese Sätzen enthalten Verben mit **trennbarem Präfix** – leider sind sie durcheinander
geraten. Verbinden Sie die Sätzen mit dem passenden Präfix.

1. Ich lasse den Zucker lieber ...   **a.** ... zu.

2. Du fängst am besten gleich ...   **b.** ... ab.

3. Tom isst sehr viel, aber er nimmt nie ... **c.** ... weg.

4. Wir denken über einen Umzug ...   **d.** ... nach.

5. Ihr lehnt jede Art von Gewalt ...   **e.** ... auf.

6. Sie hören morgen mit dem Rauchen ...   **f.** ... an.

4 Schauen Sie sich die folgenden Verben an. Welche bilden das **Partizip II** mit **-ge-** und welche ohne? Kreuzen Sie die richtige Antwort an und schreiben Sie das Partizip II dazu.

	Partizip **mit -ge-**	Partizip **ohne -ge-**	**Partizip II**
a. beißen	☐	☐	_____
b. empfehlen	☐	☐	_____
c. kochen	☐	☐	_____
d. fotografieren	☐	☐	_____
e. entschließen	☐	☐	_____
f. telefonieren	☐	☐	_____
g. spielen	☐	☐	_____
h. denken	☐	☐	_____
i. helfen	☐	☐	_____
j. erkälten	☐	☐	_____

5 Setzen Sie die fehlenden **Imperativformen** ein.

du-Form	ihr-Form	Sie-Form
a. _trage!_	_____	_____
b. _sieh!_	_____	_____
c. _____	_____	_geben Sie!_
d. _____	_holt!_	_____
e. _____	_____	_kommen Sie!_

6 Stehen die folgenden Sätze im **Aktiv** oder im **Passiv**? Kreuzen Sie die richtige Antwort an.

	Aktiv	Passiv
a. Ich habe mich erkältet.	☐	☐
b. Sie wurde nicht beachtet.	☐	☐
c. Du erholst dich langsam.	☐	☐
d. Die Kinder sind gelobt worden.	☐	☐
e. Wir werden abgeholt.	☐	☐
f. Ihr habt das gut gemacht.	☐	☐

Lösungen zu den Übungen

1 **a.** ist/wird, **b.** Habt, haben; **c.** haben,
   d. wirst, **e.** ist, seid; **f.** sind, **g.** werde,
   h. bist, werden; **i.** sind, **j.** hast,
   k. werdet, **l.** habe, bin; **m.** ist, haben
   n. hat

2 **a.** kann, **b.** können, **c.** kannst, **d.** Darf,
   e. dürfen, **f.** kann

3 **a.** soll, **b.** müssen, **c.** müssen, **d.** soll,
   e. musst, **f.** sollen

4 **a.** fahren, **b.** geht, **c.** bleibt, **d.** spielen,
   e. kennst, **f.** bitte

5 1. C. f., 2. D. a., 3. B. c., 4. A. d., 5. F. e.,
   6. E. b.

6 **a.** heißen, heiße; **b.** Siehst, sehe,
   c. Kommt, kommen; **d.** arbeitet,
   arbeite, arbeitet; **e.** bleiben, bleibt

7 **a.** ich suche aus, **b.** du kaufst ein,
   c. er/sie/es ruft an, **d.** wir kommen mit,
   e. ihr wacht auf, **f.** sie/Sie klopfen an

8 **a.** Reflexivpronomen steht im
   Akkusativ: ich schäme mich, du
   schämst dich, er/sie/es schämt sich,
   wir schämen uns, ihr schämt euch, sie/
   Sie schämen sich;
   b. Reflexivpronomen steht im **Dativ:**
   ich nehme mir, du nimmst dir, er/sie/es
   nimmt sich, wir nehmen uns, ihr nehmt
   euch, sie/Sie nehmen sich

9 **a.** -te, **b.** -test, **c.** -te, **d.** -ten, **e.** -tet,
   f. -ten

10 **bitten:** bat, batest, bat, baten, batet,
   baten; **lassen:** ließ, ließest, ließ, ließen,
   ließ(e)t, ließen; **tragen:** trug, trugst,
   trug, trugen, trugt, trugen

11 **a.** war, **b.** sprach, **c.** hatte, **d.** bekamen,
   e. versteckte, **f.** wurde, **g.** machten,
   h. ärgerten, **i.** hatten

12 **a.** haben, **b.** bin, **c.** seid, **d.** hat, **e.** hast,
   f. sind

13 **a.** gearbeitet, **b.** eingepackt, **c.** gekauft,
   d. eingekauft, **e.** geheiratet, **f.** gemacht

14 **a.** gegangen – gehen, **b.** angesehen –
   ansehen, **c.** gesprochen – sprechen,
   d. gegessen – essen, **e.** getrunken
   – trinken, **f.** geflogen – fliegen,
   g. losgefahren – losfahren

15 1. a., 2. a., 3. b., 4. b.

16 **a.** werden – kommen, **b.** werdet –
   bestehen, **c.** wird – regnen, **d.** werden
   – gehen, **e.** wird – machen, **f.** werde –
   essen

17 **a.** werden – beendet haben **b.** werdet
   – bezogen haben **c.** werde – gegangen
   sein

18 **a.** Marias Bluse wird von Markus
   gebügelt. **b.** Flüge werden von Ina
   immer im Internet gebucht. **c.** Unsere
   Fehler werden von der Lehrerin
   verbessert. **d.** Mein Fahrrad wird von
   Onkel Tim repariert. **e.** Das Gehalt
   wird am Monatsende von der Firma
   überwiesen.

19 **a.** Unsere Eltern wurden von einem Dieb in der U-Bahn bestohlen. **b.** Die Wand wurde von Unbekannten mit Graffiti beschmiert. **c.** Die Bühne wurde von 500 Scheinwerfern beleuchtet. **d.** Meine Großmutter wurde von meinem Großvater sehr geliebt. **e.** Viele Flüge wurden wegen des schlechten Wetters von der Fluggesellschaft gestrichen.

20 **a.** Ein Hund hat meinen Bruder gebissen. **b.** Der Friseur hat meine Haare viel zu kurz geschnitten. **c.** Zwei Pferde haben die Kutsche gezogen.

21 **a.** Sei, **b.** Vergiss, **c.** Lies

22 **a.** Setzt, **b.** Schlaft, **c.** Singt

23 **a.** ..., er liebe Melda. **b.** ..., seine Frau habe viel Geduld. **c.** ..., die Kinder seien zu faul.

24 **a.** wäre, **b.** hätte, **c.** reiste, **d.** lebte, **e.** verdiente, **f.** kaufte

Lösungen zum Abschlusstest

1 **a.** geben, **b.** laufen, **c.** waschen, **d.** empfehlen, **e.** fahren, **f.** sein, **g.** brechen, **h.** nehmen, **i.** fallen, **j.** sehen; **Lösung:** besprechen

2 1. **a.**, 2. **b.**, 3. **b.**, 4. **a.**, 5. **a.**

3 1. **c.**, 2. **f.**, 3. **a.**, 4. **d.**, 5. **b.**, 6. **e.**

4 Partizip mit -ge-: **a.**, **c.**, **g.**, **h.**, **i.**; Partizip ohne -ge-: **b.**, **d.**, **e.**, **f.**, **j.**; **a.** gebissen, **b.** empfohlen, **c.** gekocht, **d.** fotografiert, **e.** entschlossen, **f.** telefoniert, **g.** gespielt, **h.** gedacht, **i.** geholfen, **j.** erkältet

5 **a.** tragt, tragen Sie, **b.** seht, sehen Sie, **c.** gib, gebt, **d.** hol(e), holen Sie, **e.** komm(e), kommt

6 Aktiv: **a.**, **c.**, **f.**; Passiv: **b.**, **d.**, **e.**

Alphabetische Verbliste

In nachstehender Liste sind die wichtigsten schwachen und starken deutschen Verben in alphabetischer Folge aufgeführt. Die Zahlen verweisen auf die Konjugationsnummern der beispielhaft konjugierten Verben. Diese Musterverben sind grün hervorgehoben.
Verben, deren zusammengesetzte Zeiten mit dem Hilfsverb *sein* gebildet werden, und Verben mit wechselndem Gebrauch von *haben* und *sein* sind entsprechend gekennzeichnet. Alle übrigen Verben und alle reflexiven Formen werden mit *haben* konjugiert.
Bei Verben, die ausschließlich reflexiv verwendet werden, steht nach dem Infinitiv das Pronomen *sich*. Können Verben wahlweise reflexiv oder nicht reflexiv benutzt werden, ist *sich* in Klammern gesetzt. *sich*^{A} bedeutet dabei, dass das Reflexivpronomen im Akkusativ steht (vgl. Verb Nr. 7), die Angabe *sich*^{D}, dass es im Dativ steht (vgl. Verb Nr. 8).
Verben mit trennbarem Präfix sind an einem Punkt (·) zwischen Präfix und Verb erkennbar (vgl. Verb Nr. 6 und S. 13). An dieser Stelle wird – sofern vorhanden – beim Partizip II *-ge-* eingefügt.
Verwendete Abkürzungen:

→ 📖	Achtung, Bedeutungsunterschied! Bitte im Wörterbuch nachschlagen.
*	alte Schreibweise (vor Rechtschreibreform)
etw.	etwas
g͟e͟	Partizip wird ohne *ge-* gebildet (siehe S. 15)
KII	Stammvokal des Konjunktivs II
PII	Partizip II
Präs.	Präsens
reg.	regional verwendete Form
sich^A	Reflexivpronomen steht im Akkusativ (siehe S. 36)
sich^D	Reflexivpronomen steht im Dativ (siehe S. 38)
unpers.	unpersönliches Verb

A

ab·arbeiten	4, 11
ab·bauen	4
ab·bekommen, g͟e͟	48
ab·bezahlen, g͟e͟	4
ab·biegen, sein	88
ab·bilden	4, 11
ab·brechen	25
ab·brennen, haben + sein → ✎📖	47
ab·bringen	26
ab·fahren, sein	82
ab·fangen	33
ab·fragen	4
ab·gewöhnen, (sich^D ~), g͟e͟	4
ab·hängen	4
ab·heben	44
ab·helfen	46
ab·holen	4
ab·hören	4
ab·kürzen	4, 14
ab·laufen, haben + sein → 📖	52
ab·lehnen	4
ab·lenken	4
ab·liefern	4, 15
ab·machen	4
ab·melden, (sich^A ~)	4, 11
ab·nehmen	61
ab·raten	63
ab·rechnen	4, 12
ab·reisen, sein	4, 14
ab·sagen	4
ab·schaffen	4
ab·schalten, (sich^A ~)	4, 11
ab·schließen	35
ab·schwächen, (sich^A ~)	4
ab·senden	73
ab·setzen, (sich^A ~)	4, 14
ab·stammen	4
ab·steigen, sein	24
ab·stellen	4
ab·stimmen	4
ab·stoßen, (sich^A ~), haben + sein → 📖	81
ab·stürzen, sein	4, 14
ab·trocknen, (sich^A ~)	4, 12
ab·warten	4, 11
ab·waschen	87
ab·wechseln, (sich^A ~)	4, 15
ab·zahlen	4
ab·ziehen, haben + sein → 📖	91
achten	4, 11
Acht geben	36
acht·geben*	36
ahnen	4

amüsieren, (sich^A ~) 18
analysieren, *ge* 18
an•bauen 4
an•bieten 21
an•binden 34
ändern, (sich^A ~)............. 4, 15
an•fangen....................... 33
an•fassen 4, 14
an•geben 36
an•gehen, haben +
  sein → 📖 37
an•greifen...................... 41
ängstigen, (sich^A ~) 4
an•haben 1
an•halten 42
an•hören 4
an•klagen 4
an•klopfen 4
an•kommen, sein 48
an•machen 4
an•melden, (sich^A ~) 4, 11
an•nehmen 61
an•probieren, *ge* 18
an•reden 4, 11
an•richten 4, 11
an•rufen....................... 65
an•schaffen, (sich^D etw. ~) 4
an•schalten.................... 4, 11
an•schauen 4
an•schließen, (sich^A ~),
  haben + sein → 📖 35
an•schnallen, (sich^A ~)........ 4
an•schwellen, sein 29
an•sehen....................... 72
an•sprechen.................... 25
an•stehen...................... 78
an•steigen, sein............... 24
an•stellen 4
an•stoßen, (sich^A ~),
  haben + sein → 📖 81
an•strengen, (sich^A ~) 4
an•treffen..................... 83
an•tun, (sich^D etw. ~) 85
antworten 4, 11
an•wenden 11, 73
an•ziehen, (sich^A ~) 91
an•zünden 4, 11
arbeiten....................... 4, 11
ärgern, (sich^A ~) 4, 15
atmen 4, 13
auf•bauen, (sich^A ~).......... 4
auf•bewahren, *ge* 4
auf•brechen, haben +
  sein → 📖 25

auf•fallen, sein 32
auf•fangen..................... 33
auf•fordern 4, 15
auf•führen 4
auf•geben, (sich^A ~).......... 36
auf•haben...................... 1
auf•halten, (sich^A ~)......... 42
auf•hängen 43
auf•heben 44
auf•hören 4
auf•legen...................... 4
auf•lösen, (sich^A ~)......... 4, 14
auf•machen 4
auf•nehmen 61
auf•passen 4, 14
auf•räumen 4
auf•regen, (sich^A ~) 4
auf•richten, (sich^A ~)....... 4, 11
auf•rufen...................... 65
auf•schieben 88
auf•schlagen, haben +
  sein → 📖 82
auf•schließen 35
auf•schreiben 24
auf•setzen, (sich^A ~) 4, 14
auf•stehen, sein 78
auf•steigen, sein.............. 24
auf•stellen 4
auf•stoßen, haben +
  sein → 📖 81
auf•suchen 4
auf•tauen, haben +
  sein → 📖 4
auf•treten, sein 84
auf•wachen, sein 4
auf•wachsen, sein 13, 14, 87
auf•wecken 4
auf•ziehen 91
aus•bilden 4, 11
aus•bleiben, sein 24
aus•breiten, (sich^A ~) 4, 11
aus•denken, sich^A ~ 27
aus•drücken, (sich^A ~) 4
auseinander fallen, sein 32
auseinander setzen,
  (sich^A ~)................... 4, 14
auseinander•fallen*, sein.. 32
auseinander•setzen*,
  (sich^A ~)................... 4, 14
aus•fallen, sein............... 32
aus•füllen 4
aus•geben 36
aus•gehen, sein................ 37
aus•gleichen, (sich^A ~)........ 39

aus•halten..................... 42
aus•kennen, sich^A ~ 47
aus•lachen 4
aus•laufen, sein 52
aus•leihen 54
aus•liefern 4, 15
aus•lösen 4, 14
aus•machen 4
aus•nutzen 4, 14
aus•packen 4
aus•rechnen 4, 12
aus•reichen 4
aus•richten 4, 11
aus•ruhen, sich^A ~ 4
aus•schalten 4, 11
aus•schließen 35
aus•sehen 72
aus•sprechen 25
aus•steigen, sein 24
aus•stellen.................... 4
aus•stoßen 81
aus•suchen, (sich^D etw. ~) 6
aus•teilen 4
aus•tragen 82
aus•üben 4
aus•wählen 4
aus•wechseln 4, 15
aus•wirken, sich^A ~ 4
aus•zeichnen, (sich^A ~) 4, 12
aus•ziehen, (sich^A ~),
  haben + sein → 📖 91

B

backen 92
baden 4, 11
bauen 4
beachten, *ge* 4, 11
beantragen, *ge* 4
beantworten, *ge* 4, 11
bearbeiten, *ge* 4, 11
bedanken, sich^A ~, *ge* 4
bedauern, *ge* 4, 15
bedeuten, *ge* 4, 11
bedienen, (sich^A ~), *ge* 4
bedingen, *ge* 4
bedrohen, *ge* 4
beeilen, sich^A ~, *ge* 4
beeindrucken, *ge* 4
beeinflussen, *ge* 4, 14
beenden, *ge* 4, 11
befassen, sich^A ~, *ge* 4, 14
befehlen, *ge*, *KII: nur ö* .. 79
befestigen, *ge* 4
befinden, sich^A ~, *ge* 34

befolgen, ge 4
befreien, (sich ~), ge 4
befürchten, ge 4, 11
begeben, sich ~, ge 36
begegnen, sein, ge 4, 13
begeistern, (sich ~), ge ... 4, 15
beginnen ge 19
begleiten, ge 4
begreifen, ge 41
begründen, (sich ~), ge ... 4, 11
begrüßen, ge 4, 14
behalten, ge 42
behandeln, ge 4, 15
behaupten, ge 4, 11
beherrschen, (sich ~), ge ... 4
behindern, ge 4, 15
behüten, ge 4, 11
beichten 4, 11
beißen 20
bei·tragen 82
bekämpfen, ge 4
bekannt geben 36
bekannt·geben* 36
beklagen, (sich ~), ge 4
bekommen, ge 48
beladen, ge 50
belagern, ge 4, 15
belasten, (sich ~,) ge 4, 11
belästigen, ge 4
beleidigen, ge 4
bellen 4
belohnen, (sich ~), ge 4
bemerken, ge 4
bemitleiden, ge 4, 11
bemühen, (sich ~), ge 4
benachrichtigen, ge 4
benehmen, sich ~, ge 61
benötigen, ge 4
benutzen, ge 4, 14
beobachten, ge 4
beraten, ge 63
bereiten, ge 4, 11
bereuen, ge 4
bergen 25
berichten, ge 4, 11
berichtigen, ge 4
bersten, sein,
     Präs.: du/er birst 25
berücksichtigen, ge 4
berufen, (sich ~), ge 65
beruhigen, (sich ~), ge 4
berühren, ge 4
beschädigen, ge 4
beschäftigen, (sich ~), ge .. 4

beschimpfen, ge 4
beschleunigen, (sich ~), ge . 4
beschließen, ge 35
beschmutzen,
   (sich ~), ge 4, 14
beschränken, (sich ~), ge ... 4
beschreiben, ge 24
beschuldigen, ge 4
beschützen, ge 4, 14
beschweren, sich ~, ge 4
beseitigen, ge 4
besetzen, ge 4, 14
besichtigen, ge 4
besiegen, ge 4
besitzen, ge 75
besorgen,
   (sich etw. ~), ge 4
besprechen, ge 25
bessern, sich ~ 4, 15
bestätigen, (sich ~), ge 4
bestehen, ge 78
bestellen, ge 4
bestimmen, ge 4
bestrafen, ge 4
besuchen, ge 4
beteiligen, (sich ~), ge 4
beten 4, 11
betrachten, (sich ~), ge ... 4, 11
betragen, ge 82
betreffen, ge 83
betreten, ge 84
betreuen, ge 4
betrügen, ge 57
beugen, (sich ~) 4
beunruhigen, (sich ~), ge ... 4
beurteilen, ge 4
bevorzugen, ge 4
bewachen, ge 4
bewähren, sich ~, ge 4
bewahren, ge 4
bewältigen, ge 4
bewegen, (sich ~), ge 4
beweisen, ge 62
bewerben, (sich ~), ge 80
bewirken, ge 4
bewohnen, ge 4
bewölken, sich ~, ge 4
bewundern, ge 4, 15
bezahlen, ge 4
bezeichnen, ge 4, 12
beziehen, (sich ~), ge 91
bezweifeln, ge 4, 15
bezwingen, ge 77
biegen, (sich ~) 88

bieten 21
bilden 4, 11
binden, (sich ~) 34
bitten 22
blasen 23
bleiben, sein 24
bleichen, haben +
   sein → 📖 4/39
blicken 4
blitzen 4, 14
blockieren, ge 18
blühen 4
bluten 4, 11
bohren 4
borgen 4
braten 63
brauchen 4
brechen, (sich etw. ~/sich ~),
   haben + sein → 📖 25
bremsen 4, 14
brennen 47
bringen 26
brüllen 4
buchen 4
buchstabieren, ge 18
bücken, sich ~ 4
bügeln 4, 15
bürsten 4, 11
büßen 4, 14

C
charakterisieren, ge 18

D
da sein, sein 2
dabei sein, sein 2
dabei·sein*, sein 2
dämmern 4, 15
danken 4
dar·stellen, (sich ~) 4
da·sein*, sein 2
dauern 4, 15
dazu·gehören, ge 4
dazwischen·kommen, sein .. 48
dehnen, (sich ~) 4
demonstrieren, ge 18
denken 27
dichten 4, 11
dienen 4
diktieren, ge 18
dingen 93
diskutieren, ge 18
donnern 4, 15
drängen 4
dran·kommen, sein 48

drehen, (sich^A ~)................. 4
dreschen........................ 29
dringen, haben + sein → 📖 77
drohen 4
drucken 4
drücken 4
duften..................... 4, 11
dulden...................... 4, 11
dünken 94
durch·brechen, haben +
   sein → 📖 25
durchbrechen, ge 25
durch·bringen.................. 26
durcheinander bringen....... 26
durcheinander·bringen*...... 26
durch·fahren, ge 82
durch·fahren, sein............. 82
durch·fallen, sein............. 32
durch·geben 36
durch·halten 42
durch·lassen 51
durchlaufen, ge, haben +
   sein → 📖. 52
durch·laufen,................... 52
durch·lesen 55
durchschauen, ge 4
durch·schauen................. 4
durch·sehen................... 72
durchsetzen, sein, ge .. 4, 14
durch·setzen, (sich^A ~) 4, 14
durch·streichen................ 39
durchsuchen, ge 4
durch·suchen.................. 4
dürfen.......................... 28
duschen, (sich^A ~)............. 4

E

ehren........................... 4
eignen, sich^A ~ 4, 12
ein·arbeiten, (sich^A ~) 4, 11
ein·atmen 4, 12
ein·bilden, sich^D ~ 4, 11
ein·brechen, haben +
   sein → 📖 25
ein·dringen, sein............... 77
ein·fallen, sein 32
ein·frieren, haben +
   sein → 📖 86
ein·fügen 4
ein·führen 4
ein·greifen...................... 41
ein·halten....................... 42
ein·hängen 4
einigen, sich^A ~................. 4

ein·kaufen 4
ein·kehren, sein................. 4
ein·laden....................... 50
ein·leben, sich^A ~ 4
ein·leiten 4, 11
ein·leuchten................... 4, 11
ein·mischen, sich^A ~ 4
ein·packen...................... 4
ein·reden, (sich^D ~)......... 4, 11
ein·reisen, sein 4, 14
ein·richten, (sich^A ~) 4, 11
ein·schalten, (sich^A ~) 4, 11
ein·schlafen, sein.............. 68
ein·schlagen, haben +
   sein → 📖 82
ein·schließen, (sich^A ~) 35
ein·schränken, (sich^A ~) 4
ein·sehen...................... 72
ein·setzen, (sich^A ~)..... 4, 14
ein·steigen, sein.............. 24
ein·stellen, (sich^A ~) 4
ein·stürzen, sein........... 4, 14
ein·tauschen 4
ein·tragen, (sich^A ~) 82
ein·treffen, sein............... 83
ein·treten, sein............... 84
ein·wandern, sein 4, 15
ein·wenden................. 4/73
ein·werfen..................... 80
ein·willigen 4
ein·zahlen 4
ein·ziehen, haben +
   sein → 📖 91
ekeln, sich^A ~ 4, 15
empfangen, ge 33
empfehlen, ge 79
empfinden, ge 34
empören, sich^A ~, ge 4
enden 4, 11
entdecken, ge 4
entfernen, (sich^A ~), ge 4
entführen, ge 4
enthalten, (sich^A ~), ge 42
entlassen, ge 51
entlaufen, sein, ge 52
entleihen, ge 54
entmutigen, ge 4
entnehmen, ge 61
entrichten, ge 4, 11
entschädigen, ge 4
entscheiden, (sich^A ~), ge 11, 24
entschließen, (sich^A ~), ge ... 35
entschuldigen, (sich^A ~), ge . 4
entspannen, sich^A ~, ge 4

entsprechen, ge 25
entstehen, sein, ge 78
enttäuschen, ge 4
entwerfen, ge 80
entwickeln, (sich^A ~), ge ... 4, 15
erarbeiten, ge 4, 11
erbauen, ge 4
erben 4
erblicken, ge 4
ereignen, sich^A ~, ge 4, 12
erfahren, ge 82
erfinden, ge 34
erfordern, ge 4, 15
erforschen, ge 4
erfrieren, sein, ge 86
erfüllen, (sich^A ~), ge 4
ergänzen, ge 4, 14
ergeben, (sich^A ~), ge 36
ergehen, sein, ge 37
erhalten, ge 42
erhöhen, (sich^A ~), ge 4
erholen, sich^A ~, ge 4
erinnern, (sich^A ~), ge 4, 15
erkälten, sich^A ~ , ge 4, 11
erkennen, ge 47
erkiesen....................... 95
erklären, ge 4
erkundigen, sich^A ~, ge 4
erlassen, ge 51
erlauben, (sich^D ~), ge 4
erleben, ge 4
erledigen, (sich^A ~), ge 4
erleichtern, ge 4, 15
erlernen, ge 4
erlöschen, sein, ge 96
ermahnen, ge 4
ermöglichen, ge 4
ermüden, haben +
   sein → 📖 , ge 4, 11
ermutigen, ge 4
ernähren, (sich^A ~), ge 4
erneuern, (sich^A ~), ge 4, 15
ernten...................... 4, 11
eröffnen, ge 4, 12
erraten, ge 63
erreichen, ge 4
errichten, ge 4, 11
erschallen, sein, ge 4/109
erscheinen, sein, ge 24
erschrecken, (sich^A ~), ge ... 30
ersetzen, ge 4, 14
ersparen, (sich^D etw. ~), ge ... 4
erstatten, ge 4, 11
erstaunen, ge 4

ersticken, ⌐ 4
erstrecken, sich ~, ⌐ 4
erteilen, ⌐ 4
ertragen, ⌐ 82
ertrinken, sein, ⌐ 77
erwägen, ⌐ 31
erwarten, ⌐ 4, 11
erweitern, (sich ~), ⌐ 4, 15
erwidern, ⌐ 4, 15
erzählen, ⌐ 4
erzeugen, ⌐ 4
erziehen, ⌐ 91
erzielen, ⌐ 4
erzwingen, ⌐ 77
essen, *PII: gegessen* 58
existieren, ⌐ 18

F

fahren, haben + sein → 📖 . 82
fallen, sein 32
fälschen 4
falten 4, 11
fangen 33
fassen 4, 14
fasten 4, 11
faulenzen 4, 14
faxen 4, 14
fechten 11, 29
fegen 4
fehlen 4
fehl·schlagen, sein 82
feiern 4, 15
fern·sehen 72
fertigen 4
fest·halten, (sich ~) 42
festigen, (sich ~) 4
fest·legen, (sich ~) 4
fest·machen 4
fest·nehmen 61
fest·stellen 4
filmen 4
finden, (sich ~) 34
fischen 4
flattern, haben +
   sein → 📖 4, 15
flechten 11, 29
flehen 4
flicken 4
fliegen, haben + sein → 📖 . 88
fliehen, sein 88
fließen, sein 35
fluchen 4
flüchten, (sich ~), sein ... 4, 11
flüstern 4, 15

folgen, haben + sein → 📖 . 4
folgern 4, 15
fördern 4, 15
fordern 4, 15
formen 4
forschen 4
fort·führen 4
fort·pflanzen, sich ~ 4, 14
fort·setzen, (sich ~) 4, 14
fotografieren, ⌐ 18
fragen, (sich ~) 4
frei·lassen 51
fressen 58
freuen, sich ~ 4
frieren 86
frühstücken 4
fügen, (sich ~) 4
fühlen, (sich ~) 4
führen 4
füllen 4
funktionieren, ⌐ 18
fürchten, (sich ~) 4, 11
füttern 4, 15

G

gähnen 4
garantieren, ⌐ 18
gären, haben + sein → 📖 . 97
gebären, ⌐ 98
geben 36
gebrauchen, ⌐ 4
gedeihen, sein, ⌐ 54
gefährden, ⌐ 4, 11
gefallen, ⌐ 32
gehen, sein 37
gehorchen, ⌐ 4
gehören, ⌐ 4
geizen 4, 14
gelangen, sein, ⌐ 4
geleiten, ⌐ 4, 11
gelingen, sein, ⌐ 77
gelten 38
genehmigen,
   (sich etw. ~), ⌐ 4
genesen, sein, ⌐ 99
genießen, ⌐ 35
genügen, ⌐ 4
geraten, sein, ⌐ 63
geschehen, sein, ⌐ 72
gestalten, ⌐ 4, 11
gestatten, (sich ~), ⌐ 4, 11
gestehen, ⌐ 78
gewähren, ⌐ 4
gewinnen, ⌐, *KII: ö* 19

gewöhnen, (sich ~), ⌐ 4
gießen 35
glänzen 4, 14
glätten, (sich ~) 4, 11
glauben 4
gleichen, (sich ~) 39
gleiten, sein 40
gliedern, (sich ~) 4, 15
glimmen 100
glücken, sein 4
glühen 4
graben 82
gratulieren, ⌐ 18
greifen 41
grenzen 4, 14
grollen 4
grübeln 4, 15
gründen 4, 11
grünen 4
grüßen, (sich ~) 4, 14
gucken 4
gurgeln 4, 15
gut tun 85
gut·heißen 45
gut·tun* 85

H

haben 1
haften 4, 11
hageln 4, 15
halten, (sich ~) 42
hämmern 4, 15
handeln, (sich ~) 4, 15
handhaben 4
hängen 43
hassen 4, 14
hasten, sein 4, 11
hauen 101
häufen, (sich ~) 4
heben 44
heilen 4
heim·kehren, sein 4
heiraten 4, 11
heißen 45
heizen 4, 14
helfen 46
hemmen 4
heraus·fordern 4, 15
heraus·geben 36
herein·fallen, sein 32
herrschen 4
her·stellen 4
herum·gehen, sein 37
herum·treiben, (sich ~) 24

hervor•bringen 26
hervor•rufen 65
hetzen 4, 14
heucheln 4, 15
heulen 4
hinaus•werfen 80
hinaus•zögern 4, 15
hindern 4, 15
hinein•legen 4
hin•fallen, sein 32
hin•führen 4
hin•halten 42
hinken, haben + sein → 📖 4
hin•legen, (sich^A ~) 4
hin•setzen, (sich^A ~) 4, 14
hintergehen, 🔄 37
hinterlassen, 🔄 51
hin•weisen 62
hoch•heben 44
hocken, haben +
    sein (reg.) → 📖 4
hoffen 4
holen, (sich^D etw. ~) 4
hopsen, sein 4, 14
horchen 4
hören 4
hungern 4, 15
hupen 4
hüpfen, sein 4
husten 4, 11
hüten, (sich^A ~) 4, 11

I

ignorieren, 🔄 18
impfen 4
importieren, 🔄 18
informieren, (sich^A ~), 🔄 18
inne•haben 1
integrieren, (sich^A ~), 🔄 18
interessieren, (sich^A ~), 🔄 . . . 18
interviewen, 🔄 4
irre•führen 4
irren, (sich^A ~), haben +
    sein → 📖 4

J

jagen 4
jammern 4, 15
jubeln 4, 15
jucken 4

K

kämmen, (sich^A ~) 4
kämpfen 4
kassieren, 🔄 18

kauen 4
kaufen 4
kehren 4
keimen 4
kennen lernen, (sich^A ~) 4
kennen 47
kennen•lernen* 4
kennzeichnen 4, 13
kichern 4, 15
kippen 4
klagen 4
klappen 4
klappern 4, 15
klären, (sich^A ~) 4
klauen 4
kleben 4
kleiden, (sich^A ~) 4, 11
klemmen 4
klettern, sein 4, 15
klicken 4
klimmen, sein 102
klingeln 4, 15
klingen 77
klopfen 4
knabbern 4, 15
knallen 4
kneifen 41
kneten 4, 11
knicken 4
knien, haben +
    sein (reg.) → 📖 4
knistern 4, 15
knoten 4, 11
knüpfen 4
kochen 4
kommandieren, 🔄 18
kommen, sein 48
können 49
kontrollieren, (sich^A ~), 🔄 . . . 18
konzentrieren, (sich^A ~), 🔄 . . . 18
kopieren, 🔄 18
korrigieren, (sich^A ~), 🔄 18
kosten 4, 11
krachen 4
krähen 4
kränken 4
kratzen, (sich^A ~) 4, 14
kreisen, sein 4, 14
kreuzen, (sich^A ~) 4, 14
kriechen, sein 64
kriegen 4
krümmen, (sich^A ~) 4
kühlen 4
kümmern, (sich^A ~) 4, 15

kündigen 4
kürzen 4, 14
küssen, (sich^A ~) 4, 14

L

lächeln 4, 15
lachen 4
laden 50
lagern 4, 15
lähmen 4
landen, sein 4, 11
langweilen, (sich^A ~) 4
lassen 51
laufen, sein 52
lauschen 4
lauern 4, 15
lauten 4, 11
läuten 4, 11
leben 4
lecken, (sich^A ~) 4
leeren 4
legen, (sich^A ~) 4
lehnen, (sich^A ~) 4
lehren 4
leicht fallen, sein 32
leicht•fallen*, sein 32
Leid tun 85
leiden 53
leid•tun* 85
leihen, (sich^D etw. ~) 54
leisten, (sich^D etw. ~) 4, 11
leiten 4, 11
lenken 4
lernen 4
lesen 55
leuchten 4, 11
lieben 4
liefern 4, 15
liegen 56
lindern 4, 15
loben 4
locken 4
lohnen, (sich^A ~) 4
löschen 4
lösen, (sich^A ~) 4, 14
los•lassen 51
lüften 4, 11
lügen 57
lutschen 4

M

machen 4
mähen 4
mahlen 103
mahnen 4

malen 4
mangeln 4, 15
markieren, ⚙ 18
marschieren, sein, ⚙ 18
maskieren, (sich^A ~), ⚙ 18
mäßigen, (sich^A ~) 4
meckern 4, 15
meiden...................... 11, 24
meinen....................... 4
meistern 4, 15
melden, (sich^A ~) 4, 11
melken 104
merken, (sich^A ~)........... 4
messen, (sich^A ~)........... 58
mieten 4, 11
mildern..................... 4, 15
mindern..................... 4, 15
mischen..................... 4
missachten, ⚙ 4, 11
missbrauchen, ⚙ 4
missen 4, 14
misshandeln, ⚙ 4, 15
misslingen, sein, ⚙ 77
misstrauen, ⚙ 4
missverstehen, ⚙ 78
mit·bringen................. 26
mit·kommen, sein............ 48
mit·nehmen................. 61
mit·reißen................. 20
mit·teilen, (sich^A ~) 4
mit·wirken................. 4
mixen 4, 14
mogeln.................... 4, 15
mögen..................... 59
morden 4, 11
mühen, sich^A ~ 4
münden, sein 4, 11
murmeln................... 4, 15
murren 4
müssen 60
mutmaßen 4, 14

N

nach·ahmen................. 4
nach·denken................ 27
nach·forschen.............. 4
nach·fragen 4
nach·geben................. 36
nach·holen................. 4
nach·lassen 51
nach·schlagen 82
nach·weisen 62
nagen..................... 4
nähen 4

nähern, sich^A ~ 4, 15
nehmen 61
neigen, (sich^A ~) 4
nennen 47
nicken 4
nieder·lassen, sich^A ~ 51
niesen 4, 14
nippen.................... 4
nörgeln................... 4, 15
notieren, ⚙ 18
nötigen................... 4
numerieren*, ⚙ 18
nummerieren, ⚙ 18
nützen.................... 4, 14

O

öffnen, (sich^A ~) 4, 12
ölen...................... 4
operieren, ⚙ 18
opfern, (sich^A ~) 4, 15
ordnen 4, 12
organisieren, ⚙ 18
orientieren, sich^A ~, ⚙ 18

P

paaren, (sich^A ~) 4
pachten 4, 11
packen 4
parken.................... 4
passen 4, 14
passieren, sein, ⚙ 18
pfeifen................... 41
pflanzen 4, 14
pflastern 4, 15
pflegen, (sich^A ~) 105
pflücken.................. 4
pfuschen.................. 4
photographieren*, ⚙ 18
pilgern, sein 4, 15
plagen, (sich^A ~) 4
planen 4
plappern.................. 4, 15
platzen, sein............. 4, 14
plündern.................. 4, 15
prahlen................... 4
präsentieren, (sich^A ~), ⚙ 18
predigen.................. 4
preisen 62
pressen 4, 14
proben 4
probieren, ⚙ 18
produzieren, ⚙ 18
protestieren, ⚙ 18
prüfen.................... 4
prügeln, (sich^A ~) 4, 15

pumpen.................... 4
pusten.................... 4, 11
putzen, (sich^A ~)......... 4, 14

Q

quälen, (sich^A ~) 4
qualmen................... 4
quatschen................. 4
quellen, haben +
  sein → 📖 106
quetschen, (sich^A ~) 4
quietschen 4

R

rächen, (sich^A ~).......... 4
Rad fahren, haben +
  sein → 📖 82
rad·fahren*, haben +
  sein → 📖 82
rasen, haben +
  sein → 📖 4, 14
rasieren, (sich^A ~), ⚙ 18
rasten 4, 11
raten..................... 63
rauben 4
rauchen 4
räumen 4
rauschen 4
reagieren, ⚙ 18
rechnen 4, 12
rechtfertigen, (sich^A ~) 4
reden 4, 11
regeln 4, 15
regen, sich^A ~ 4
regieren, ⚙ 18
regnen, unpers............ 4, 13
reiben, (sich^A ~)......... 24
reichen 4
reifen, sein.............. 4
reinigen 4
reisen, sein.............. 4, 14
reißen, haben + sein → 📖 . 20
reiten, haben + sein → 📖 . 40
reizen.................... 4, 14
rennen, sein.............. 47
reparieren, ⚙ 18
reservieren, ⚙ 18
resultieren, ⚙ 18
retten, (sich^A ~)........ 4, 11
richten 4, 11
riechen................... 64
ringen 77
rinnen, sein.............. 19
riskieren, ⚙ 18

rodeln, haben +
sein → 📖 4, 15
rollen, haben + sein → 📖 .. 4
rosten, haben +
sein → 📖 4, 11
rösten 4, 11
rücken, haben + sein → 📖 .. 4
rück·fragen 4
rudern, haben +
sein → 📖 4, 15
rufen 65
ruhen 4
rühren, (sich^A ~) 4
rutschen, sein 4
rütteln 4, 15

S

säen 4
sägen 4
sagen 4
salzen 107
sammeln 4, 15
sättigen 4
säubern 4, 15
saufen 66
saugen 67
säumen 4
schaden, (sich^D ~) 4, 11
schaffen, haben +
sein → 📖 108
schälen 4
schallen 109
schalten 4, 11
schämen, sich^A ~ 4
schärfen 4
schauen 4
schaufeln 4, 15
schaukeln 4, 15
scheiden, haben +
sein → 📖 11, 24
scheinen 24
scheitern, sein 4, 15
schellen 4
schelten, KII: ö 38
schenken 4
scheren 110
scherzen 4, 14
scheuen, (sich^A ~) 4
schicken 4
schieben 88
schießen 35
schildern 4, 15
schimmeln, haben +
sein → 📖 4, 15

schimpfen 4
schinden, (sich^A ~) 111
schlachten 4, 11
schlafen 68
schlagen, (sich^A ~),
haben + sein → 📖 82
schlängeln, sich^A ~ 4, 15
schleichen, sein 41
schleifen 4/41
schleißen 112
schlendern, sein 4, 15
schleudern, haben +
sein → 📖 4, 15
schließen, (sich^A ~) 35
schlingen 77
schluchzen 4, 14
schlucken 4
schlüpfen, sein 4
schmälern 4, 15
schmecken 4
schmeicheln 4, 15
schmeißen, (sich^A ~) 20
schmelzen, haben +
sein → 📖 69
schmerzen 4, 14
schmieden 4, 11
schminken, (sich^A ~) 4
schmücken, (sich^A ~) 4
schmuggeln 4, 15
schmunzeln 4, 15
schnüren 4
schnarchen 4
schnauben 113
schneiden, (sich^{A+D} ~) 53
schneidern 4, 15
schneien 4
schnitzen 4, 14
schnuppern 4, 15
schonen, (sich^A ~) 4
schrauben 4
schrecken 114
schreiben 24
schreien 70
schreiten, sein 40
schubsen 4, 14
schulden 4, 11
schütteln, (sich^A ~) 4, 15
schütten 4, 11
schützen, (sich^A ~) 4, 14
schwächen 4
schwanken, haben +
sein → 📖 4
schwatzen 4, 14

schweben, haben +
sein → 📖 4
schweigen 24
schwellen, haben +
sein → 📖 115
schwenken, haben +
sein → 📖 4
schwimmen, haben +
sein → 📖 19
schwindeln 4, 15
schwinden, sein 34
schwingen, (sich^A ~) 77
schwitzen 4, 14
schwören 71
segeln, haben +
sein → 📖 4, 15
segnen 4, 12
sehen 72
sehnen, sich^A ~ 7
sein, sein 2
senden 73
senken, (sich^A) 4
servieren 18
setzen, (sich^A) 4, 14
seufzen 4, 14
sichern 4, 15
sieben 4
sieden 74
siegen 4
singen 5
sinken, sein 34
sinnen 19
sitzen 75
sollen 76
sonnen, sich^A ~ 4
sorgen, sich^A ~ 4
spalten, (sich^A ~) 116
sparen 4
spaßen 4, 14
spazieren gehen, sein 37
spazieren·gehen*, sein 37
speien 70
speisen 4, 14
spenden 4, 11
sperren, (sich^A ~) 4
spielen 4
spinnen 19
spitzen 4, 14
spotten 4, 11
sprechen 25
sprengen 4
sprießen, sein 35
springen, sein 77
spritzen 4, 14

spucken 4
spülen 4
spüren 4
stammen 4
stärken, (sich^A ~) 4
starren 4
starten, haben +
  sein → 📖 4, 11
statt·finden 34
staunen 4
stechen 25
stecken 117
stehen, haben +
  sein (reg.) → 📖 78
stehen bleiben, sein 24
stehen·bleiben*, sein 24
stehlen 79
steigen, sein 24
steigern, (sich^A ~) 4, 15
stellen, (sich^A ~) 4
sterben, sein 80
steuern, (sich^A ~) 4, 15
stieben, sein 88
stiften 4, 11
stil(l)·legen* 4
still·legen 4
stimmen 4
stinken 77
stocken 4
stöhnen 4
stolpern, sein 4, 15
stopfen 4
stoppen 4
stören 4
stoßen, (sich^A ~) 81
strafen 4
strahlen 4
streben, haben +
  sein → 📖 4
strecken, (sich^A ~) 4
streichen 39
streifen, haben +
  sein → 📖 4
streiken 4
streiten, sich^A ~ 40
streuen 4
strömen, sein 4
studieren, ge 18
stürmen, haben +
  sein → 📖 4
stürzen, (sich^A ~),
  haben + sein → 📖 4, 14
stützen, (sich^A ~) 4, 14
suchen 4

sündigen 4
süßen 4, 14

T

tadeln 4, 15
tanken 4
tanzen 4, 14
tarnen, (sich^A ~) 4
tauchen, haben +
  sein → 📖 4
tauen, haben + sein → 📖 4
taugen 4
tauschen 4
täuschen, (sich^A ~) 4
teilen, (sich^A ~) 4
teil·nehmen 61
telefonieren, ge 18
testen 4, 11
tippen 4
toben 4
tönen, (sich^A ~) 4
töten 4, 11
tot·schlagen 82
tragen, (sich^A ~) 82
trainieren, ge 18
trampeln, haben +
  sein → 📖 4, 15
tränken 4
transportieren, ge 18
trauen, (sich^A ~) 4
träumen 4
treffen, (sich^A ~) 83
treiben, haben +
  sein → 📖 24
trennen, (sich^A ~) 4
treten, haben +
  sein → 📖 84
triefen 118
trinken 77
trocknen, haben +
  sein → 📖 4, 12
trödeln 4, 15
trommeln 4, 15
tropfen, haben +
  sein → 📖 4
trösten, (sich^A ~) 4, 11
trotzen 4, 14
trügen 57
tummeln, sich^A ~ 4, 15
tun 85
turnen 4

U

übel nehmen 61
übel·nehmen* 61

üben, (sich^A ~) 4
überanstrengen, sich^A ~, ge . . 4
überarbeiten, sich^A ~, ge . . 4, 11
überbieten, ge 21
überdenken, ge 27
überfahren, ge 82
überfallen, ge 32
überfliegen, ge 88
überfordern, (sich^A ~), ge . . 4, 15
übergehen, ge 37
überholen, ge 4
überleben, ge 4
überlegen, sich^D ~, ge 8
übernachten, ge 4, 11
übernehmen, (sich^A ~), ge . . 61
überprüfen, ge 4
überqueren, ge 4
überraschen, ge 4
überreden, ge 4, 11
überschätzen,
  (sich^A ~), ge 4, 14
überschneiden, sich^A ~, ge . . 53
überschwemmen, ge 4
übersehen, ge 72
über·setzen, haben +
  sein → 📖 4, 14
übersetzen, ge 4, 14
überstehen, ge 78
übersteigen, ge 24
übertragen, ge 82
übertreiben, ge 24
überwachen, ge 4
überweisen, ge 62
überwinden, (sich^A ~), ge . . . 34
überzeugen, (sich^A ~), ge . . . 4
umarmen, (sich^A ~), ge 4
um·bringen, (sich^A ~) 26
um·drehen, (sich^A ~) 4
um·fallen, sein 32
umfassen, ge 4, 14
umgehen, sein → 📖 37
umgehen, ge 37
um·graben 82
um·kehren, haben +
  sein → 📖 4
um·kommen, sein 48
um·rühren 4
um·schalten 4, 11
um·steigen, sein 24
um·stoßen 81
um·tauschen 4
um·ziehen, (sich^A ~),
  haben + sein → 📖 91
unterbrechen, ge 25

unterdrücken, ge 4
unter·gehen, sein 37
unterhalten, (sich^A ~), ge 42
unternehmen, ge 61
unterrichten, ge 4, 11
untersagen, ge 4
unterschätzen, ge 4, 14
unterscheiden,
  (sich^A ~), ... 11, 24
unterschlagen, ge 82
unterschreiben, ge 24
unterstreichen, ge 39
unterstützen, ge 4, 14
untersuchen, ge 4
unter·tauchen, sein 4
urteilen 4

V

verabreden, sich^A ~, ge 4, 11
verabscheuen, ge 4
verachten, (sich^A ~), ge 4, 11
verändern, (sich^A ~), ge 4, 15
verantworten,
  (sich^A ~), ge 4, 11
verärgern, ge 4, 15
verbergen, (sich^A ~), ge 80
verbessern, (sich^A ~), ge ... 4, 15
verbeugen, sich^A ~, ge 4
verbieten, ge 21
verbinden, ge 34
verbitten, sich^D ~, ge 22
verblühen, sein, ge 4
verbluten, sein, ge 4, 11
verbrauchen, (sich^A ~), ge ... 4
verbrechen, ge 25
verbrennen, (sich^A ~), ge 47
verbringen, ge 26
verdächtigen, ge 4
verdanken, ge 4
verderben, ge 80
verdienen, ge 4
verdrießen, ge 35
verehren, ge 4
vereinbaren, ge 4
vereinfachen, ge 4
verfallen, sein, ge 32
verfilmen, ge 4
verfluchen, ge 4
verfolgen, ge 4
verführen, ge 4
vergessen, ge 58
vergewissern, sich^A ~, ge .. 4, 15
vergleichen, (sich^A ~), ge ... 39
vergrößern, (sich^A ~), ge ... 4, 15

verhaften, ge 4, 11
verhalten, sich^A ~, ge 42
verhandeln, ge 4, 15
verhindern, ge 4, 15
verhören, (sich^A ~), ge 4
verhungern, sein, ge 4, 15
verirren, sich^A ~, ge 4
verkaufen, (sich^A ~), ge 4
verkleiden, (sich^A ~), ge 4, 11
verkürzen, (sich^A ~), ge 4, 14
verlangen, ge 4
verlängern, (sich^A ~), ge ... 4, 15
verleihen, ge 54
verletzen, (sich^A ~), ge 4, 14
verleugnen, ge 4, 12
verlieben, sich^A ~, ge 4
verlieren, (sich^A ~), ge 86
verloben, sich^A ~, ge 4
verloren gehen, sein 37
verlorengehen*, sein 37
verlöschen, sein, ge 96
vermehren, (sich^A ~), ge 4
vermieten, ge 4, 11
vermögen, ge 59
vermuten, ge 4, 11
vernachlässigen, ge 4
vernichten, ge 4, 11
veröffentlichen, ge 4
verpacken, ge 4
verpassen, ge 4, 14
verraten, (sich^A ~), ge 63
verreisen, sein, ge 4, 14
versammeln, (sich^A ~),
  ge 4, 15
verschenken, ge 4
verschlafen, ge 68
verschlechtern, (sich^A ~),
  ge 4, 15
verschleißen, haben, ge 112
verschlimmern, (sich^A ~),
  ge 4, 15
verschlucken, (sich^A ~), ge .. 4
verschreiben, (sich^A ~), ge .. 24
verschweigen, ge 24
verschwinden, sein, ge 34
verschwören, sich^A ~, ge 71
versichern, (sich^A ~), ge .. 4, 15
versöhnen, (sich^A ~), ge 4
verspäten, sich^A ~, ge 4, 11
versprechen, (sich^A ~), ge ... 25
verstärken, (sich^A ~), ge 4
verstecken, (sich^A ~), ge 4
verstehen, (sich^A ~), ge 78
versuchen, ge 4

verteidigen, (sich^A ~), ge 4
verteilen, (sich^A ~), ge 4
vertragen, (sich^A ~), ge 82
vertrauen, ge 4
vertreten, ge 84
verursachen, ge 4
verurteilen, ge 4
verwandeln, (sich^A ~),
  ge 4, 15
verwechseln, ge 4, 15
verweisen, ge 62
verwenden, ge 4/73
verwirklichen, (sich^A ~), ge .. 4
verwirren, ge 4
verwöhnen, (sich^A ~), ge 4
verzaubern, ge 4, 15
verzeihen, (sich^D ~), ge 54
verzichten, ge 4, 11
verzögern, (sich^A ~), ge 4, 15
verzweifeln, sein, ge 4, 15
vollenden, ge 4, 11
voraus·sagen 4
vor·bereiten, (sich^A ~),
  ge 4, 11
vor·beugen, (sich^A ~) 4
vor·finden 34
vor·gehen, sein 37
vor·haben 1
vor·kommen, sein 48
vor·nehmen, (sich^D etw. ~) .. 61
vor·schlagen 82
vor·stellen, (sich^A ~) 4
vor·tragen 82
vor·ziehen 91

W

wachen 4
wachsen 13, 14, 87
wagen 4
wählen 4
wahr·nehmen 61
wandern, sein 4, 15
wärmen, (sich^A ~) 4
warnen 4
warten 4, 11
waschen, (sich^A ~) 87
weben 119
wechseln 4, 15
wecken 4
weg·fahren, haben +
  sein → 📖 82
weg·laufen, sein 52
weg·werfen 80
wehren, (sich^A ~) 4

weh•tun, (sich^D ~) 85
weichen, sein 39
weigern, sich^A ~ 4, 15
weinen 4
weisen, sich^A ~ unpers. 62
weiter•gehen, sein 37
welken, sein 4
wenden, (sich^A ~), → 📖 .. 4/73
werben 80
werden, sein 3
werfen 80
wetten 4, 11
wickeln 4, 15
widerlegen, 🔁 4
widersetzen, sich^A ~, 🔁 ... 4, 14
widersprechen, (sich^A ~),
🔁 25
wiederholen, (sich^A ~), 🔁 ... 4
wieder•sehen*, (sich^A ~) ... 72
wiegen 88
winden, (sich^A ~) 34
winken 4
wirken 4
wischen 4
wissen 89
wohnen 4
wollen 90
wringen 77
wuchern, haben +
sein → 📖 4, 15

wundern, sich^A ~ 4, 15
wünschen, (sich^D etw. ~) 4

Z

zahlen 4
zählen 4
zanken, sich^A ~ 4
zaubern 4, 15
zeichnen 4, 12
zeigen, (sich^A ~) 4
zerbrechen, 🔁 25
zerfallen, sein, 🔁 32
zerkleinern, 🔁 4, 15
zerreißen, (sich^A ~), 🔁 ... 20
zerren 4
zerstören, 🔁 4
zeugen 4
ziehen 91
zielen 4
zittern 4, 15
zögern 4, 15
zu•bereiten, 🔁 4, 11
züchten 4, 11
zu•fügen, (sich^D etw. ~) 4
zu•geben 36
zu•hören 4
zu•lassen 51
zu•machen 4
zu•muten, (sich^D etw. ~) 4, 11
zünden 4, 11

zu•nehmen 61
zurecht•kommen, sein 48
zurück•fahren, sein 82
zurück•geben 36
zurück•laufen, sein 52
zurück•legen 4
zurück•verlangen, 🔁 4
zurück•ziehen, (sich^A ~) 91
zu•sagen 4
zusammen•arbeiten 4, 11
zusammen•fassen 4, 14
zusammen•gehören, 🔁 4
zusammen•kommen, sein .. 48
zusammen•legen 4
zusammen•setzen,
(sich^A ~) 4, 14
zusammen•stoßen, sein .. 81
zu•schauen 4
zu•sichern 4, 15
zu•stimmen 4
zu•trauen, (sich^D etw. ~) 4
zu•treffen 83
zuwider•handeln 4, 15
zweifeln 4, 15
zwingen, (sich^A ~) 77

Bildnachweis

Titelfotos: Wäscheleine mit Polaroidbildern: Thinkstock; Holzwand: Thinkstock, istockphoto; Frau im Vordergrund: Vlado Golub, Stuttgart; Lesende Frau: Thinkstock, Polka Dot; Mann mit Büchern: Thinkstock, Lifesize; Lesende Kinder: Thinkstock, DigitalVision; Hund mit Zeitung: istockphoto, PK-Photos; S. 4: fotolia / Michael Drager; S. 6: Kugelschreiber: istock / Dio5050; Marker: istock / TommL; Glühbirne: shutterstock / Sashkin; Mund: istock / Moncherie; Kalender: shutterstock / Korn; S. 7: Bilder an Wäscheleine: shutterstock / Phase4Photography; Mund: istock / Moncherie; Postits: shutterstock / Elnur; Würfeln: shutterstock / Skripko Ievgen; S. 25: istockphoto / Marcel Braendli; S. 27: istockphoto / Dainis Derics; S. 29: fotolia / jeremias münch; S. 31: shutterstock / Skripko Ievgen; S. 33: shutterstock / dean bertonceli; S. 35: fotolia / Caesar25; S. 37: fotolia / Konstanze Gruber; S. 39: fotolia / Connfetti; S. 41: fotolia / Yuri Arcurs; S. 43: fotolia / Opidanus; S. 47: shutterstock / Lana K; S. 49: istockphoto / ansonsaw; S. 51: shutterstock / Diana Taliun; S. 53: fotolia / effe45; S. 55: istockphoto / sunil menon; S. 57: fotolia / Monia; S. 59: Firat; S. 61: istockphoto / olada; S. 63: istockphoto / PK-Photos; S. 65: fotolia / Alena Yakusheva; S. 67: fotolia / vege; S. 69: istockphoto / Jens Gade; S. 71: shutterstock / James Blinn; S. 73: fotolia / Hemeroskopion; S. 75: fotolia / germanskydive110; S. 77: fotolia / Michael Drager; S. 79: istockphoto / sculpies; S. 81: istockphoto / ooyoo; S. 83: istockphoto / Rosemarie Gearhart; S. 85: istockphoto / Olga Pasławska; S. 87: fotolia / Alexander Raths; S. 89: istockphoto / Julie Fairman; S. 91: istockphoto / Eric Gevaert; S. 93: istockphoto / peter anderson; S. 95: shutterstock / AISPIX; S. 97: shutterstock / Kurilina; S. 99: shutterstock / donvictorio; S. 101: istockphoto / barsik; S. 103: shutterstock / AVAVA; S. 105: istockphoto / Luis Alvarez; S. 107: shutterstock / QQ7; S. 109: shutterstock / Eva Vargyasi; S. 111: istockphoto / kali9; S. 113: shutterstock / Diego Cervo; S. 115: istockphoto / vndrpttn; S. 117: shutterstock / Willee Cole; S. 119: fotolia / Gina Sanders; S. 121: fotolia / Stephanie Frey; S. 123: shutterstock / bioraven; S. 125: shutterstock / Gigra; S. 127: shutterstock / Jim Barber; S. 129: shutterstock / Howard Sandler; S. 131: shutterstock / holbox; S. 133: shutterstock / Philip Lange; S. 135: shutterstock / Tata; S. 137: fotolia / M.Rosenwirth; S. 139: fotolia / yarruta; S. 141: fotolia / Stéphane Bidouze; S. 143: shutterstock / Kzenon; S. 145: shutterstock / Rd; S. 147: fotolia / Dalia Drulia; S. 149: shutterstock / Patrick Poendl; S. 151: shutterstock / Deklofenak; S. 153: fotolia / mr.nico; S. 155: fotolia / BlueOrange Studio; S. 157: fotolia / Gina Sanders; S. 159: fotolia / Dmitry Pichugin; S. 161: fotolia / William Messing; S. 163: shutterstock / Gyorgy Barna; S. 165: shutterstock / Dmitriy Shironosov; S. 167: shutterstock / Vixit; S. 169: shutterstock / Alexander Gitlits; S. 171: shutterstock / Jostein Hauge; S. 173: shutterstock / PhotoStock10; S. 175: shutterstock / StockLite; S. 177: shutterstock / Konrad Bak; S. 179: shutterstock / Birute Vijeikiene; S. 181: shutterstock / Pierre Yu; S. 183: fotolia / Tino Neitz; S. 185: fotolia / chris74; S. 187: fotolia / Gina Sanders; S. 189: fotolia / Katja; S. 191: shutterstock / Suzanne Tucker; S. 193: shutterstock / Wallenrock